佐藤栄作 最後の密使

日中交渉秘史

宮川徹志 著

吉田書店

はじめに

一九七二年九月二九日、発足してわずか二ヶ月余りの田中角栄（一九一八〜一九九三）政権の下で、日本は中華人民共和国との国交正常化を果たした。日中戦争の終結から二七年にしてようやく実現したのである。その後、しばらく両国の〝蜜月〟は続いたが、あれから四七年が経ち、今や当時の友好ムードについて振り返る機会はほとんどなく、歴史や領土についての認識の違いから、ぎくしゃくとした関係を何とか維持しようとする姿が映る。

両国の関係は、その出発点において、まだ不明なことが多くあった。田中の前に、戦後最長の政権を担った佐藤栄作（一九〇一〜一九七五）によっても、実は一年前から水面下で国交正常化に向けた交渉が進められていたことは、知られていた。しかし、その実態については詳細が明らかになっておらず、「台湾との関係が切れないために、佐藤による交渉は失敗した」「保守政権だったために、中国側に相手にされなかった」ということが、国交正常化の〝前史〟として語られているにすぎない。

佐藤政権の〝失敗〟としてよく知られるのは、政権の大番頭と言われた保利茂（一九〇一〜一九七九）自由民主党幹事長が、周恩来（一八九八〜一九七六）に対し、佐藤に代わって書簡を送り、国交回復の打診を行った「保利書簡」である。訪中する美濃部亮吉（一九〇四〜一九八四）東京都知事に極秘に託したものの、周恩来から受け取りを拒否され、やがてその顚末が美濃部自身によって暴露されてしまう。

もう一つ知られる〝失敗〟は、佐藤が、江鬮眞比古（えぐちまひこ）という密使を使って、中国との交渉にあたらせたことだ。佐藤はその前に行われたアメリカとの沖縄返還交渉でも、京都産業大学教授の若泉敬を密使として送り込んだことは知られている。ただし、江鬮については、経歴や人物像がまったく知られておらず、「保利書簡」に比べても、その交渉についての評価はこれまで低いものだった。江鬮は、国交回復から一年余り経った一九七三年一一月、交渉経緯について、雑誌に自らの手記を掲載した（『宝石』一九七三年一二月号、光文社）。それによれば、佐藤は江鬮に、国交正常化を希望するという周恩来宛の親書を計三通託した。そして、香港で中国側とのたび重なる交渉の末、佐藤の訪中を受け入れるという周恩来からの返書が一九七二年六月一七日、江鬮の元に届いたという。しかし、まさにその日に、佐藤は総理を辞任する意向を表明し、交渉はそこで終わった。これが、江鬮が生前唯一公表した、中国側との交渉経緯である。手記はそれまで知られている田中の国交正常化の話とはあまりにもかけ離れた内容であったためか、〝眉唾もの〟として注目されることもなく、その後も真偽が検証されることはなかった。

ところが、この状況を改めて見直すべき新たな資料が見つかった。当時、佐藤に仕えた四人の総理秘書官のうち、最も若い秘書官だった、西垣昭氏（のち大蔵事務次官）の日記とメモである。二〇一五年六月、筆者は、西垣氏の自宅で、それまで未公開の日記とメモを初めて見せて頂いた。西垣氏が総理秘書官になって二ヶ月余りが経った一九七一年九月、佐藤の元を江鬮眞比古が訪ねてきたという。そのとき、西垣氏は佐藤から、「中国担当の秘書官となってほしい。ついては、江鬮との連絡役になってもらいたい」との指示を受け、その後、極秘のうちに佐藤と江鬮の面会の席を用意してその場に立ち会ったり、佐藤が直接江鬮に会えないときには、江鬮がもたらす交渉の内容を佐藤に報告したりした。そして、西垣氏はそのすべての内容を記録に残していた。江鬮の交渉は、実際、佐藤が総理辞任を表明した翌一九七二年六月一七日まで続けられたが、その間のおよそ九ヶ月に及ぶ江鬮の極秘の交渉の詳細が、西垣氏の日記とメモの記録からうかがえるのである。

本書は、それらの資料を基に、ＮＨＫの番組として放送した際の取材について詳述するほか、その後わかったことを踏まえて、江鬮の交渉の経緯をまとめている。さらに、西垣昭氏のご了解を得て、江鬮に関連する「西垣昭日記」の抜粋と「西垣メモ」および「西垣メモ別冊」も併せて巻末に収録させて頂いた。

これにより、田中による国交正常化の一年前から行われた、江鬮眞比古による中国側との交渉は、いわば〝予備交渉〟にあたるものだったと筆者は考えている。それは、「日中国交正常化は田中角栄によって劇的に実現された」という見方を大きく変えるものであり、この〝予備交渉〟の過程を経なければ、田中が政権就任からわずか二ヶ月余りで国交正常化を実現することができたのだろうかという疑問も生まれる。

さらに、今回わかったことは、中国側が交渉相手として望んだのは、佐藤ではなく、佐藤の後継者と目された福田赳夫（一九〇五～一九九五）でもなく、最終的に田中角栄だったということである。当時、佐藤の後継をめぐって、自民党内では熾烈な総裁選レースが繰り広げられており、ほかにも、藤山愛一郎（一八九七～一九八五）や三木武夫（一九〇七～一九八八）などが、「中国との太い〝パイプ〟がある自分こそ、国交回復を実現できる」と、次期総理に名乗りを上げていた。そうした日本からの様々な〝ラブコール〟をあしらう立場にあった中国が、佐藤ではなく、あえて田中を交渉相手に望み、結果としてその通りに事態が進んだ。そこからは、交渉のイニシアチブが、最後は日中のどちらにあったのかという疑問も生まれてくる。そして、あの〝一大政治ショー〟となった日中国交正常化の陰で、何が成し遂げられ、何が成し遂げられなかったのかを振り返ることは、その後四〇年余り経った現在の両国の関係を考えるうえでも、無駄ではないだろう。

本書はそうしたことを、今回判明した佐藤栄作の〝最後の密使〟・江鬮真比古に関する資料に基づいてできるだけ詳細に描こうとするものである。そのために、江鬮が北京にメッセージを伝えるために利用しようとした、中国の複雑な人脈にも触れなければならない。その裾野は広く、さらにその背景として、戦中・戦後の日中の複雑な歴史も踏まえねばならない。一般の読者には、難解なものに感じられるかもしれない。

しかし、公式の外交的成果に達するためには、そうした多くの人々を介した非公式交渉の膨大なプロセスが必要であること、そして、一見、政治的に対立しているように見える政府との間でも、水面下での交渉は可能であることなど、江亂の交渉は、現代においても、外交のあり方について多くの示唆を与えると思われる。

隣国同士である日本と中国は、〝引っ越しのできない関係〟にあるとは、よく言われる。互いを深く知るためにも、その出発点で何があったのか、そして何がまだわかっていないのか、改めて知る必要があるというのが、本書を上梓する理由である。

目次

凡例

＊引用文中の〔　〕は、特に断らない限り、筆者（引用者）による注記である。
＊引用文中の〈中略〉は、筆者（引用者）による省略を意味する。また、引用文中における（　）などの表記は、特に断りのない限り原文のままである。
＊人名については、難読と思われるものにふりがなを付けた。ただし、中国人の人名については、原音の読み方ではないが、読者の便宜を考えて、日本語で通常呼ばれている読みがなを原則として初出時に付けた。なお、主要人物にはできるだけ初出に生年（と没年）を注記した。
＊文中に引用した資料の表記については、基本的に原文通りとした。
＊掲載した写真のなかで、所蔵元、引用元、提供元が特記されていないものは、筆者所蔵である。

第一章　江鬮眞比古の手記

江鬮との出会い――『楠田實資料』からうかがえる佐藤政権の日中国交正常化への意志

密使・江鬮眞比古のことを調べるようになったのは、二〇一〇年、佐藤栄作の首席秘書官・楠田實（一九二四～二〇〇三）が遺した、段ボール百箱余りに及ぶ資料の存在を知ったことがきっかけだった。二〇一〇年は、外務省でいわゆる密約問題に関する調査が行われ、公文書の保管のあり方が問題となっていたが、筆者はその関連の取材を続けていたときに、『楠田實資料』の保管をしていた和田純神田外語大学教授と出会った。筆者は、分析に協力をさせて欲しいと申し出、さらに、その量のあまりに膨大なことから、途中で四人の研究者（村井良太駒澤大学教授、村井哲也明治大学兼任講師、中島琢磨九州大学准教授、井上正也成蹊大学教授）にも協力を仰ぎ、やがて「楠田實資料研究会」を一緒に立ち上げ、資料の読み込みを続けてきた。

その資料分析でわかったことの一つは、これまで佐藤政権の最重要の政策課題は沖縄返還だとされてきたが、当初からそうではなかったということだった。むしろ、政権の初期では、日中国交正常化が、沖縄返還に優るとも劣らぬ重要な政策課題として上がっていた。遺された『楠田實資料』の半分強は沖縄に関するものだったが、その次に多かったのが中国関連の資料だったのである。

こうした資料分析のなかで、楠田資料研究会の井上正也教授、中島琢磨准教授から教えられたのが、江鬮眞比古の存在だった。『佐藤榮作日記』第四巻、第五巻（朝日新聞社、一九九七年）にも登場する、佐藤が中国との交渉にあたらせた密使だということだが、その正体はほとんど何もわかっていないという。そして、江鬮が交渉経緯を記した唯一の手記（『宝石』一九七三年一二月号所収）の存在も教えられた。

「私は、佐藤前首相の「北京政府」工作の密使だった」

江鬮の手記は、「私は、佐藤前首相の「北京政府」工作の密使だった」と題する、一六ページにわたる文章である。最初のページには、ソファに座る二人の男性と、その後ろに立つ一人の男性の写真が掲載され「佐藤前首相、西垣秘書官、江鬮真彦氏」というキャプションが付いている。向かって左に座っているのが佐藤栄作、右に座っているのが江鬮である。公になった江鬮眞比古の写真は、この一枚しかない。また、佐藤が周恩来宛に送ったとする親書の写真が、「第一回・佐藤親書」「第四回・佐藤親書」というキャプションとともに掲載されている。写真は横長になっており、親書は巻紙のようなものに毛筆で書かれているようである。

本誌独占
極秘文書公開
私は、佐藤前首相の「北京政府」工作の密使だった
江闓真彦（前・総理大臣　外交参与）
構成・解説　佐藤朝泰（ジャーナリスト）
第一回・佐藤親書
《解説》
幻の親書——といわれていた佐藤首相から、周恩来首相あての手紙
写真・左より、佐藤前首相、西垣秘書官、江闓真彦氏。（撮影・角田忠志）
（114）
（115）

『宝石』1973 年 12 月号（光文社）に掲載された江闓の手記

三人の姿が映し出された写真

手記のタイトルの下には、「江鼂真彦（前・総理大臣　外交参与）」と名前が記されている。江鼂の姓については、書籍によっては「えぐち」「えくじ」と訓みが分かれ、その表記も「江鼂」「江黽」と異なる。さらに、名前についても、「真比古」や、あるいは「真彦」と表記する文献もある。その名が多く記されている『佐藤榮作日記』では、出版された日記では「江鼂真比古」となっているが、国立公文書館に保管されている原本を調べると、「江鼂眞彦」という記述もあり、姓が「鼂口」という表記すらあった（これは途中からこのような書き方になっているため、佐藤の誤記であろう）。このように、名前すらどれが本当なのかわからない人物とされていたが、「江鼂眞比古」が正式な名前であり、訓みは「えぐち・まひこ」が正しい。このため、本書においては各種引用も含め、この表記で統一する（ただし、巻末に資料として掲げた「西垣昭日記」はこの限りでない）［★1］。

江鼂の名前の横には、「構成・解説　佐藤朝泰（ジャーナリスト）」と書かれており、冒頭には佐藤氏による「解説」が記されている。その最初の部分を引用する。

日中問題は、田中首相が、鮮やかに解決した——ということになっている。また、日本人のほとんどは、そう信じている。当時、田中首相の外交手腕は、佐藤前首相が、こと中国問題に関しては、手も足も出せず、マスコミから〝佐藤無策〟などと皮肉られていたのとは対照的に、衝撃的印象を国民に与えたのであった。……が、いま、この神話は、江鼂真彦氏の〝証言〟によって崩れ去ったといえるだろう。

江鬮真彦氏の〝証言〟は「日中国交回復問題の九九％までは、佐藤総理の手で解決済みであった」とのべている点が重要である。

続いて、一九七一年九月から佐藤総理が周恩来総理宛に親書を送っていたこと、江鬮が外務省のルートとは別に独自に中国接近工作を繰り広げていたことなどを書いている。

そのような「解説」の後に、「私」という一人称で語られた、江鬮の独白録が続く。一九七二年六月一七日、香港で中国側と佐藤の訪中について最後の詰めの交渉を続けていた矢先、佐藤の辞任表明の知らせが飛び込んできたこと。その翌日、皮肉なことに周恩来から佐藤の訪中を受け入れるという正副二通の返書が、香港の交渉相手の元に届いたこと。しかし、佐藤が辞意を表明したため交渉は打ち切りとなり、正書は北京に持ち帰られ、副書だけ佐藤に送るよう指示があったこと。そして、江鬮は帰国して、その副書を佐藤に届けたことが記されている。

手記は、そうした交渉のハイライトについての記述から始まり、そもそもこの交渉がいつからスタートしたのか、その経緯を自らの中国との関わりが始まった戦中、戦後から順に説き起こしてい

★1　ちなみに、江鬮の手記は、数年前から国会図書館でデジタルアーカイブスとして読めるようになった。それまでは、この難しい名前から、検索してもなかなかヒットしなかったが、検索機能が向上して、「江亀」でも「江鬮」でもヒットするようになった。

る。しかし、随所に、「私」という人物の主観的な見方と客観的な事実が入り交じり、また叙述されている年代も前後しながらたびたび挿話が入るなど、非常にわかりにくい。そこで、江鬮の手記の内容を、時間順に整理し、詳しく見ていきたい。

江鬮の手記と『佐藤榮作日記』の相違点

まず、江鬮が佐藤の密使として最初に活動を始めた頃の手記の記述を、以下に抜粋する（以下、書体を変更した箇所は、すべて同手記からの引用である）。

佐藤総理が、真剣にしかも全力を投入して中国との国交回復を考えるようになったのは、最大の懸案だった沖縄返還協定の調印が終わった昭和四十七年六月末ごろからであるが、さらに、その熱意に拍車をかけたのは、翌七月十五日に発表されたニクソン米大統領の突然頭ごなしの訪中声明であった。〈中略〉

佐藤総理は、日中国交回復は、互恵平等の大原則をつらぬくことを強く述べられ、
①沖縄が返還されれば日中復交を図る。
②復交の日途が立てば退陣して、挙党内閣で新外交の展開を進める。
③台湾問題は中国の内政問題であり武力の不行使、平和解決を望む。中国人は一つである。

④誠意と実行をもって当たれば必ず道は開ける。

――とうったえ、そのためには、自分自らが北京に直接乗り込んで話し合いたい。それが最善の近道ではないかという考えを明らかにされた。

小金先生も、私も総理のその考えに異論があるはずがない。ただちに総理の真情を中国側に正確に伝えねばならない……。

しかも、総理が意を決したならば、その意志の伝達は一日でも早ければ早いほどよい。〈中略〉

そのため、根まわしが完了するまでは極秘な行動が必要――という結論に達し、佐藤総理の『親書』を極秘裏に周恩来総理にとどける方法がいいだろうということになった。

こうして、佐藤総理の周恩来総理にあてた第一回目の親書が誕生した。〈中略〉

昭和四十六年九月十日――私は香港の空港に降り立った。四年前、何とか日中国交の糸口を探そうと香港暴動のさなかに初めて香港に飛来したときから数えて、今回で二十二回目の香港訪問であった。私の胸は大きくふくらんでいた。

香港での同志・黄氏らと会い、佐藤総理の意向を伝えるとともに、佐藤総理『親書』の北京移送、もしくは私自身の北京入りを相談した。〈中略〉

北京移送の前に、内容の真剣な検討が二日間にわたって行なわれた。その結果、佐藤総理の意図は了とするも、今一つの決意、すなわち、政治的原則をはっきりと名言するような字句の

修正が絶対不可欠という結論となった。〈中略〉
私は、西垣秘書官と連絡をとり、総理の承認を得て『親書』を持ち帰り、字句の修正を行なって、九月中に再度、中国側と会う約束をした。〈中略〉
第二回の『親書』は、与党要人が日夜騒々しく出入りする公邸や官邸で作成され、新聞記者諸君の目をさけ、九月二十一日に公邸で受け取った。ちょうど公明党の竹入委員長が《暴漢》に刺された日と記憶している。

江鬮の手記では、佐藤に呼ばれて官邸に行ったのは一九七一（昭和四六）年九月三日ということだが、『佐藤榮作日記』によれば、江鬮の来訪は九月二日である。

佐藤の日記では、二日に「最後が江鬮真比古君が小金義照君と一緒にきて詳細に香港を通じての中国問題をきく。周恩来と連絡はとれるはづと連絡方を江鬮君がいって来た。だまされたと思って話にのる事にした」とあり、日付は一日だけ異なるが、内容は江鬮の手記と符合する。

ただし、その後の九月一〇日の日記には、「江鬮真比古君に書いて渡す手紙は一寸相手が判らないので書く事をやめた。丁度その節浜野清吾君が来て岡田〔晃・香港〕総領事をつかって北京と連絡をとらしてみろと云ふ。この意見をきく事とする」とあり、同じ日に第一回目の親書を持って香港に向かったという江鬮の手記と大きく異なる。この点は、佐藤が記した内容のほうが事実と考えるのが妥当だろう。

このように明らかに事実と異なる江鬮の記述は、手記のなかにたびたび散見される。たんに日付が間違っていることもあるが、それは仮に記憶違いだったと割り引くとしても、これほど内容が事実と異なるのでは、手記そのものの信憑性も疑わしいと思わざるを得ない。これまで〝江鬮は偽物〟といわれてきた理由は、こうしたところから来るのではないかと思われる。

しかし、手記はすべてが嘘だとも言い切れないのである。実際、二回目の親書を受け取ったという九月二一日には、佐藤の日記にも、「江鬮真比古君がやって来る。この人も熱心なのに驚く。小金義照君と一緒に来る」とある。二回目の親書を渡したとは書いていないものの、江鬮と何らかのやりとりがあったことはうかがえる。江鬮の手記は、微妙に事実と異なる記述もあるが、真偽を慎重に見極める必要がある。

ちなみに、江鬮に同行して官邸を訪ねたという小金義照（こがねよしてる）（一八九八〜一九八四　当時、衆議院議員）は、江鬮の活動を支援していたと思われる。息子の小金芳弘氏は、膨大な日記を付けていたが、父親の交友関係のなかに江鬮がいることは知らず、日記にその記述もなかった。しかし、義弟の古海忠之（ふるみただゆき）

★2　故・小金芳弘氏（二〇一九年七月に逝去）からは、戦後、小金家で一緒に暮らしていたという古海忠之の長男・古海建一氏（元国際善隣協会理事長）を紹介され、両氏から多くのことをご教示頂いた。ここに厚く御礼申し上げます。

★3　「西垣メモ」一九七二年二月六日によれば、佐藤栄作は、古海忠之を中国に派遣する使者として使えないか、江鬮に尋ねている。

（一九〇〇～一九八三）について大きな示唆を与えてくれた［★2］。古海は終戦まで満洲国総務庁次長を務めた人物で（一九四一年一一月～四五年八月）、戦後は撫順に抑留されていたが、一九六三年に帰国した［★3］。小金と付き合っていた江闓には、満洲人脈が関係していたのではないかと思われる。一九三九（昭和一四）年に小金は商工省鉱産局長を務めており、その年は岸信介（一八九六～一九八七）が満洲国総務庁次長（一九三九年三月～一〇月、古海より先任）から帰国して商工次官になっているが、その頃から岸派の〝四天王〟の一人といわれた。小金は農商務省で岸の二年後輩でもある。

佐藤総理秘書官・西垣昭氏の証言

これまでは、江闓の交渉についての情報は、江闓自身の『宝石』の手記と、『佐藤榮作日記』からたどるしかなかった。この状況を大きく変えたのが、佐藤総理の秘書官を務めた西垣昭氏による新たな証言と、これまで保管してきた当時のメモや日記である。

西垣氏との最初の出会いは、二〇一五年四月だった。

西垣氏は、こちらが差し出した江闓の手記のコピーをじっと読み、「ここに書かれていることはおおむね本当だと思う」と語った［★4］。ただし、自分は、江闓が総理に報告する場に立ち会ったり、あるいは江闓から直接報告を受けたりしたが、江闓が交渉した相手方の中国人に会うことはないので、どんな人物と交渉していたのか、それが本当に誰だったのかについてはわからないという。

西垣昭氏のアルバムのなかにあった三人の写真。「47.2.6　江鬮氏と　於公邸」とある

佐藤さんは、かねて〝沖縄返還が終わったら日中だ〟というふうに思っておられたと思うんですよ。日本が日米安保体制にあり、中国は沖縄といわば敵対関係にあるなかで、どんな復交ができるかは大問題なんですね。だから、佐藤さんが日中のことを本当にやられるなと自分が思ったのがいつ頃だろうかというと、僕は一九七一年七月から八月の間だと思うんですよ。（二〇一五年四月二七日、西垣昭氏へのインタビューより）

これまで江鬮との関わりについて語ってこなかったのは、佐藤から、「俺が死んでもこのことは言うな」と言われていたから

だという。田中角栄政権での国交回復実現に水を差す懸念もあったことだろう。西垣氏は、その後、田中角栄とも良好な関係を持ち、あえて江鬮の交渉について触れる機会はなかった。

しかし、このまま佐藤の国交正常化への努力が忘れられていいのか、という疑問もあったという。すべてが田中による成果として語られ、田中の名誉のために佐藤が貶められるのはどうなのか、という思いがあったのだという。

西垣氏は、江鬮、佐藤と一緒に写っているあの写真を持っていた。江鬮の手記にある写真よりも鮮明で、部屋の様子もわかる。写真のキャプションには、「47・2・6　江鬮氏と　於公邸」とあった。いつも江鬮を佐藤に引きあわせる場所は、総理公邸の部屋だったという。当時、総理官邸［★5］の裏側には、渡り廊下を挟んで公邸があり、そこには秘書官のほか、寛子夫人など、ごく限られた人しか通行を許されない。公邸の玄関から入ってすぐ応接間が二つあり、その一つに西垣氏は江鬮を招いて、佐藤との極秘の会談をセッティングしたという。記者を含め、絶対に外部からはわからないようにするためだった。

西垣昭氏が大蔵省主計局調査課から総理秘書官として官邸への出向を命じられたのは、一九七一年六月二二日。それまで佐藤とは面識がなく、なぜ自分が秘書官に選ばれたのかもわからなかったという。当時の総理秘書官は、産経新聞政治部から転じた楠田實が首席秘書官を務めるほか、その下に外務・警察・大蔵から一人ずつ出向していた。西垣氏は大蔵省と官邸をつなぐ役割を任されると同時に、秘書官のなかで最も年下であり、総理の日程管理をすべて担当していた［★6］。しばらくはいわば〝見習い〟期間が続いたが、あるとき佐藤から、「君に中国担当の秘書官になってもらいたい。しかし、このことは誰にも言うな。絶対他言無用である」と言われた。具体的には、江藺眞比古との連絡役を極秘で務めてもらいたいということだった。

佐藤を日中国交回復の交渉へと突き動かした直接の要因は、一九七一年七月のキッシンジャー（Henry Alfred Kissinger　一九二三〜）国務長官による極秘の中国訪問と、ニクソン（Richard Milhous Nixon　一九一三〜一九九四）大統領の突然の訪中発表、いわゆる〝ニクソンショック〟だった。日本の頭越しで米中接近が進められようとしているなかで、日本も中国との国交交渉を急ぐべきだとの論調がにわかに高まったのである。西垣氏は、それまで中国関係の仕事をしたこともないし、口が固いという以外に、なぜ自分がそうした極秘の任務を与えられたのか、思いあたる節はなかった。

★4　西垣昭氏へのインタビュー（二〇一五年四月二七日）。後述するが、江藺の手記が発表されたとき、西垣氏は手記を読んでいる。しかし、当時は極秘だったため、自分の名前が記されていることに「閉口」と日記に記している（一九七三年一一月五日）。以来、手記を読み込んだり、その内容を検証することはなかったという。

★5　一九二九〜二〇〇二年まで使われた旧官邸であり、現在は総理公邸として使われている。

★6　『楠田實資料』のなかに、大学ノートに記録された総理日程がある。実際に佐藤が会った人物たちの記録で、当時の西垣氏の手書きによるものである。資料番号M－1－12を参照。

★7　西垣氏の中国との関係は、バンコクの駐タイ大使館に勤務していたとき（一九五八〜六一年）くらいしか思いあたらなかったという。バンコクは当時香港の情勢を観察する最前線という位置づけであり、中国の専門家が二人いて、そのうち一人は、かつて汪兆銘の通訳を務めた山本晃二等書記官だったという。また、バンコクには国民党政府の大使館もあった。

単純に思ったのが、官邸記者クラブの間では、中国問題は総理秘書官のうち、あの二人のどちらかだろうというふうに思われてるということ。二人というのは、楠田實さんと小杉照夫さん。楠田さんは沖縄問題をやってたでしょう。小杉さんは外務省出身でしょう。だから、当然、外交問題である中国問題はその二人がやるだろうと。で、警察庁から出向してきた村上健秘書官とか、大蔵省から来た僕は、そんなことはやらないだろうと、誰しも思っていたと思うんですよ。（同前）

佐藤が西垣氏を江鬮との連絡役に選んだのは、まさかそんなことをやらないだろうと周囲に思わせるためというのが理由だったという。だが、それだけではあるまい。西垣氏の真面目で実直な表裏のない性格が、佐藤が好むタイプの人物だったからのように思われる［★7］。西垣氏は、江鬮と最初にいつ連絡を取ったのか。そもそも、江鬮はなぜ佐藤から交渉を任されたのか。江鬮が初めて官邸に現れたのは七一年九月だが、西垣氏はその前の八月終わり頃に一度会ったのではないかという。そのあたりの事情について、西垣氏はこう語る。

江鬮さんは志士的な気概を持った人でした。中国と日本をこのままにしておくわけにはいかないと、彼は彼なりにそのルートを模索していたと思うんですよ。それで、機会が熟したとい

西垣昭氏と当時の資料

うので、佐藤さんのところに持ち込まれたと思うんですよ。佐藤さんは初めから江闖さんを信用していたわけじゃないけども、もうほかにないし、もうこの男なら前から知ってるから、乗るかと、こういうことになったんだと僕は理解しています。

（同前）

西垣昭氏が持っていた資料

西垣氏は、江闖に関する資料を持っていた。主なものは大きく分けると、①当時の日記、②関連情報をまとめたカード、③さらに詳しく関連情報をルーズリーフに書き込み、それらを綴じた「別冊」、④自ら書いた佐藤総理親書の下書き、⑤江闖がのちに西垣氏に渡した論文や手紙である。

①の日記については、三年分の日記が一つの頁にまとめられたもので、どんなに帰宅が遅くなっても、寝

る前に書いたという。記述は極めて正確で、『佐藤榮作日記』を補完する、当時の貴重な記録となっている。そのなかに江鬮からの報告などが端的に記されている。本書では「西垣昭日記」と呼ぶ。

②のカードは、当時、梅棹忠夫が推奨したいわゆる「京大式カード」である。日記には書き切れない、江鬮からもたらされた交渉の進捗具合などが、四二枚のカードにまとめられている。当初、このカードは西垣氏の書庫に収められたまま所在不明だったが、二〇一六年秋に見つかった。現在見つかったものは、一九七一年一〇月から七二年五月までの記録である。本書では、「西垣メモ」と呼ぶ。

③の「別冊」と西垣氏が呼んでいるルーズリーフは、日記やカードではさらに書き切れない、詳しい情報を書き記している。江鬮と佐藤の会話のやりとりも、その記述からうかがうことができる。このなかの最後の「江鬮報告」と書いてあるものは、佐藤が退陣表明をして交渉が終わった後の、江鬮による報告である。それまでの交渉の経緯をかいつまんで二頁ほどにまとめている。いつこの交渉を始め、交渉相手が誰であったのか。その後の交渉についても、このルートで交渉するようにという示唆もある。本書では、「西垣メモ別冊」と呼ぶ。

④の佐藤総理親書の下書きは、いつ書かれたものなのか、記述はない。ところどころ赤鉛筆の書き込みがある。これは、佐藤の首席秘書官を務めた楠田實氏の遺品資料のなかに出てくる、赤鉛筆の書き込みとまったく同じ筆跡であり、佐藤総理のものと思われる。西垣氏は語る。

大体、下書きは僕が書いてました。これを清書して江闖さんに渡す。江闖さんはそれを中国語に改めて先方に渡す。その翻訳が正しいかどうかチェックしている人がいるのかどうかも知りません。

総理はちゃんと、「こういうことを入れてくれ」って言われればいいけれども、忙しいのに根掘り葉掘り聞けないでしょう。だから、総理ならどう書かれるだろうかと思いながら書きました。直せって言われたら、それでまた直せばいいわけですからね、思い切って書くわけですよ。僕は身の引き締まるような思いでしたよ。だから、総理がこの程度の直し方でもって、「よし」と言われたときには、ほっとしたものですよ。（同前）

⑤は、江闖からの手紙のほかに、江闖が西垣氏に渡した「日中復交に思う」という手書きの論文である（二四五頁参照）。佐藤政権退陣後も、西垣氏は江闖との交流があった。江闖の論文は、田中政権になってからの中国との交渉について、疑問を投げかけている。恨み節のような記述もあり、自らの手で国交正常化を成し遂げられなかった江闖の無念が伝わってくる。

こうした資料の存在は、江闖の交渉の信憑性を補強する要素にはなる。しかし、江闖が真剣に交渉に臨んだとしても、中国側の交渉相手が、実は本物ではなかった可能性もある。あるいは本物であっても、どこまで江闖と本気で交渉を進めようとしていたかがわからない。江闖の交渉相手は誰だったのか、本当に中国側の代表の資格を持つ人物だったのかを調べることが、佐藤による極秘交渉の実効性を知るうえで不可欠である。

親書を送る佐藤の迷い

江鬮の手記によれば、佐藤の親書はまず二回書かれ、江鬮はそれらを香港に持っていったとあり、佐藤の日記によれば、一回目は書いたものの出すのをやめたという。一体どういうことなのか、詳細を西垣氏の記録から見てみる。「西垣メモ別冊」に書かれた一九七一年九月の記録である。

9月10日（金）

昨夕、小金義照、江鬮眞彦両氏が秘かに公邸で総理に会われ、周恩来に出す書簡の文案まで作り、総理の署名・捺印をいたゞくべく、私のところへ清書を届けて来た。

総理は署名をして私に預けられたが、どうしようか迷っている。どうもはっきりしないところがある。信用して任せてもよいのだが、と云われ、結局署名入りの写真3葉を渡すだけで、もう少し考えてみようということになった。

私としては、参考になる意見も持ち合わせていないので、総理が迷っておられるなら、慎重にされた方がよい、もしもインチキだったら恥をかくことになるということのみ申し上げた。

9月11日（土）

江闖氏には、10時半ごろ来てもらって、私から署名入りの写真3枚を渡し、これで最善を盡してもらうことにした。この朝、公邸から官邸への廊下で、この了解を得た時、総理は、どうもこの話は変だと、一日一日後退しておられるような感じだった。

今度の事件を通じて感じたのは、総理の孤独さということだ。今度の問題では、私は全くの門外漢で如何ともなし難いが、判断に悩まれるような時適切なアドバイスをしたり、必要な情報を提供したりということが出来るようになりたいと思う。

佐藤の日記だけではわからない、親書を送ることへのためらいがうかがえる。江闖のことをまだ信用することができず、第一回の親書を書いたものの、結局、署名入りの写真三枚を渡すことになったという。江闖に親書を託すところまではいかなくても、確かに総理の使者だという保証を与えて様子を見ようということだったのだろう。

このあと、西垣氏の日記によれば、二一日に江闖は訪問し、二三日に第二回目の親書を受け取ったということである。

周恩来の「復交三原則」にどこまで応じるか

ちなみに、親書は第一回、第二回とも、手記に全文が掲載されている（二九八頁からの付録参照）。第一回目（一九七一年九月七日付）は、「日中両国の国交正常化　永久平和の問題の解決のため北京に閣下を訪問し　率直な意見の交換を致度」とあり、小金義照衆議院議員を外交顧問として交渉の任にあたらせ、「江鬮真彦」を補佐させたいという内容である。これに対し、第二回（一九七一年九月二〇日付）は、訪中して意見交換したいという最初の文章はあまり変わらないが、江鬮によれば中国側が要望したという〝政治的原則を明言する〟ための修正の結果なのか、「私の政治的立場は日米関係国際関係が複雑微妙な現在に於ても　隣人友邦の平和精神を貫き信義を守り平和に徹する一念にあります」「閣下の主宰する中国政府は全中国人民を代表する政府であり　台湾問題は内政問題であることを私は日本議会に於て宣明しましたが　私の信念であります」という文言が加わっている。

この文言の違いは、周恩来が当時日本側に国交回復のうえで提示していた、「復交三原則」［★8］を意識していたものと思われる。それは、以下の通りである。

①中華人民共和国は、中国を代表する唯一の政府であること。
②台湾は中国の不可分の領土であること。

③台湾と日本の間の日華平和条約を破棄すること。

日華平和条約とは、戦後、日本が中国との戦争状態を終結するために、台湾の中華民国との間で結んだ条約である。台湾の政府を認めない中華人民共和国はこれを無効としていたが、当時台湾を支持していた佐藤には、中国が示した三つの原則はどれも受け入れ難く、妥協点がないのか水面下で探る必要があった。この親書の文章にも、その姿勢がうかがえる。

周恩来国務院総理〔共同通信社提供〕

重要なのは「中国政府は全中国人民を代表する政府であり、台湾問題は内政問題である」という後段のほうである。この内容は、のちに保利茂幹事長が佐藤に代わって、美濃部亮吉東京都知事に託した周恩来宛の「保利書簡」［★9］でも、「私は由来中国は一つであり、中華人民共和政府は中国を代表する政府であり、台湾は中国国民の領土であるとの理解と認識に立って居ります」と書いてあるが、その内容

★8　一九七一年六月に訪中した竹入義勝公明党委員長に対して、周恩来は国交正常化の前提条件として初めて五つの原則を示した。しかし、その後の情勢の変化により、実質的にはこのうちの三つが国交正常化にあたっての条件となった。井上正也『日中国交正常化の政治史』（名古屋大学出版会、二〇一〇年）四六九頁など。

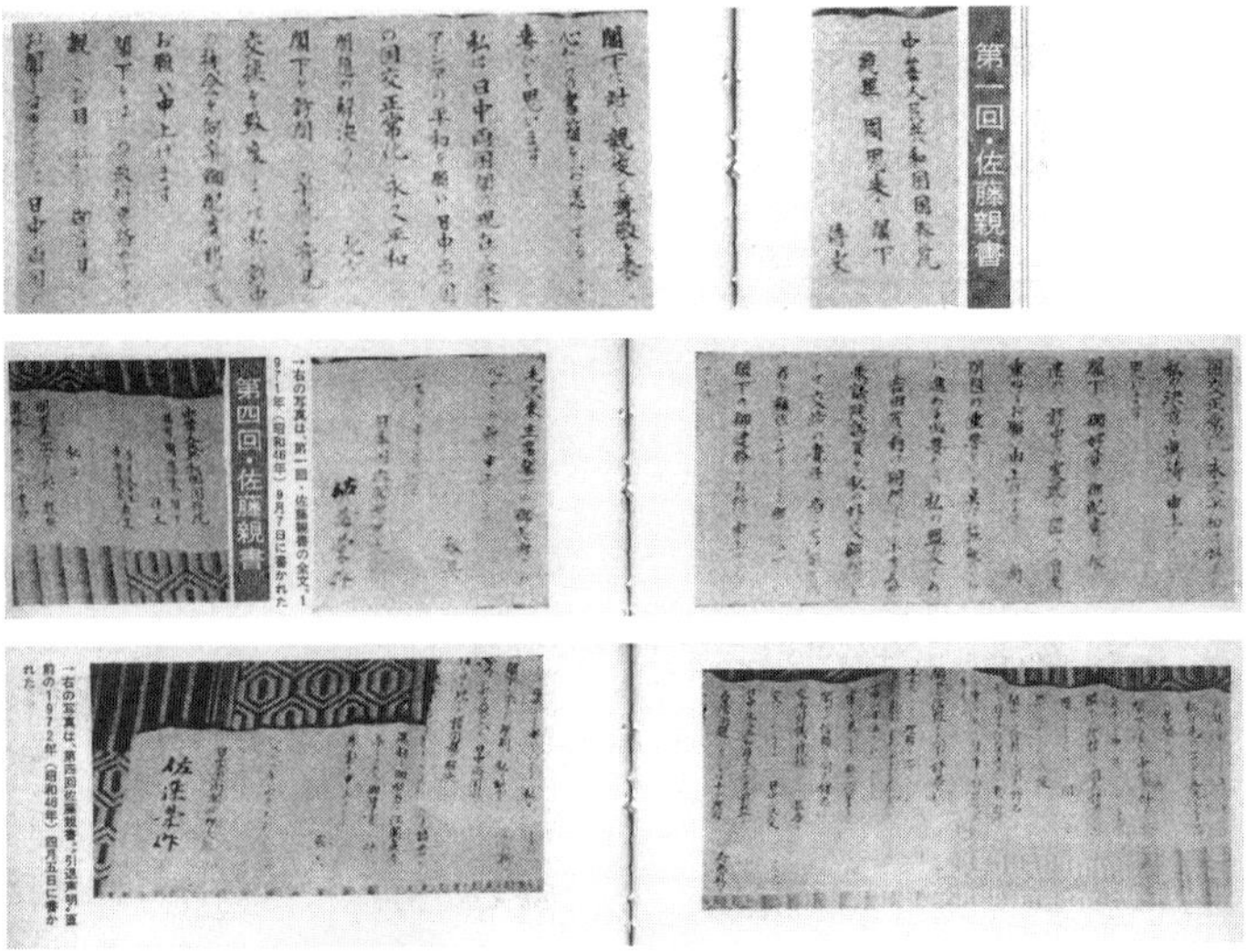

江闓の手記に掲載された周恩来宛の佐藤親書（第１回と第４回）

とほぼ符合する。「保利書簡」には、「復交三原則」の第一原則である「唯一の政府」という言葉がないため、「二つの中国（＝中国と台湾）」という論理を残しているとして、周恩来から受け取りを拒否されたが、第二回の親書にも、「唯一の」という言葉がない。

「台湾問題は内政問題」ということを議会で宣明したというが、これが佐藤のどの発言を受けたものかは定かではない。親書が作られる二ヶ月前、ニクソンの訪中が電撃的に発表された〝ニクソンショック〟の四日後、七月一九日の国会での発言が最も近いと思われる。「政府は、これまで二つの中国という考え方をとったことは一度もありません。この問題は、本来、中国自身の問題でありますから、両当事者が平和的な話し合いによって解決さるべき問題であり、政府として、その結果がいかなるものであろうとこれを尊重する、その考えでございます」〔★10〕というものである。

見つかった佐藤の親書の写し

この佐藤の親書を裏づける資料が見つかった。中曽根康弘（一九一八～二〇一九）元総理の事務所に、親書の写しが保管されていたのである。全部で三つあり、江藤の手記で引用されたものと符合する。親書については、江藤の「手記」に非常に解像度の悪い写真が掲載されているのを見るのみだったので、中曽根氏が保管していた写しによって、その詳細が鮮明にわかる。

第一回と第二回の親書については、既述の通りである。江藤の手記では、一九七二年一月に西垣氏が佐藤の代筆として書いた親書を〝第三回〟と呼んでいるが、紛らわしいので、本書では最後の親書を第三回と呼ぶことにする（一九七二年四月五日付）。

写しはA３の紙で複数枚あり、それらをつなぎあわせると、横に長い巻紙のような書簡であったことがわかる。第一回は三枚、第二回は四枚、第三回は六枚と、後になるほど長い書簡となっていた。

★9　『楠田實資料』G–1–93に撮影された写真がある。
★10　衆議院本会議、一九七一年七月一九日。訪中した竹入公明党委員長の質問に対する答弁。

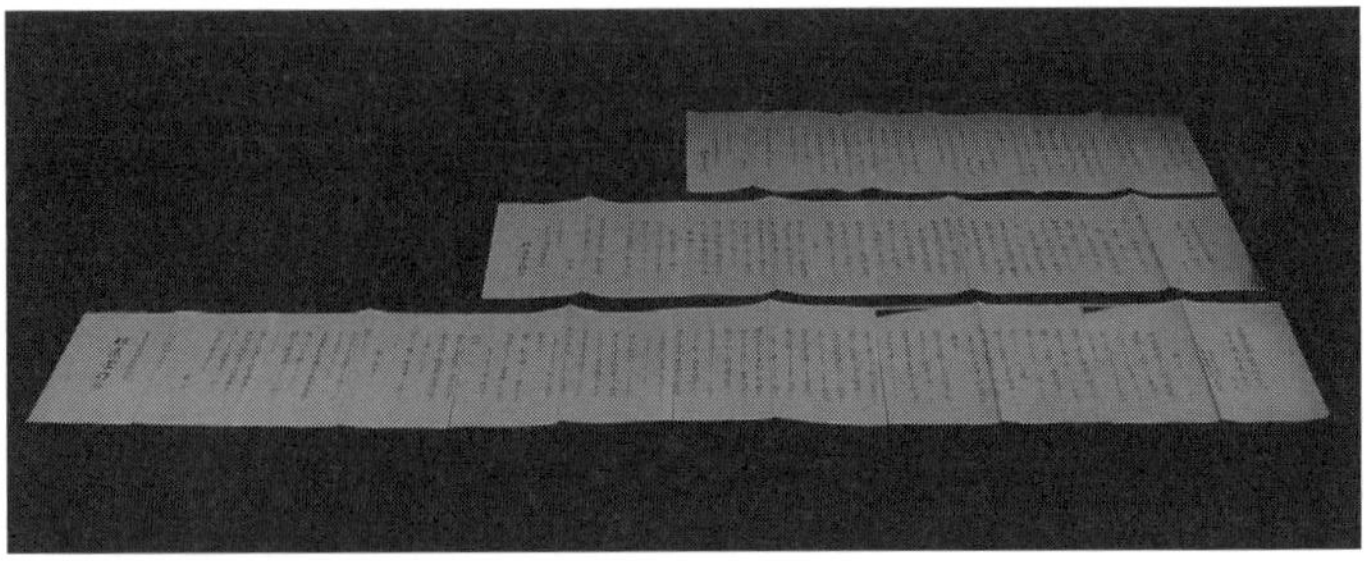
周恩来宛の三つの佐藤親書の写し（中曽根康弘事務所所蔵）

三つの親書はいずれも末尾に、「佐藤榮作」との署名がある。この筆跡については、西垣氏に確認して頂いた。また佐藤の秘書として公邸に詰めていた城文雄（じょうふみお）氏にも、さらに当時官邸つきの秘書として、一九五二（昭和二七）年から一九九〇（平成二）年まで、多くの総理に仕えてきた栗本和子氏にも、念のため確認して頂いたが、佐藤の署名であることに間違いはなかった。

しかし、本文の筆跡は佐藤のものとは異なる。誰が書いたのかはわからない。西垣氏は、少なくとも官邸で正式な文書を書く、いわば右筆にあたる役職の人の文字ではないという。恐らく、江鬮がどこかで何者かに文章を書いてもらい、それを持ってきて、最後に佐藤に署名をしてもらったのではないかという。また、末尾の署名の部分に注目すると、第一回の親書は佐藤の落款がないが、第二回と第三回は落款がある。落款は城文雄氏が管理していたが、間違いないという。

中曽根氏は、一九九〇年頃、回顧録を書く準備のため、あのときの江鬮の交渉は何だったのかを本人に確かめようとして、連絡を取ったらしい。すると、江鬮の秘書を名乗る石川昭治という人物が事務所に現れ、『宝石』の江鬮の手記のコピーと、三つの親書の写しを置いていったという。

そのときに、中曽根氏が話を聞きながらメモを書き込んだ、江鬮の手記のコピーも一緒に保管されている。そこには、「柯正仁」（何者かは不明）など、江鬮の交渉に関わったと思われる中国人の名前もわずかに書かれている。『政治と人生――中曽根康弘回顧録』（講談社、一九九二年）はこのときのメモに基づいて書かれていると考えられる［★11］。併せて残されていた石川昭治の名刺のコピーにある住所を元に平塚の市営団地を訪ねたが、表札はかかっていたものの、連絡は取れなかった。近所の人によれば、妻が住んでいたが病院に入院しているということだった（二〇一五年取材時）。かつて中曽根氏の秘書を務めた吉野稜威雄（よしのいつお）平塚市長が家を訪ねたことがあったそうだが、そのときは中国関係の書物が所狭しと部屋に収められていたという。ただ、江鬮との関係はそれ以上はわからない。

親書の原本は、江鬮の証言が正しければ中国側に渡っていったはずだから、石川が写しを持ってきたことから推測すると、原本を送る前に江鬮は写しを取って保管していたことになるだろう。なぜ写しを持っていたかはわからない。交渉の記録や証拠として保管していたのだろうか。

中曽根氏は、江鬮についてこう語っていた。

★11　その後出版された『天地有情――五十年の戦後政治を語る』（文藝春秋、一九九六年）、『自省録――歴史法廷の被告として』（新潮社、二〇〇四年）にも江鬮についての記述はあるが、『政治と人生』の内容を出ない。

〔江藺氏に〕会ったことはあります。だけど、そんなに深い付き合いはなかった。私には正体がよくわからない。要するに佐藤さんが影で使っておったと。そういうことでしたから、人には会わせないし、影の人として佐藤さんが使っておったと思いますよ。〔★12〕

この写しの存在によって、周恩来宛の佐藤の三通の親書が実際に作られたことは明らかだろう。問題は、これらの親書は本当に中国に渡ったのか、ということである。渡ったとしても、どこまでの人物に届いたのか。親書の写しは、江藺の交渉に真実味を与えるものではあるが、交渉がどこまで有効だったかについては、さらなる検証が必要である。

★12　中曽根康弘氏へのインタビュー（二〇一二年七月二五日）。

第二章　戦前・戦後の江䶕の足跡

交渉の真相に近づくうえで、まず、江䶕（えぐち）になぜこのような活動が可能だったのか、江䶕とは一体何者だったのかということを知る必要がある。江䶕が生前関係のあった周囲の人物たちを探っていくことで、江䶕本人の姿が見えてくれば、その交渉相手についても何かわかってくるかもしれない。戦前の江䶕について、『宝石』の手記の記述を引用する。

戦前中国で活動していた江䶕——戦後の政界との人脈

私と中国、及び中国人とのかかわりあいは戦前、一外交官として、北京に赴任していたこともあるのだから、かれこれ三十有余年になる。

だが、敗戦とともに、私は再び、中国の土をふむことはないと思い、また心にもきめ、以前から希望していた「ユダヤ問題」研究のため、学究の徒となった。

しかし、人生のめぐりあいは、なんと、いつも突然で、因縁的なのだろう。

私が人生の師として私淑していた東久邇宮が、ある日「日本の本当の平和は中国抜きでは考えることができない。一度、私人として中国を訪問し、周恩来総理と会ってみたい」との真情を打ち明けられたのである。

私は、若干、中国については知識もあり、中国人の知人もいたことから、東久邇宮の相談相手になり、それではと、東久邇宮の名前で周恩来に手紙を出した。〈中略〉

まだ日本が占領下にあった昭和二十五年から二十六年にかけての時期である。〈中略〉

中国側の反応は、人を通じて、〝多忙〟という連絡があったのみであった。そのうえ、東久邇宮ご自身が、目が悪くなられ、中国から招待があったとしても、訪中は不可能となってしまった。〈中略〉

昭和二十九年、鳩山内閣が成立後、中国を対象として「アジア経済協力機構」というものが、吉田茂前総理、岸信介氏（当時幹事長）らが中心となって計画されたこともあった。〈中略〉

この構想は、日ソ国交回復共同宣言をまとめ上げるのを、至上命令としていた鳩山内閣――というより、当時の重光外相の猛反対にあい、ついに実現をみないで終わってしまった。〈中略〉

私は〈中略〉若干の手伝いをさせてもらった。

この構想が、実現しなかった後も、吉田茂総理からは、ことあるたびに、「中国は大切だ。国交回復は、まだまだ先だろうが、今のうちに勉強しておいてくれ」という示唆というか、要請を受けていた。

北京に赴任してから「三十有余年」ということは、『宝石』が出版されたのが一九七三年なので、江騸は一九三〇年代から四〇年代に、北京で外交官として活動していたと推定できる。また、戦争が終わると、いったんユダヤ研究に進むことを考えたが、戦後最初に総理を務めた東久邇宮稔彦（ひがしくにのみやなるひこ）（一八八七〜一九九〇）の相談役となり、一九五〇年から五一年にかけて周恩来宛に手紙を書いたことがあること、また、一九五四年には吉田茂（一八七八〜一九六七）や岸信介らの「アジア経済協力機構」構想に協力したことがあるということである。なぜ、戦後間もない当時、ユダヤ研究に進もうと考えたのか。また、戦前、中国で外交官を務めていたとしても、名を知られていない人物が、どうして東久邇宮や吉田茂と直接やりとりができたのか。これだけでも不明な点は多い。

中国人脈の開拓――「萬熙（まんき）」・元インドネシア大使「黄」・葉剣英（ようけんえい）のいとこ「葉」

「手記」の引用を続ける。

東久邇宮、吉田茂総理の真情を親しく聞いているうちに、一度は断念した中国問題といま一度取り組んでみようか、という思いが、次第に心の中にわき出した。

私が、再び中国、しかも現実の政治上の中国を相手にするとき、一番最初に相談したのは、世界紅卍字会の林出賢次郎氏だった。〈中略〉

林出氏は、現代の中国を知る道しるべとして、ある人を紹介してくれた。

その人は中国人の万熙氏。私はこの人を起点に次々と中国を知る人の輪を広げていった。〈中略〉

吉田総理は政治上の愛弟子である小金義照氏に、国民外交の大切さを教えておられ、私もその時期から、小金氏らとともに中国についての模索が始まったわけである。〈中略〉

昭和四十二年七月十五日――私は、はじめて、中国との国交回復のための具体的折衝を持つために、中国大陸へ渡った。

万熙先生の助言もあって、二週間の香港滞在中、私は、北京系、台湾系、中立系とさまざまな政治的立場の中国要人と接触し、どのルートが北京に近いかのパイプ探しをした。ふりかえってみると、私は、昭和四十二年七月に初めて大陸に渡ってから昭和四十六年の秋までの四年間、なんと二カ月に一回ぐらいの割合で香港に飛び、中国側要人との接触に明け暮れたことになる。〈中略〉

佐藤総理にたびたび会い中国側の意向を伝えたり、総理の中国に対する感じ方などを承ったりはしていたが、佐藤総理の命令があって中国側と接近していたわけではなかった。

当時の佐藤内閣の重点外交政策は、まず池田内閣からの引き継ぎの日韓関係の整備と小笠原

> 諸島と沖縄返還であった。
> 当然、佐藤外交の基本方針は、アジアの平和なくして日本の平和はない。沖縄返還がなくしてベトナムの解決もない。アジアの平和はベトナムが始まりで、日中が最後である――との考えだった。〈中略〉
> 当時、佐藤総理は、中国との国交回復は対米、対東南アジア、対ヨーロッパに対し、共同する原則があるはずだ。日本が、中国のいうように、アメリカの傀儡（かいらい）政府ではなく真の独立国であるためにも、まず沖縄を先に片づけなくてはならない。中国は大局的に物事を見ているはずだという考えを終始述べられていた。〈中略〉
> 佐藤総理が、池田内閣の通産相時代（一九六四年四月）に東京で開かれた中国経済貿易展覧会に出席中の南漢宸（なんかんしん）氏（同氏は文革で自殺。当時の通訳は肖〔蕭〕向前氏）と会ったとき、日中問題に対し前向きの姿勢を見せたことに遠因するようだ。〈中略〉
> だが、中国が、吉田内閣や岸内閣以上の反動内閣と糾弾（きゅうだん）しつづけた佐藤総理に対する見方が、確実に変化してきていた。

江鬮は、「世界紅卍字会」の林出賢次郎（一八八二～一九七〇）に相談したという。林出は、元外交官であり、満洲国皇帝溥儀（一九〇六～一九六七）の通訳も務めた人物である。世界紅卍字会とは、元々は中国の民間信仰を信奉する組織である。関東大震災のとき、林出は南京総領事を務めていた

林出賢次郎（昭和35年、78歳。遺族提供）

が、紅卍字会が日本に向けて米などの援助物資を送ったことに感激し、自らも紅卍字会に入信したという。江鬮はどういう経緯で、林出との関係を持っていたのだろうか。

また江鬮は、林出から、中国の人脈を探る上で「万熙」という人物を紹介してもらったという。そして中国人の人脈を広げるなかで、特に、「元インドネシア大使の黄氏」、「葉剣英元帥の堂弟（＝いとこ）・葉氏」、「飛卿氏」という人物から支持を得たという。これらの人物は、研究者の間でもこれまでまったく知られていない。彼らを探ることが、江鬮の交渉相手が何者だったのかという、本書の最大のテーマに通じる。

林出賢次郎と世界紅卍字会

江鬮が中国人脈を広げる起点となったという「万熙」とは何者なのか。手がかりを求めて、和歌山・御坊にある林出賢次郎の実家を訪ねた。林出賢次郎は膨大な日記を付けており、そのなかに江鬮についての記述を見出すことができた（日記については非公開）。

江鬮が林出と初めて連絡を取ったのは、日記を見る限り一九六五年になるが、交流が頻繁になるのは一九六七年からである。西垣氏が保管していた江鬮の「交渉経緯」にも、交渉について開始したのは一九六七年とあり、また、『宝石』では江鬮が中国との国交正常化のための具体的折衝を持つために、香港に渡ったのは一九六七年七月一五日と書いてある。林出と頻繁に接触した年代と符合する。恐らく一九六七年から、江鬮は中国に対する活動を始めたものと思われる。また、日記によれば、江鬮はホテルニュージャパンでたびたび林出を食事に招いているが、西垣氏によれば、ホテルニュージャパンに、事務所兼用の江鬮の部屋があったらしい。何者かによる経済的支援がなければできないことだろう［★1］。

しかし、林出の日記からは、林出から紹介されたという「万熙」についての記述は見つからなかった。江鬮は林出から、一九六〇年代後半に「万熙」を紹介してもらったのだろうか。後述するが、

★1　ホテルニュージャパンは、一九六〇年、のちに外相になる藤山愛一郎の藤山コンツェルンが母体となって開業した。江鬮はホテルを常時使用するにあたって藤山から便宜を得ていたとも考えられる。ホテル内には中国近現代史料コレクション「藤山現代中國文庫」があったが、一九八二年のホテル火災によって焼失したため、残された記録から江鬮との関わりを見出すことはできなかった。西垣氏によれば、藤山愛一郎の長男・覚一郎によって江鬮を囲む勉強会が開かれ、江鬮は「先生」と呼ばれていたという。

その可能性は低く、戦前から江鬮は「万熙」のことを知っていたと思われる。ただ、林出が江鬮に「万熙」を紹介したのが戦前だったとしても、戦後、いったん切れた「万熙」との関係を、このとき、林出が再びつないだ可能性はあると考えられる。そのことも後述する。

ちなみに、江鬮は一九六七年七月一五日から香港に通い佐藤に報告を続けたが、それは佐藤の指示ではなかったという。

佐藤外交の記述について、江鬮の手記には特徴的なことがある。佐藤がまず沖縄返還を優先させようとしたこと、それはベトナム戦争の解決や、究極的にはアジアの平和のためであるという佐藤の外交方針についての見方は、当時としては極めて正確であるということである。

沖縄返還はたんなる領土の返還にとどまらず、ベトナム戦争で疲弊したアメリカの東アジアでの安全保障上の負担を、日本がある意味で肩代わりする狙いがあったことは、現在では『楠田實資料』をはじめ、様々な外交資料で知ることができる。しかし、沖縄返還の意味をこれほど端的に示すのは、同時代の当時としては難しいはずであり、江鬮が佐藤の真意をよく理解していたことがうかがえる。中国に、日本がアメリカの傀儡政府ではないことを示すためにも沖縄返還を優先させたという見方は、当時、政権内部にあった、「沖縄返還によって、日本ははじめて外交の自主性を確保できる」という考えに通じる。そして、日本が自主外交ができるようになれば、中国はそれだけ日本との交渉にも応じる余地が増えるということである。佐藤や政権内部の考え方に通じていなければ、こうした見方をするのは難しい。

一九七〇年一一月、林出賢次郎は亡くなるが、『東方君子』という追悼集が、林出とゆかりのあった人々によって作られた。そのなかに、江䦨の寄稿もあった［★2］。

今も尚生きている思い出

法学博士　江䦨真彦

林出賢次郎先生に、私は言葉や文字では何うしても表し得ない、尊い訓えと導きを頂いています。中国と日本との本当の柱！。心と心の結び合いに小さな努力をつづけていますが、先生の訓え導きの一つでも、実行し得たら生甲斐としている私です。先生の御冥福を祈りながら私は地に潜んで励んでいます。

先生の思い出は、今尚生きているので、私には言葉として何も書けません。

『東方君子』が出版されたのは一九七三年四月だが、林出が亡くなったのは一九七〇年一一月一六日。この文章が寄稿されたのは、江䦨が中国との水面下での国交正常化交渉に携わっていた時期だった可能性も考えられる。最後の、「地に潜んで励んでいます」とは、地下に潜伏して活動する

★2　林出翁をしのぶ会『東方君子（尋賢林出賢次郎翁を偲ぶ草々）』一九七三年、七三頁。

イメージを想像させるが、具体的に何を意味しているかはわからない。

世界紅卍字会と江鬮

江鬮が林出と接触したのはなぜなのか。林出が熱心に活動を行っていた紅卍字会が一つのカギだと考えられる。紅卍字会は元々、戦前に民間信仰を基に中国で作られた慈善団体であり、その教義では、キリスト教、イスラム教、仏教、儒教、道教などの根本はすべて同じであると考え、宗教の相違を超えて世界の平和を訴えている。昭和の初めには、似た教義を持つ日本の「大本」との間で提携関係が作られた。一方で、〝根本は同じ〟というところから、日中戦争以降、日本の中国進出を支える思想的根拠として利用され、日本の占領地では現地住民を統治するうえで保護された［★3］。

戦後、紅卍字会は日本軍に協力したとされ、その関係者は中国大陸から台湾と香港に逃れた。現在は香港に本部があり、台湾にも支部がある。また、日本支部とも言える日本紅卍字会が、一九六二（昭和三七）年、林出を名誉会長にして設立されている。このときの創設メンバーは、大嶋豊（東洋大学学長、戦時中は人類愛善会理事として満洲事変直後の中国を訪れる［★4］）、安岡正篤（大嶋豊と一高・東大で同期、終戦の詔書に関与したといわれる）、笹川良一（戦前は国粋大衆党総裁）、植芝盛平（大本に入信歴あり。満洲国武道顧問・建国大学武道顧問）など、戦前の中国と深い関係を持つ人物が名を連ねるほか、設立式典には文部省の宗教法人行政を担当していた宗務課長（近藤春文）が、文部大臣代理として参加している［★5］。

取材当時、日本紅卍字会の本部は、東京・銀座のビルの一室にあり、ここで霊廟を管理していた［★6］。杉山明専務理事の協力で、昔の会員名簿を探すと、江灩の名前を見つけることができた。江灩は日本紅卍字会の設立の翌年、一九六三（昭和三八）年に会員となっていた。名簿には紹介者の名前が記されており、江灩を紹介したのは大嶋豊だった。また、入会する前の宗教について書く欄があり、江灩の場合は、「キリスト教」とあった。

江灩はカトリックかプロテスタントかわからない。江灩の『宝石』の手記には、唯一宗教について関心を示している以下の記述がある。

私と中国、及び中国人とのかかわりあいは戦前、一外交官として、北京に赴任していたこともあるのだから、かれこれ三十有余年になる。

★3　香港紅卍字會『弘道展慈――香港道慈八十載』書作坊出版社、二〇一一年、孫江「宗教結社、権力と植民地支配――『満州国』における宗教結社の統合」『日本研究』二四、二〇〇二年など。

★4　林銑十郎『満洲事件日誌』みすず書房、一九九六年。

★5　『日本紅卍字月刊』昭和三七年九・一〇月合併号。なお、囲碁の呉清源、指圧の浪越徳治郎も日本紅卍字会の会員である。

★6　笹川良一（一八九九〜一九九五）によって、銀座のビルに本部が置かれたという。現在は、災害支援や日中の文化交流、中国帰国者に対する無料の日本語教室など、慈善活動を行っている。二〇一九年、本部は新宿区上落合に移転した。

だが、敗戦とともに、私は再び、中国の土をふむことはないと思い、また心にもきめ、以前から希望していた「ユダヤ問題」研究のため、学究の徒となった。

「以前から希望していた「ユダヤ問題」研究」とは何だろうか。キリスト教徒であれば、旧約聖書にある程度関心があってもおかしくはない。しかし、これだけでは江蘭の属性について、まだわからない。この膠着状況を大きく破ったのが、江蘭の親族に行きあたったことだった。

福島にあった江蘭の本家

「江蘭」という名前は極めて珍しい姓である。その姓を持つ江蘭芳治氏が、福島県双葉町に住んでいたことを二〇一五年、偶然知った。福島と聞き、もしかしたら江蘭眞比古の親族ではないかと思った。西垣昭氏が、「江蘭さんは確か福島の出身だった」と語っていたからだ。

しかし、当時は東日本大震災から四年が経っていたが、双葉町は東京電力福島第一原子力発電所の事故により、帰宅困難区域に指定され、住民は別の複数の地域に移り住んでいて、どこにいるかもわからない。念のため、福島県いわき市に移転した双葉町役場に、江蘭芳治氏について問い合わせた。すると、所在について把握しており、本人の承諾があれば、住所を教えてもいいという。事情を説明して頼み込むと、やがて、本人から了承を得たと、住所と電話番号を教えて頂いた。

急いで江藺芳治氏に電話をすると、驚くことに、江藺眞比古は叔父だという。中曽根元総理の自伝にも名前が出ていることを知っているという。話をしてくれるというので、すぐに福島に向かった。

江藺芳治氏の家は、福島市の郊外にあった。双葉町から避難所を転々として、ようやくその年に家を建て、家族とともに移り住んだそうだ。そして、一時帰宅が認められるようになったので、数日前、双葉町の自宅に置いてきた大切なものを取りに帰った。そのとき、江藺に関するものを持ってくることができたという。二〇一五年一二月に初めて訪ねたのだが、このタイミングでなければ、お会いすることも、江藺眞比古についての資料を見せて頂くこともできなかった。僥倖だった。

江藺芳治氏は、江藺家の本家だった。江藺という姓は、元々北陸が発祥だそうだが、日本に三軒しかないという。江藺眞比古は、本家の当主・江藺栄治と妻・遠藤トメノの間の五人兄弟の次男であり、芳治氏は、次女・キクエの孫であるが、現在は江藺の本家を守っている。元々江藺家は双葉町で材木業で財を成した名家で、江藺栄治は双葉町長を務めた[★7]。地元の名士としての関係からか、当時の双葉町長と親しくしていたらしく、一緒に写っている写真があった。江藺が親戚の結婚式に出席しているときの写真もあった。

芳治氏は、戸籍の写しを持っていた。そこでさらに驚くべきことがわかった。江藺眞比古は、一九一五（大正四）年八月二二日、双葉町長塚鬼木の生まれだったが、「江藺章」という名前で戸籍には記録されている。元々違う名前だったのだ。のちにわかるが、江藺が名を連ねる会社の登記では、

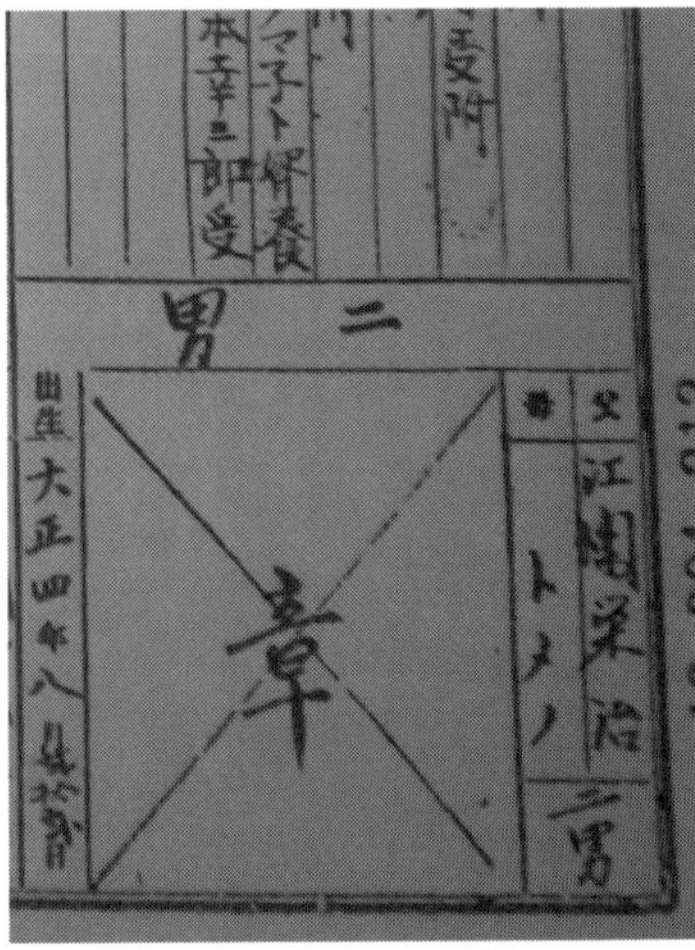

江鬮眞比古の戸籍簿。戦前は「章」だった

「江鬮真比古」で登録してあり、登記簿には戸籍名しか載せられない。戸籍名を変えていたと判断するしかない。

私たちは〝章おじさん〟と呼んでいました。いつから眞比古に変えたのかわからない。なぜ変えたのかも……姓名判断で眞比古のほうがいいという話だったような……よくわからない。［★8］

芳治氏はそういうが、姓名判断が本当の理由だろうか。かつて陸軍中野学校では、戸籍名まで変えたと証言する人がいるが、江鬮という特徴的な姓を変えず、名前だけ変える理由もわからない。ただ、江鬮眞比古＝江鬮章であることがわかったことで、一つ、明らかになったことがある。それは、江鬮が二四歳となる一九三九（昭和一四）年に、外務省の嘱託職員として「江鬮章」という人物が記録されており、恐らくこれは江鬮本人だろうと思われる。外務省が発行する「外務省報」の五月一一日に、「外務省文化事業部第一課嘱託（月五〇圓）」とある。文化事業部とは、元々日本と中国の文化交流を促すことを目的として作られ、具体的には双方の留学生を支援することがその主な業務だった。しかし、この二年前に始まった日中戦争が激しくなるなかで、次第に日本から中国の占領地への思想教化・宣伝などを取り仕切るようになった。奇妙なことに、江藺はこの仕事をわずか半年で辞めてしまう。同じ年の一一月三〇日、「依願嘱託ヲ解ク」とある。

そもそも江藺は、佐藤といつ知り合うようになったのだろうか。これについて、西垣昭氏からある証言があった。「江藺は佐藤栄作が鉄道省の自動車課長の時代までには、知り合いだったらしい」というのである。西垣氏の日記には、佐藤と江藺は「かなり昔からの知己」のようだったとも書かれている（「西垣昭日記」一九七二年二月六日参照）。

佐藤は日中戦争のさなかの一九三八（昭和一三）年九月四日から翌年六月一〇日まで、上海に行っていた。鉄道省鉄道課長の身分で、興亜院華中連絡部で八ヶ月ほど上海で勤務していた。華中連絡部とは、その頃、日本軍が占領した華中の地域に鉄道を敷設することを一つの任務とした特務機関であり、佐藤はそのために、中支那振興株式会社を設立する目的で出向していた。佐藤の上海滞在期間の最後の一ヶ月は、江藺が外務省文化事業部で恐らく中国関係の仕事をしていた時期と重な

★7　江藺は生前、神奈川県西部に住んでいた。長男に、一度だけ電話でお話をうかがうことができた。生前の江藺は、一年の半分以上、日本におらず、母親は大変苦労したという。江藺が倒れた際、残されたお金はわずかで、以前付き合っていた政治家も、葬式には誰も来なかったという。母親が亡くなって二〇一〇年に家を建て替えた際、資料は全部処分したため、江藺の交渉をうかがえるものは見つからなかった。

★8　江藺芳治氏へのインタビュー（二〇一五年一二月九日）。

江鬮芳治氏が持っていた三人の写真。右下に江鬮のサインが見える

る。その後、帰国した佐藤は、一九四三（昭和一八）年一一月から翌四四年四月まで自動車局長を務めている。佐藤は「自動車課長」になったことはないから、自動車局長の誤りだとすると、江鬮が佐藤と近い関係になったのは、佐藤が上海にいた頃であり、そのとき江鬮も中国にいたのではないかという推測もできる。

芳治氏が、もう一つ、双葉町の自宅から持ち出していたものがあった。あの『宝石』の江鬮の手記に出ていたのと同じ、江鬮と佐藤、西垣氏の写真である。写真には、左脇に「遠藤悦子様」、右下に「M. Eguchi」とペンで書かれてある。遠藤悦子とは、双葉町で江鬮家と懇意にしていた女性であり、江á¡眞比古は経済的な支援を受けていたのではないかという話がある。いわばパトロンのような女性に、自分の仕事ぶりを伝えるために江á¡は写真を送ったのではないかと思われる。

日中戦争の頃から中国で活動し、佐藤栄作とも恐らくその頃に知り合っていた江á¡眞比古。どのように北京に向けてアプローチしていったのか。それを考えるために、まず江á¡にとって中国の人脈を広げるうえでのキーパーソンと見られる「万熙」という人物が一体何者なのかを調べることにした。

第三章 萬熙と中川太郎——江鬮の中国人脈

戦前、中国で外務省の嘱託職員として活動していたと思われる江鬮は、林出賢次郎から、中国の人脈を広げるうえで、萬熙(まんき)という人物を紹介してもらったという[★1]。萬熙を媒介にして中国共産党（以下、共産党）の中枢に、どのようにつながっていったのか。

林出賢次郎が創設した日本紅卍字会に問いあわせても、会員名簿に萬熙という名前はなく、香港紅卍字会に尋ねるよう薦められた。香港紅卍字会の幹部に、香港中文大学の陳亮光(ちんりょうこう)教授という、紅卍字会の八〇年史をまとめた本の編纂に携わった人物がいると聞き、問いあわせてみると、二つの新聞記事を送って頂いた。

★1 江鬮の手記では「万熙」と書かれているが、正しくは「萬熙」なので、以下はこの表記とする。

日本人の子供がいた萬煕

一つは、香港『工商日報』の一九六一年一月三日の記事である。萬煕には「藤野」という子供がおり、日中戦争のさなか、その子が二歳で生き別れてしまったが、のちに子供が萬煕を探した結果、涙の再会を果たしたということが、一九六一年の正月に発表されていた。それが正しければ、萬煕の妻は日本人ということになるし、もしかしたら、今も日本国内に萬煕の子供がいる可能性がある。

最大の疑問は、「(藤野) 孝子」という一節である。「藤野」という姓で、その子が〝孝行な子供〟という意味で「孝子」と書かれているのか。あるいは、「孝子」とは名ではないか、という推測も成り立つ。前者であれば、「藤野」は男性でも女性でもあり得ることになり、後者であれば、「藤野孝子」という女性、ということになる。

もう一つの記事は、一九六四年四月三日に、ある日本人の学者が香港に招待され、講演を行ったという内容だが、その受け入れをしたのが萬煕だという内容である。招待された学者は、「中川太郎」という、「川村女子大学」の教授であり、専門は歴史と「世界資源経済研究」ということである。なぜ萬煕がそのような人物を講演で香港に呼んだのかは、その記事からはわからない。

「中川太郎」については、その後、日本紅卍字会に通うなかで、会員名簿に同姓同名の人物が見つかった。住所は、「東京都港区芝三田松坂町一七番地」とあり、妻・トミと一緒に紅卍字会に入信している。道名という宗教上の名前があり、その名は「義存」。紅卍字会の資料から出てきたこ

紅卍字會
寶物會期近

世界紅卍字會香港總辦事處，昨日下午七時半，在銅鑼灣金龍台廿五號該會所舉行餐會，席間由會長王正廷博士呼籲各界支持該會一年一度之寶物會，解囊捐助。該寶物會定廿九日舉行。同晚，經由陳開楷會長介紹一位剛從日本抵港之萬里尋親的（藤野）孝子，即紅卍字會同修萬熙會長的哲嗣，自幼兩歲時，因中日事變，脫折逃絡，父爲浙南人，寄住香江，此次他念父子情切，隻身破萬里浪抵達香江，果能尋獲其父團住。全場鼓掌，向萬會長父子舉杯，共祝本屆寶物會順利完成，昨與會者有王正廷、馮道鄺、馮軍海、陳開楷、陳雌標、譚軍凱、王恭琛、譚煒宏會長等甚衆。

長王淑陶，教授及商科學生百餘人。由主席楊譯生致詞。先後由王淑陶院長，會如柏秘務長，王孟鄭主任，楊孔瀟主任訓話。

該會主席楊譯生，副劉貫洪，秘書中文張國學，英文黎興勤，學術組長顧耀燕，副梁廣駒、李齊鋆，財務組長曾碧霖，副李錫堯、伍錫燕，總務組長李國森，副余文淵、曾國綏，交際組長周謝同，副曾薇、李混，康樂組長黃關相，副甄漢平、曾德昭。

上段中央に「日本抵港之萬里尋親的（藤野）孝子、即紅卍字會同修萬熙會長的哲嗣」とある
（『工商日報』1961 年 1 月 3 日）

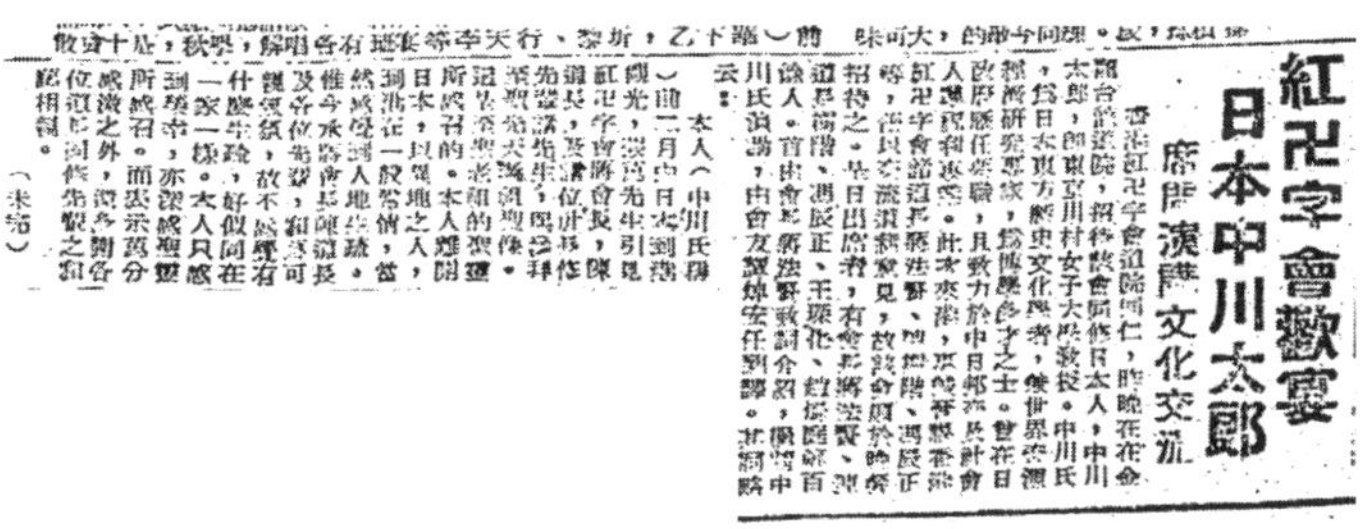

紅卍字會歡宴日本中川太郎
席間演講文化交流

萬熙に招待された「中川太郎」についての記事（『華僑日報』1964 年 4 月 3 日）

とを考えると、この人物が、萬熙が香港に招待した人物と同一である可能性は高い。

少ない手がかりではあるが、「萬熙」のプロフィールが少しだけわかった。妻が日本人で、二人の間には、日中戦争の始まった一九三〇年代に子供が生まれたが、その後生き別れ、一九六〇年暮れに再び出会えたこと。また、「中川太郎」という、紅卍字会の会員でもある日本人の学者と親しい関係にあったということである。香港に行けばもっと何かわかるのではないかと考え、二〇一六年二月、香港紅卍字会を訪ねた。

香港紅卍字会は、現在も慈善団体として活動を続けている。赤い卍のマークが壁に描かれた古い建物を訪ねてみたが、先に送られた二つの新聞記事以外に、萬熙の名前が書かれた資料は見つからなかった。会員名簿にも出てこないのである。

ただ、会員名簿には、同じ「萬」という姓で、萬義澈（まんぎてつ）という名前の人物が写真付きで登録されていた。名簿からは、「乙未年三月十五日」に紅卍字会の会員になったと読み取れる。「乙未」は一九五五年にあたる。「四十五歳」とあり、「江西南昌」の出身と書かれている。このことから、萬義澈は一九一〇年頃の生まれとなる。ただ、香港紅卍字会から教えてもらった新聞記事では、萬熙は湖南省の出身、萬義澈は江西省の出身で、両省は隣りあわせとはいえ、同郷ではない。萬熙の属性がまったくわからないため、それが探している萬熙なのかはわからない。

一つ気になるのは、その人物について憶えているという古参会員の話である。萬義澈は日本語が話せたということ、そして、中華民国の高官・王正廷（おうせいてい）（一八八二〜一九六一）の子供と親しかったということである。

さらに気になるのは、萬義澈の住所である。香港の住所とともに、日本の住所について「東京都港区芝三田松坂町17番地　中国太平洋進出口公司東京事務處」と記録があった。これは、日本紅卍字会で見つけた中川太郎の住所と同じであった。これは何を意味するのだろうか。少なくとも、萬義澈はたびたび日本に来ることができ、日本語も話せる、紅卍字会とのつながりが深い人物であることがうかがえる。

紅卍字会の名簿にあった「萬義澈」（香港紅卍字会所蔵）

「藤野」と「中川太郎」——八方ふさがりの状況

萬熙の手がかりを探すなかで、中川太郎という人物までもが浮かび上がってきた。しかし、それ以上情報が深まらないため、少ない手がかりから様々に推測を働かせてみた。

まず、萬熙の子供について、「藤野」が男性か女性かがわからないが、「藤野孝子」

であると仮定して、調べてみることにした。世界連邦運動の推進者で藤野孝子という人物がおり、柳原白蓮（やなぎはらびゃくれん）とともに活動していた。世界連邦運動は東久邇宮稔彦が戦後に関わった運動であり、江鬮の手記に東久邇宮の相談役を務めたという記述があったことから、この線で調べると何かが出てくるのではないかと考えたが、この藤野孝子のご子息にたどり着いたものの、別人であることがわかった。

　日本紅卍字会にも再び相談をしてみた。杉山明専務理事の紹介で、古い会員である横浜中華街の陳福坡（ちんふくは）氏にも尋ねてみた。陳氏からは、福田赳夫が横浜税務署長の時代から、華僑や中国人脈を持っていたこと、自民党の千葉三郎衆議院議員がその片腕だったことなどを語ってくれたが、萬熙については心あたりはなかった。「萬」という姓から、元々中国の北方の出身ではないかという推測はしていたが、手がかりになるような話はなかった。

　萬熙について一歩も進めない間も、中川太郎関連から情報を引き出せないかと考えた。国会図書館で調べると、同名の人物が書いた論文が収められた、『論語』の注釈書があった。その編者は戦後の日本紅卍字会の創設メンバーの一人でもあった安岡正篤であり、香港で講演を依頼されるほどの知識人であるということも考えると、この本の著者がまさに探している中川太郎の可能性があると判断した。出版社に問い合わせ、かつての住所を割り出していくと、いまも中川という表札がかかった家があった。しかし、廃屋となっており、近所の人によれば、息子がたまに来て家の見回りをしているという話だった。置き手紙を残して、息子からの返事が来るのを待ったが、何も反応はなかった。のちに、この中川太郎は別人であることがわかった。

そのときは関係ないと思ったことでも、後で生きてくる情報もあった。香港紅卍字会から送られた記事のなかに、中川は「川村女子大学」の教授であると書かれていたため、川村学園に問い合わせた。調べてもらったところ、中川太郎という教授はいないという回答だった。ただ、一九三五（昭和一〇）年から三九（昭和一四）年にかけて、小学校にあたる初等科で、地理や歴史など社会科を教えていた「中川太郎」という名前の人物がいたという。小学校の教諭と、萬熙との接点は考えにくいとこのときは考えていたが、これはまさに探していた中川だったことが後でわかった。

萬熙が日本軍参謀に贈った詩

萬熙という言葉でインターネットで検索をしていくうちに、偶然、奇妙な書き込みに出会った。陸士五九期の方による書き込みで、自分の同期の父親が、南京攻略の直後に、中国人から五言絶句の詩をもらった、という内容だった［★2］。その中国人の名前が「萬熙」と書いてあったのである。そこには、萬熙は南昌の市長を務めていたということも書かれていた。香港紅卍字会の名簿にあっ

★2　「銀座一丁目新聞」追悼録（97）（柳路夫 http://ginnews.whoselab.com/020610/tsuido.htm）。

た萬義澈も、出身地として「江西南昌」と書かれてあった。同じ「南昌」というキーワードから、この詩を日本軍の将官に送ったのは萬熙ではないかと推測し、詩の持ち主の上野貞芳氏を訪ねた。

上野貞芳氏も、陸士五九期生で、終戦時に陸軍士官学校にいた最後の期にあたる。父親は上野貞臣少将（陸士三〇期）で、最後は沖縄戦で亡くなった。日中戦争期には中国におり、日本軍が占領した南昌市で軍政を敷いた後、民政移管する際の手続きを執り行ったという。そのとき、市長となったのが萬熙だったという。萬熙は上野貞臣参謀に対して、次のような詩を送っていた。

上国衣冠　拝冕旒
野人献曝　勝披裘
参軍俊逸　非凡度
謀士才情　第一流
復古甘心　居後楽
興華有願　輒先憂
南朝寺観　同祈禱
昌大神州　更亜州

文章の頭の文字をつなげると、「上野参謀復興南昌」となる。この詩を書いた萬熙の肩書きは、

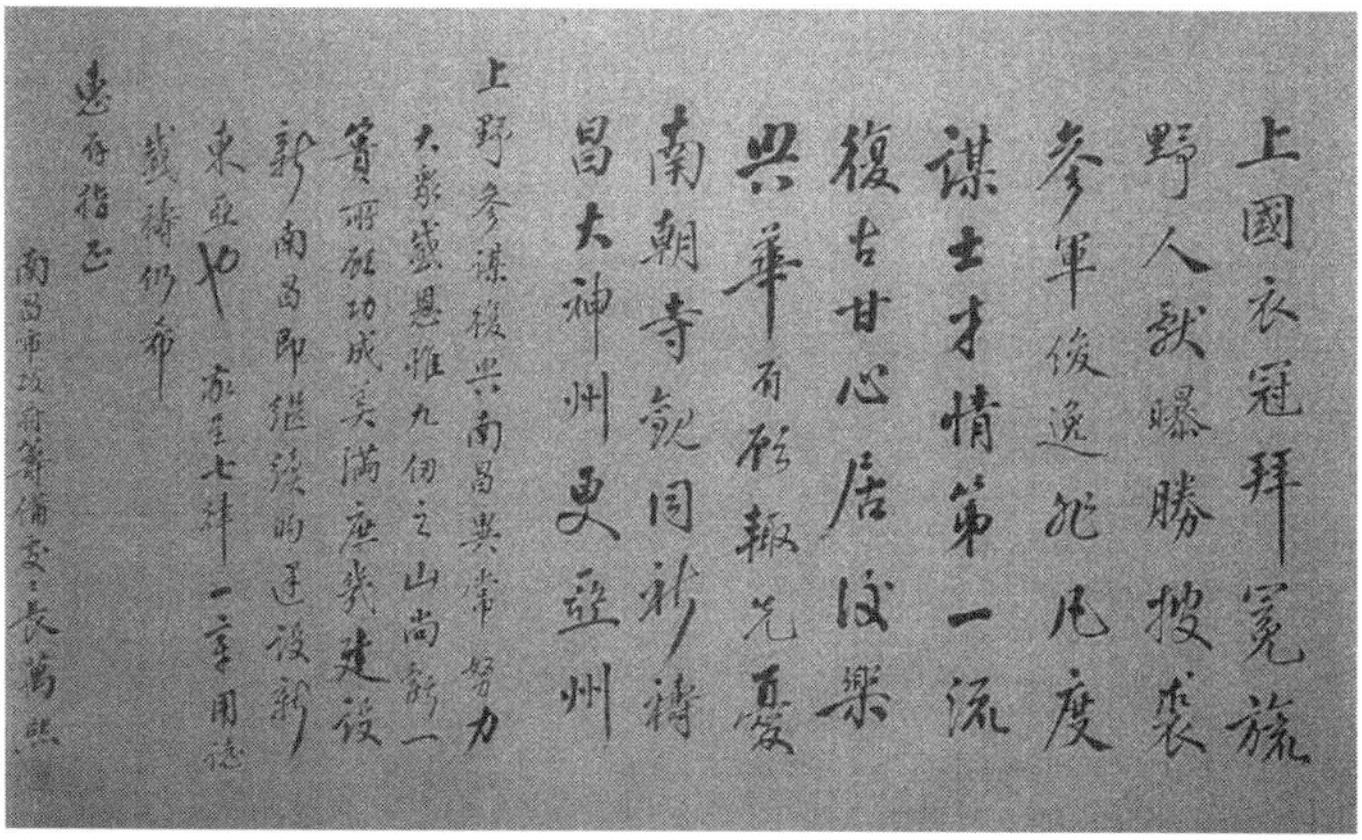

萬熙が上野貞臣少将に送った詩（上野貞芳氏提供）

「南昌市政府準備処長」となっており、作成された一九三九（昭和一四）年という時期を考えると、萬熙は元々日本軍と近い関係にあって、占領後の南昌で市政府を発足するための準備所長を務め、その後、日本軍から移管されて市長に据えられた、ということになるだろう。中国側から見れば、日本軍に協力した傀儡政権であり、〝漢奸〟ということになる。

この詩以外に、何か残されたものはないか、上野貞芳氏に尋ねると、上野貞臣参謀が、市政府移管にあたって、地元の人達と一緒に写した写真があった。見せて頂くと、上野参謀の横に、見覚えのある人物の姿があった。丸いメガネをして、鼻が少し大きめという特徴の、あの萬義澈と同じ顔に見える。ただ似ている、というのを越えて、酷似している。この日本軍に協力した萬熙が、萬義澈である可能性は十分あると考えたが、果たしてこれが、江鬮が中国人脈を開拓するために頼った萬熙かどうかについては、決定的な証拠はま

南昌市政府の写真。中央の上野貞臣少将の左隣の人物が、萬義澈に似ている（上野貞芳氏提供）

だなかった。

こうした情報を元に、萬熙の親族が今もどこかにいないか、中国本土で探す作業を行った。市長を務めた南昌に行けば、萬熙の親族の手がかりが得られるのではないかと思い、探ってみると、地元の郷土史家が萬熙についての記録を見つけてくれた。そこには、経歴として、一九〇九年生まれ、南昌県出身とあった。これも、紅卍字会の名簿の萬義澈の情報と符合する。また、上野氏が持っていた写真とよく似た写真もあり、萬熙と思われる人物の姿があった。

香港総領事・岡田晃が記録した萬熙

ここで参考になるのは、佐藤政権期の香港総領事だった岡田晃（一九一八～二〇一七）の

日本軍統治時代の南昌の写真（江西師範大学所蔵）

前列右から五番目に見える、萬義澈と似た人物

『水鳥外交秘話——ある外交官の証言』（中央公論社、一九八三年）である。岡田は、自分も佐藤総理からの密命を受けて、中国との国交正常化に向けた水面下の交渉を香港で行ったことを同書で明らかにしているが、そのなかで、一九七二年三月一五日、岡田は「万濦」という人物と会ったことを書いている。江瀾が林出賢次郎から紹介された「萬熙」と同一人物と判断して間違いないだろう。というのも、同席していたのが、江瀾が周恩来宛の佐藤の親書を託した葉桐春（ようとうしゅん）と思われる人物だったからである（同書では「葉桐青」という名になっているが、面会の内容から、これは葉桐春であると思われる。名前が岡田の本では微妙に違うのは、誤植なのか、岡田の誤解なのか、二〇一七年に岡田が亡くなった今となっては、理由はわからない）。この時、「万濦」は七二歳だったという。萬熙が岡田に語ったことは、次の通りである。

昭和九年頃から五年間、東大などに留学し、汪政権時代は上海で米穀統制会にいた。また、吉田茂元総理とも親しく、佐藤総理や福田外相ともお目にかかったことがある。江瀾氏とは戦争中北京で知りあった。［★3］

萬熙は、一九三四年から三九年まで東大などに留学していたという。一九七二年の時点で七二歳だったということは、生年は一九〇〇年頃で、東大に留学していたのは三四歳から三九歳ということになり、少し年齢が高すぎる。しかし、南昌で見つかった記録によれば、萬熙の生年は一九〇九年とあるので、東大留学は二五歳から三〇歳くらいまでのこととなり、妥当な年齢である。恐らく岡田の一九七二年の時点で七二歳だったという記録が誤りであり、当時は六三歳だったのではと思われる。

「汪政権時代」とは、汪兆銘（汪精衛　一八八三〜一九四四）による南京政府の時代のことであり、一九四〇年から四五年までのこととなる。その頃、上海で米穀統制会にいたという。日本軍による占領下の上海で、米穀は全面統制下に置かれており、その仕事を萬熙は担っていたということになる。吉田茂と親しかったというが、吉田が外交官として最後に中国に関わったのは奉天総領事時代であり、大正末から昭和初年（一九二〇年代）のことだから、萬熙が中国で吉田と知り合うには時期が早すぎる。戦後、江鬮が「相談役を務めた」と手記に書いた、東久邇宮が内閣を作ったときの外務大臣が吉田であり、吉田との接点は、その頃からだった可能性も考えられるが、中国にいたはずの萬熙が（のちに、漢奸として中国本土から逃れ、香港に移り住んでいたことがわかる）、その時期に吉田と出会うことは難しかっただろうと思われる。しかし、後述するが、「佐藤総理や福田外相ともお目にかかった」という言葉は、のちに事実であることが判明する。そのことを考えると、吉田との交流もあったのかもしれない。

★3　岡田晃『水鳥外交秘話——ある外交官の証言』中央公論社、一九八三年、一七一頁。

これらの話が本当だとすると、萬熙が「江鬮氏とは戦争中北京で知りあった」という証言も、事実だった可能性が高い。すると、江鬮は戦争中に、林出賢次郎から萬熙を北京で紹介してもらった、という推論が妥当かもしれない。林出は一九三八（昭和一三）年まで満洲国皇帝溥儀の通訳を務め（正確には「宮内府行走」。宮内府御用掛の意味という）、その後は北京大使館に一九四一（昭和一六）年まで、上海で東亜同文書院大学校の学生監を一九四三（昭和一八）年まで務めていたので、北京で江鬮に萬熙を紹介することはありそうな話である。しかし、江鬮が北京で何をしていたのかはわからない。

見つかった萬熙の息子・藤野里雄氏

萬熙について、実像がわかるようになったきっかけは、台湾の『中央日報』や『聯合報』などの新聞記事だった。萬熙と「藤野」という子供の再会の話は、台湾でも話題になっていた。しかし、香港にいる中国人と、日本にいる子供の再会が、なぜ台湾で話題になるのか。そのことも含めて、様々なことがこれらの新聞記事からわかった［★4］。

まず、萬熙の子供は娘ではなく、息子であることがわかった。〝孝子〟は、女性の名前ではなく、〝孝行な子供〟という意味だった。本当の名前は藤野里雄。日中戦争の際に、父と離ればなれになり、養父・藤野正三郎氏の下で育てられた。藤野正三郎氏は東京でバネ製造会社を営んでおり、里雄は養父の仕事を手伝いながら中央大学に通っていたが、生き別れた父親に一目会いたいと探すなか、香港に父・萬熙がいることがわかり、会うことができたのだという。このバネ製造会社に問い合わせると、現在の経営者は正三郎氏の息子であり、藤野里雄は従兄弟であること、三島にあった工場の工場長を務めていたが、今は定年退職し、近隣に住んでいるということがわかった。ようやく探していた人物が見つかり、二〇一六年一一月の晩、藤野里雄氏のお宅を訪れた。

藤野里雄氏は、奥様と二人で生活をされていた。

藤野氏によれば、萬熙（一九〇九？～一九八六？）は江西省の名家の生まれで、萬家の領地は北海道ほどの大きさにも及ぶものだったという。若い頃から勉強好きで、武漢大学に通っていたが、その後、東京大学に留学した（台湾の新聞には、一部で「法政大学」という記述もある。しかし、岡田晃によれば、萬熙自ら語ったのは「東京大学など」ということだったので、東大以外にも法政大学にも行ったのかもしれない）。東京で藤野幸子と出会って結婚し、里雄氏が生まれた。

藤野家には、生まれて間もない頃の里雄氏と萬熙と幸子、萬熙の弟二人が写る写真や、萬熙と里雄氏が手をつないでいる姿の写真を、皿に焼き付けたものがある。いずれも、再会後、萬熙が藤野家にあった写真を持っていき、記念に香港で皿に焼き付けてもらったものだという。めぼしい写真は皆持っていってしまったので、今、藤野家の手元に、萬熙のことをうかがい知ることのできる写

★4　『聯合報』一九六〇年九月二五日、一九六一年一月六日、九日、『中央日報』一九六〇年一〇月一二日、一六日、一九六一年一月五日、六日、八日、九日、『徵信新聞報』一九六〇年九月二五日。

真はわずかしか残っていない。

藤野氏の記憶する萬熙についてのエピソードは興味深いものであった。

まず、これまで気になっていた「中川太郎」と萬熙が結びついた。萬熙は、学生時代に中川太郎に〝スカウト〟されたのだという。中川太郎は、陸軍の特務機関の人間だった。将来日本に協力する優秀な中国人を探していたのだろう。萬熙に藤野幸子を引きあわせたのも中川だったという。南昌の歴史資料館の資料には、萬熙の妻は「昭和天皇の妹」などとなっていたが、実際は茨城の一般の女性だった。地元で結婚相手がいたにもかかわらず、結婚が嫌になって家出同然で東京に飛び出し、当時のデパート「白木屋」の〝マネキンガール〟（現在でいうファッションモデル）をしていたという。確かに、写真のなかの幸子は、鼻筋の通った美しい女性だ。

結婚後、二人は中国に渡り、萬熙は故郷・南昌の市長となる。一九三九（昭和一四）年のことだ。幸子の弟は軍人で、萬熙・幸子のボディーガードを務めたらしい。やがて戦況が悪化するなか、萬熙は幸子と里雄を日本に帰国させた。幸子が結核を患ったことも理由だった。幸子は鎌倉の結核療養所［★5］で夫の帰りを待っていたが、病状は好転せず、一九四三（昭和一八）年に亡くなってしまった。里雄氏は以後、幸子のもう一人の弟である藤野正三郎に引き取られ、育てられた。

里雄氏は五歳のときに亡くなった母親について、あまり憶えていない。ただ、祖母から聞かされていたのは、幸子には軍人の知り合いが多くいて、彼らによく手紙を書いていたこと、しかし祖母は字が読めないのですべて燃やしてしまったこと、そして中国人の父親は立派な人だったというこ

父・萬熙を語る藤野里雄氏

中央が萬熙。左隣が妻・藤野幸子と抱えられている藤野里雄氏

とだった。祖母は萬熙の名刺を大切に保管していた。二〇歳になった里雄氏は、その名刺を持って、銀座にあった中国の新聞社に父親を探すことができないか相談を持ちかけた。それは中国と言っても、国交のない中華人民共和国ではなく、台湾の中華民国の通信社、「中央通訊社」だった。

この中央通訊社に藤野里雄氏が相談を持ちかけたのは偶然だったようだが、その相手は、萬熙を探すのに適任と言える人物だった。李嘉(りか)という、中央通訊社東京支社長を務めていたが、蔣介石・蔣経国に通じる、台湾の情報関係の任務に携わる人物である。朝鮮戦争での特派員を経験後、日本がアメリカの占領を脱するときから、東京支社長を務めていた。佐藤栄作の総理秘書官・楠田實の資料のなかに、佐藤栄作宛の李嘉の直筆の手紙が残されている[★6]。達意の日本語で書かれており、時期は、佐藤による中国との水面下の交渉が大詰めを迎えていた一九七二年三月。李嘉は、台湾の意向を日本政府に伝えたり、日本政府や要人の意向を探って、台湾側に伝えたりする役割を担っていたものと思われる[★7]。

藤野里雄氏が、李嘉に相談を持ちかけたところ、李嘉はすぐにその希望を聞き入れ、人捜しを始めた。すると、たちどころに萬熙の関係者が名乗りを上げたのである。かつて萬熙の部下だったという人物たちが台湾にいて、里雄氏に会いたがっているという。また、そうした関係者の尽力により、間もなく萬熙が香港にいることがわかった。一九六〇年暮れ、藤野里雄氏は香港を訪れ、萬熙に再会することができた。それが、香港紅卍字会に残されていた新聞記事の内容だったのである。

藤野里雄氏が台湾を通じて萬熙を探し出したことは、萬熙の周辺にどのような人物が関わってい

李嘉・中央通訊社東京支社長（『中央公論』1982年3月号より）

たのかを示す、いくつかの興味深いエピソードを伴うものだった。香港から帰路についた藤野氏は、経由地の台湾で、萬熙の中国での妻という明静忠（めいせいちゅう）という女性に会う。その際、于右任（うゆうじん）（一八七九～一九六四）という政治家から、記念の書を贈られている。于右任とは、中国国民党（以下、国民党）の有力な元老であり、のちに蒋介石（一八八七～一九七五）と袂を分かつ李宗仁（りそうじん）（一八九〇～一九六九）とも国民党の中枢でつながっていた。萬熙とその息子の再会を祝してのこ

★5　一九二〇年、鎌倉に開設された額田保養院（現在の額田記念病院）ではないかと思われる。中川太郎については、戦後、「東邦大学の創設者のことを中川は「閣下」と呼んでいた」という、東京時代の中川と交流のあった村中博孝氏の証言がある。東邦大学の創設者は、額田豊（一八七八～一九七二）・晉（すすむ）（一八八六～一九六四）兄弟である。豊が額田保養院を創設し、晉は一九二三年、北京の協和医学校に招請されたという点で中国との関係はあるが、中川が額田兄弟とどのような関係にあったかはわからない。中川と額田兄弟との関係から、萬熙の妻・藤野幸子の治療を頼んだのではないか。

★6　『楠田實資料』G―1―102「李嘉から佐藤栄作宛書簡」（一九七二年三月二二日）。

★7　李嘉と同時期に『中央日報』東京特派員だった黄天才（こうてんさい）氏（のち中央日報社長）も、李嘉と同様の役割だったと思われる。

となのだろうが、萬熙と近い関係にあったのが、于右任であったことをうかがわせる。

さらに、香港紅卍字会にあった萬義澈の写真（五九頁の写真）を見せると、「これは親父だ」と藤野氏は認めた。これで中川と萬義澈の住所が同じであることもわかった。中川の三田の住所を、萬義澈＝萬熙は、日本での逗留先にしていたのだろう。これを考えると、萬熙は一九五〇年の時点で日本に何度も来ていたことが考えられる。萬熙は藤野氏に、「日本で中川太郎という人を頼りにするといい」と言い、会いに行くよう薦めたという。萬熙と中川の間柄は「腐れ縁」と藤野氏が言うほどの付き合いで、その関係は生涯続いたという。

香港での萬熙は不思議な生活をしていたようだ。文化大革命（文革）が一九六六年から始まると、中国本土からは、多くの食い詰めた人々が国境を越えて香港に流れてきた。彼らが乞食同前の暮らしをしているのを見ると、自らも金がないのに、見かねて金を恵んでいたという。一方で、溥儀の弟の溥傑（一九〇七～一九九四）や、汪兆銘の息子夫婦（三男・汪文悌と女優の妻・王熙雲）とは親しく付き合っており、その後香港に何度か行ったことのある藤野氏は、一緒に食事をしたこともあるという。その人脈は、戦前、日本に協力をしていた中国の関係者であるようだ。李香蘭＝山口淑子（一九二〇～二〇一四）の父親・山口文雄とも、また、映画プロデューサーとして日中合弁の「中華電影」を設立した川喜多長政や、大映社長の永田雅一（一九〇六～一九八五）とも交流があったという［★8］。一方で、戦後は富士製鐵社長の永野重雄（一九〇〇～一九八四）とともに、沈没船の引き揚げ仕事もやっていたという。

萬熙の北京人脈につながる人物？　黎蒙

しかし、そもそも江鬮が萬熙から中国人脈を紹介されたというのはどういうことなのか。萬熙には、北京につながる人脈があったのか。この点に関して、藤野氏から、重大な発言があった。

親父の知りあいで、パリの留学時代に周恩来と一緒だったという人がいる。その人の娘は、東大のエトウという先生の元に留学していた。今はアメリカにいるという話だった。［★9］

周恩来と親しい人物が萬熙の知りあいでいたとするならば、それは北京につながる重要な人脈になりうる。その人物の娘が誰かを探すことが、次の課題となった。

「東大のエトウ」とは、東京大学教養学部教授で国際関係論を教えていた衛藤瀋吉（えとうしんきち）（一九二三〜二〇〇七）である。一九七〇年頃に衛藤教授の元に来ていた香港からの留学生は二人いた。一人は容

★8　藤野氏によれば、中川太郎も戦前から山口文雄とは関係があったらしく、戦後、萬熙とともに山口淑子の映画を見ては、涙を流していたという。

★9　藤野里雄氏へのインタビュー（二〇一七年二月七日）。

應萸氏。一九七二年四月から、一九七九年七月まで、東大大学院社会学研究科国際関係論専門課程博士課程に在学していた。その前には、コロンビア大学で修士号をとっており、その頃から衛藤研究室に出入りしていた。祖父の従兄は一八五四年にアメリカの大学を卒業した最初の中国人である、容閎（一八二八～一九一二）。父親は香港中文大学の前身となった学院の責任者だった。

容教授に問い合わせると、「探していらっしゃる方は、もしかしてFrances Lai（黎鳳慧）さんではないでしょうか。あの時代の香港女子留学生は私のほかに彼女しかいませんでした。彼女は中文大学新亜書院の卒業生で、シンガポール大学や香港の嶺南大学で教鞭を執っていました。今はアメリカ在住と思います」との返答があった。

黎鳳慧という人物の父親は、果たして周恩来とのつながりが本当にあったのか。気になるのはこの一点だった。インターネット上で情報を探すと、父親は黎蒙という人物だった。パリに留学はしていたが、時期は微妙に周恩来とはずれていて、もう少し後の時代のようだった。しかし、藤野氏の語るエピソードに最も近いのは、黎蒙ということはいえそうだった。アメリカにいる黎鳳慧氏の連絡先を突きとめ、訪ねた。

黎鳳慧氏からわかった黎蒙と周恩来の関係

黎鳳慧氏は、アメリカのバークレーに住んでいた。自宅に入ると、父・黎蒙の書が壁に掲げられており、その思い出を今も大切にしている様子がうかがえた。多くの写真もアルバムに入れて整理してあった。

黎鳳慧氏は物心ついた頃から、黎蒙（一九〇七～一九七二）と二人きりの生活だった。母親は離婚し、上海に残った。黎蒙は戦前から国民党の下で働いていたが、戦後、蔣介石と袂を分かつ李宗仁についた。李宗仁は広西を地盤とした国民党員で、日中戦争期には共産党にも寛容な姿勢で臨んでいた。その後、中華人民共和国の成立を機にアメリカへと渡り、やがて共産党に懐柔されて、北京に戻るのだが、黎蒙はそのような対応を取らなかった。最後まで反共の立場を変えなかった。

黎蒙には、国民党からも共産党からも距離を置いていたことから、逆に〝二重スパイ〟という疑いがついて回ったという。黎鳳慧氏はその疑惑を払拭したいという思いがあったようだった。「お父さんはパリ時代に周恩来と一緒だったという話は本当ですか」と尋ねると、かぶりを振ってこう答えた。

パリにいたことは確かですが、周恩来とは違うグループにいたと思います。父親はそう話していました。[★10]

★10　黎鳳慧氏へのインタビュー（二〇一七年七月一八日）。

黎蒙と黎鳳慧氏（黎鳳慧氏所蔵）

黎鳳慧氏

周恩来がパリにいたのは一九二〇年から一九二四年。黎蒙がいたのは一九二九年からだから［★11］、時期も微妙に違う。しかし、周恩来と一緒というのはある状況では有利に働くこともある。適当に説明していたこともあっただろうと黎鳳慧氏は語った。それでは北京とのつながりは、黎蒙にはなかったのだろうか。突っ込んで尋ねると、アルバムからいくつかの写真を示して、父親の広い交友関係について説明してくれた。そのなかで、やはり北京とのつながりをうかがわせる人物が浮かび上がった。

一人は、廖恩徳（八〇頁写真）。中国共産党の対日工作の最高責任者・廖承志（一九〇八～一九八三）の親族にあたるといわれ、その子供たちはいずれも中国本土とつながりの深い香港の名士である。廖恩徳がホストを務めるクリスマスパーティーで、一緒に記念写真に写っている黎蒙の姿があった。

もう一人は、江俊龍という人物だった（八一頁上の写真）。祖父は人民解放軍の建軍の父といわれる朱徳（一八八六～一九七六）と義兄弟の関係にあり、北京に大きなパイプを持つことが想像された。実際、後でわかったことだが、鄧小平（一九〇四～一九九七）や楊尚昆（一九〇七～一九九八）国家主席とも直接話ができる関係を築いていた人物であり、江俊龍の人脈が北京に通じる重要な役割を果たしていた。

★11　「李宗仁心腹〝喉舌〟黎蒙」（https://max.book118.com/html/2018/0516/166584368.shtm）。

パーティーの席上にいる廖恩徳（上）と黎蒙（下）（黎鳳慧氏所蔵）

対日工作の最高責任者・廖承志（左）。周恩来（右）からの信任は篤かった〔©NHK〕

左から萬熙、黎蒙、江俊龍（黎鳳慧氏所蔵）

「人民解放軍の父」と呼ばれる朱徳（右）。毛沢東（左）を支えた革命第一世代にあたる〔©NHK〕

そして、黎鳳慧氏によれば、江俊龍の一族の中心には江徳昌（こうとくしょう）という人物がいたということである。江徳昌とは、後述するが、江亶の報告や、『佐藤榮作日記』にも登場する人物であり、今回の交渉にも大きな役割を果たしたものと思われる。

江亶や萬熙は、こうした黎蒙の人脈を通じて、北京にメッセージを伝えられていたと考えられる。

中川太郎の親族見つかる

中川太郎（昭和35年12月撮影、藤野里雄氏所蔵）

藤野里雄氏の証言から萬熙のことが判明したので、中川太郎のことについても、特務機関の人物だったということまではわかった。その後、中川についてさらに詳しいことがわかった。中川の親族が見つかったのである。

当初、中川については、「川村女子大学教授」ということしかわからなかった。その人物が、なぜ香港紅卍字会に招待されて講演をしているのか。中川の三田の住所は、現在は別人が住んでおり、何の手がかりにもつながらなかった。

ヒントは、やはり藤野氏の記憶だった。中川の息

中川太郎の孫・茂郎氏

子は、長崎で獣医をしているということだった。長崎獣医師会に尋ねると、中川輝茂という人物はいたが、もう亡くなってるという。紹介してもらった電話番号にかけても、つながらない。もう無理かと諦めかけたとき、インターネット上の電話帳に、ほぼ同じ住所で「中川茂郎」という人物がおり、輝茂の「茂」と太郎の「郎」の字の両方を使っているので、もしやと思い、ＦＡＸを送った。それが中川太郎の孫、中川茂郎氏だったのである。

二〇一七年二月、長崎に向かい、中川茂郎氏を訪ねた。お会いしたのは、中川太郎がかつて住んでいた旧宅で、茂郎氏はその裏のマンションに住んでいた。その住所がインターネットの電話帳に出ていたのである。「よくここの住所がわかりましたね」と驚かれながら、茂郎氏は、祖父・太郎のことについて語ってくれた［★12］。

中川太郎（一九〇五～一九七七）が特務機関だとい

うことは、茂郎氏もご存知だった。しかし、具体的にどんな仕事をしていたかについては、聞かされていなかったという。太郎が晩年の頃、茂郎氏は大学生であり、当時は祖父の仕事にあまり関心がなかったのである。ただ、記憶しているのは、実家が長崎なのに、妻のトミさんとともに、東京に長く住み、たびたび香港に出かけては、一ヶ月、二ヶ月と帰ってこなかったということだった。「おじいちゃんは何をしているんだろうね」と家族の間でも噂することもあったが、それ以上立ち入ることはなかった。

家には、中国の人から贈られたという、膨大な書画や骨董の類いが残されていたが、数年前、父親の輝茂氏が亡くなった際に、かなり処分してしまった。輝茂氏自身も、祖父・太郎が亡くなった際に、それまでに残されていた関連する資料を焼却処分してしまったという。茂郎氏によれば、息子として父親の仕事に巻き込まれたくないという思いがあったのではないかということだった。

それでも、中川太郎にまつわる興味深い資料が残されていた。まず、中川太郎の履歴書である。そこには、昭和八年四月から川村学園教諭となっており、川村学園から聞いていた「戦前にいた社会を教えていた教師」と同一人物であることがわかった［★13］。しかし、その六年後の昭和一四年、「陸軍囑託支那派遣軍特務部及國民政府顧問」となっているのである。

茂郎氏が所蔵している写真（八五頁下）から、南昌市政府時代の写真（六四頁）で萬煕の隣にいる人物が中川であることがわかった。藤野氏によれば、萬煕を中国から日本に留学させ、その面倒を見たのは中川だった。後に日本軍が占領した南昌で、軍政から民政に移管する際、萬煕は南昌市長

南昌市政府時代　萬熙の横に座る中川太郎（64頁の写真を拡大したもの。上野貞芳氏所蔵）

宜昌で特務機関長を務めていた時代と思われる中川太郎（中川茂郎氏所蔵）

★12　中川茂郎氏へのインタビュー（二〇一七年二月一八日）。

★13　履歴書では昭和八年から、長男・輝茂のメモでは昭和七年からとなっているが、日大高等師範卒業の証書は昭和九年となっている。川村学園によれば、教諭を務めたのは昭和一〇年から一四年というから、実際はそのあたりから教師を務めたのではないか。ただし、昭和一〇年には、中川は北京日本尋常小学校校長に任命されたという通達が文部省から外務省に発せられた記録がある（外務省外交史料館蔵「在外日本人各学校関係雑件」昭和一〇年八月七日）。結局別の人物が校長として赴任したが、中川は中国行きをどこかで目指していたとも考えられ、すでに特務機関としての任務に入っていたと思われる。実際、萬熙は昭和一〇年から一四年にかけて東大などに行っており、ほかにも中川が戦後も面倒を見たという李凌雲という人物も、昭和一一年に陸軍飛行学校に留学に来ている。中川が日本で教師を務めた昭和一〇年から一四年の間に、複数の中国人留学生が、中川の世話になっているのである。

となったが、中川太郎はその顧問となったのである。ずっと二人の関係は続いていたことになる。

中川が川村学園教諭から陸軍特務機関に移ったのはどういうことなのか。茂郎氏に尋ねると、父・輝茂氏のまとめた手記を見せてくれた。それによれば、太郎は日本大学高等師範部に通うかたわら、警視庁の臨時雇いとして勤務し、その後、小学校の教諭となったということである。藤野里雄氏によれば、陸軍中野学校にも行っていたらしいということから［★14］、警察の臨時雇い時代が、特務との何らかの関わりの始まりだったのかもしれない。

中川自身が書いた文章も見つかった。「呉三桂の亂に就いて」（一九四二年作成？）という題名で、自らの肩書きを「前宜昌特務機關長」としている［★15］。宜昌(ぎしょう)は南昌から西に三〇〇キロほどの都市で、ともに汪兆銘政府の最前線だった場所である。長江以西を領有し、満州族の清に反乱を起こして滅ぼされた漢族の将軍・呉三桂と蔣介石(しょうかいせき)を比較しながら、結論として、蔣介石を破らなければならないとの決意が記されている。

その一方で不思議な資料も残されていた。蔣介石とその副官（東北保安副司令長官兼吉林省政府主席・梁華盛(りょうかせい)）が写っているB5ほどの大きな写真で、その横には中川太郎宛のメッセージが書き付けられていた。その内容は、蔣介石による長春奪還を梁華盛が中川に報告するものであり、今後は日中が反共で協力しようと中川に呼び掛けていた。メッセージが記された日付は、一九四六年五月二三日となっていた。満州国時代に新京と呼ばれた街は、ソ連軍の占領時に再び長春に改称され、ソ連撤退後は、国民党と共産党が互いに奪還を目指した場所だった。まさに五月二三日に、国民党が長

梁華盛から中川太郎に贈られた写真。民国 35 年は 1946（昭和 21）年にあたる（中川茂郎氏所蔵）

1960年代、香港で撮影されたと思われる写真。後列中央が黎蒙、右端が萬熙、前列左から2番目が中川太郎（黎鳳慧氏所蔵）

春奪還に成功している［★16］。

中川は宜昌特務機関長として、蔣介石を敵として戦っていたにもかかわらず、敗戦の翌年には蔣介石側からこのような写真が届けられたとは、一体どういうことなのだろうか。恐らく中川は、戦後、反共活動に転じ、蔣介石を支援する側に回ったのではないか。

そう考える根拠として、中川の敗戦直後の行動がある。中川は敗戦前に、故郷の諫早に戻ったが、敗戦が決まった一九四五年九月には、アメリカ軍の通訳を任命するとの外務省からの辞令が残されている。これは、単なる通訳ではなく、何らかの情報提供など、取引があったことを想像させる。中国の情報を提供するなかで、アメリカの反共路線に与する方向で協力していったのではないか。その延長線上に、蔣介石率いる国民党とのつながりがあったのかもしれない。

中川がその後も反共活動を継続したと思われる理由がほかにもある。戦後、中川が残した名刺に、「友華工程有限公司　董事兼顧問　中川太郎」というものがあった。ビジネスマンを装って、香港に通っていたのだろう。その仲間が萬熙だったと考えられる。黎鳳慧氏が保管していた写真のなかに、萬熙、黎蒙とともに写っている中川太郎の写真（八八頁）があった。正確な年代がわからないが、恐らく一九六〇年代、香港で撮影されたものだろう。

後列右端にいるのが萬熙、後列中央が黎蒙。前列の左から二番目が中川太郎である。この時代の中川は、脳梗塞を患い、口元が少し曲がっている（中川茂郎氏に確認したところ、太郎で間違いないという）。それ以外の人物たちは何者かわからないが、同じ反共グループの仲間と推測される。

萬熙が江俊龍とともに運営していた「中国国家統一同志会」という団体の冊子を、藤野氏が保管していた。『復国策与解救南越之方略』と題するもので、ベトナムでのゲリラ戦についての指南書である。中国が支援する北ベトナムを奪還し、南部から中共政権を転覆させようという狙いが書か

★14　戦後、中川が面倒を見たという李凌雲という元中国軍人（八五頁注13、九〇頁参照）から、中川の中野学校との関わりを藤野氏は聞いたという。

★15　中川は宜昌でも、日本に留学経験のある宋仲佳という人物を一九四一年三月、県長とし、県政府を作ったという（「[转载]宜昌旧闻 --- 沦陷」二〇一九年二月二日、http://blog.sina.com.cn/s/blog_3f463e960102y4vf.html）。

★16　http://seinanmi.seinan-gu.ac.jp/insei/ronshu/6/yahata.pdf

れている。このように萬熙が、江俊龍とともに反共活動を行っていたことからも、中川は萬熙を支えていたのではないかと推測される。

中川太郎の周辺

中川の不思議な活動を知るもう一人の人物も見つかった。渋谷で長崎飯店という中華料理店を営む村中博隆氏である。中川茂郎氏が、輝茂氏が亡くなった際に、お悔やみに来た方だということで、連絡を取ってみた。電話を取った村中氏の妻に中川のことを調べていると伝えると、開口一番、「ああ、特務機関の人ね」と答えた。事情をよく知っていると思い、直接村中氏を訪ねた。

村中氏は、中川と同じ長崎・諫早の出身で、「東京で中華料理店を開く中国人がいるので、手伝え」と中川から呼ばれて上京したという。その中国人は李凌雲（りりょううん）といい、中川が戦後面倒を見ていたという。戦前は、蒋介石の副官だったが、国共内戦に敗れた蒋介石と共に、台湾に逃れたうちの一人だったと聞いているという。中川は李凌雲の生活の面倒を見るため、市ヶ谷に家を見つけてあてがい、そこで中華料理屋を開くように薦めたというのである。李凌雲の妻は日本人で、困窮する李をよく支えたという。その後、李凌雲は中華料理屋が成功して、都内にいくつもビルを持つようになった。

村中氏は、中川夫妻と大田区大森の家で一時同居していた。中川にまつわることで、印象的だったのは、どんな仕事をしているかわからないが、たまにスーツを着て出かけようとするので、どこに行くのかと尋ねると、「今日は岸さんに会いに行ってくる」「今日は佐藤さんに会いに行ってくる」などと答えていたという。萬熙も、同じようなことを息子の藤野里雄氏に語っていたというから、萬熙のある意味でパトロン的な役割だった中川にしても、岸信介や佐藤栄作と何らかの関係があったのだろうと思われる。

また、中川はときどき、電話口で、東邦大学の創設者・額田晋や、富士急の社長だった堀内一雄（一八九三〜一九八五）のことを、「閣下、閣下」と呼んでいたという。額田は一時中国に行ったことのある医学者であり、堀内一雄は、かつて満洲国で弘報部長を務めたこともある。それが中川とどのような関係にあるのかはわからないが、何らかの形で中川は二人の部下のような関係だったのだろう。

江鬮は、戦前に日本に協力していた萬熙を通じて、黎蒙や江俊龍など、北京に通じる人脈に近づいていったと思われる。ただ、その周辺には、反共を掲げるグループがおり、北京に通じるルートを維持しながら、国交正常化とは真逆の方向で活動していたと考えられる。その舞台が香港だったのだろう。中国側はこれにどう対応したのか。中国が日本に対して突きつけていた国交回復の条件は、①中華人民共和国は中国を代表する唯一の政府であり、②台湾は中国の不可分の領土であることを認め、③台湾と日本の間の日華平和条約を破棄するという、「復交三原則」だった（三〇頁参照）。江鬮はこれに対し、どうアプローチしたのか。次章で詳しく見てみる。

第四章　中国国連加盟の裏側で始まった交渉

交渉窓口として設立された「香港小組」

一九七一年九月、佐藤から親書を託された江鬮の活動のその後について、手記の引用を続ける。

九月二十四日——ともかく、私は、急ぎ香港へ直行した。

一週間前、再訪を約していただけに、中国側の『親書』の受け入れ態勢は、万全だった。『親書』を渡すと同時に、私は、二十八日、広東で、北ベトナム訪問から帰る途中の周恩来総理と会見できる——という予定を知らされた。

私は周恩来総理との会談で、任務の大半は終了すると、安堵していたところ、翌二十五日、中国側は突然「周恩来総理との会談は、延期する」との通告をしてきた。

青天の霹靂とはまさにこのこと。理由を尋ねるが、香港の中国側としては北京の《突然の通告》であるとして理由を説明しない。

私は、翌二十六日、改めて、香港で接触を図っていた同志の黄、葉、柯氏に、万熙氏や江氏らも交えて協議した。

この会談でわかったことは、ほぼつぎのようなものだった。

①日本が、台湾問題で逆重要事項の共同提案国になったため、党政治局員の一部から、今回の問題について強い反対意見が出た。

②不測の事態発生のため、日中邦交恢復という重大問題について、北京政府が、十分に討議し得ない政治状況が発生した。

③国務院外交部内に反対が出た。特に王国権氏ら対日要人？

④佐藤総理の真意を理解し得ないものがあり個別的、分析判断を必要とするための時間が必要となった。

――などである。いずれの項目も、私にはその説明に納得がいかないものだったが、ともかくも情勢待ちしかなかった。

九月末から十月初旬にかけての中国側の動きは、活発であわただしく、政治的な不測の事態の深刻な影響は、私の周辺にもいろいろな形であらわれた。

これまで、たびたび、接触を図った要人たちが、数人姿を見せなくなると共に《台湾系、米国系情報部員》とおぼしき人物の動きも活発化してきているようだった。日本の出先機関（香港総領事館）も妙な動きをした。

もちろん、いずれも私の任務遂行の《妨害工作》だった。佐藤総理の七年間にわたる言動や考え方《百七十項目》余りの質問状をつきつけられ、ことごとく論破したのもこのころだった。質問の大半は、北京を訪れた誰々が佐藤総理のことを、これこれいっていたが事実なのか、といった、たわいない風聞が多かったが、中には、佐藤総理本人が忘れていると思われるような昔の発言なども、新聞から克明に拾っていたし、ニクソン米大統領と佐藤総理の個人的なつながりについてなど、われわれが知り得ない機密情報に入る質問もあった。

また台湾問題は中国の内政問題とはしていても、台湾についての質問もけっこう多かった。

二回目の親書を中国側に渡した江鬮は、周恩来との会見に期待したものの、突然延期となり、「同志の黄、葉、柯氏に、万熙氏や江氏らを交えて協議した」という。このとき、周恩来が本当に北ベトナムを訪問予定だったかどうかはわからない。萬熙以外は、姓しか記されていないが、「黄」「葉」とはのちに最後の親書を送る際に「転呈」と書き添えられ、周恩来への転送を依頼された、黄志文（こうしぶん）と葉桐春（ようとうしゅん）のことであろう。「柯」とは、中曽根康弘氏が江鬮の秘書から聞き取ったときのメモに出てくる、しかし実在が確認できない「柯正仁」を指すのだろう。「江」とは、江鬮の手記にこの箇所しか出てこないが、西垣氏の保管する江鬮の「交渉経緯」のメモ（一九七二年六月二九日付）に、「一貫して萬熙、江徳昌氏が協力」と書かれている江徳昌（こうとくしょう）の可能性があると思われる。前述のように、黎鳳慧（れいほうけい）氏によれば、萬熙と密接な関係を持っていた江俊龍（こうしゅんりゅう）の一族の中心にいるのが江徳昌ということである。

周恩来との会見が本当に可能だったかどうかは確認できないが、事態の急変の背景にあったのは、九月一三日に起きた林彪事件が考えられる。中国共産党中央委員会副主席だった林彪（一九〇七～一九七一）が、毛沢東（一八九三～一九七六）に対するクーデターに失敗し、その後のソ連への亡命の途上で墜落した事件である。当時、この事件は翌年夏に党大会で正式報告されるまで明らかにされなかったが、やはり中国共産党とのルート開拓を試みていた香港総領事の岡田晃も、二二日夜、協力者の利国偉から緊急の電話を受け、「北京にはいま何か重大事件が発生している」との情報を得ている［★1］。

しかし、江闢の手記によれば、その後、中国の姿勢は大きな転換を見せる。

> 十月一七日――党中央政治委員会の指令により、ようやく「対日邦交恢復小組」が設置された、と伝達があった。
>
> 「小組」の構成メンバーは党政治局委員をふくむ二、三名から成り、北京と香港に同メンバーの「小組」が複合、設置された。
>
> 「北京小組」の責任者は李先念氏。また「香港小組」の責任者は、黄志文氏があたった。私は、同志であり畏友であるだけに心強さを感じたものだった。
>
> 十月十九日――「香港小組」から毛沢東主席の《〝対日邦交〟の最高指示》があった、と連

絡があった。

毛主席の最高指示として伝達された原則は、①独立②平和中立③軍事同盟を結ばぬこと④外国軍隊の基地撤廃――という内容だった。

〈中略〉そして十月二十七日までに「香港小組」と合意に達した点はつぎのような諸点である。

①佐藤政権と邦交恢復を図る決定を具体化するため、日中両国は、方針を相互作成し十一月十日までに交換する。

②対日邦交恢復は、米国とは違い佐藤総理訪中をもって、国交正常化の第一歩とする。訪中後、三カ月―六カ月間内に政府間交渉を終わらせ、正常化を実現する。

③ニクソン訪中は、十二月を希望しているが、実現は不可能。たぶん二月下旬か、三月になると思われるので、佐藤総理訪中は、それ以前とする。〈後略〉

この時期は、中華人民共和国の国連加盟問題が浮上していた頃であり、一〇月二五日に国連総会で中華人民共和国の加盟が決定し、台湾は国連から脱退した。日本はアメリカと共に台湾を支持し、中華人民共和国の国連加盟を阻む投票を行ったため、当時はこれで中国との国交正常化の交渉はさ

★1　岡田晃『水鳥外交秘話――ある外交官の証言』一五五頁。

らに遠のいたと佐藤政権を批判する声もあった。ところが、江鬮によれば、日本との交渉の窓口となる「対日邦交恢復小組」が設置されたというのである。西垣氏のメモによれば、江鬮の秘書役を務める「角田」という人物が、「すべてうまく行き、安心してほしいとお伝えしてくれとのこと」「三〇日夕方帰国、出来るだけ早く報告したい」［★2］と伝えている。

その後、佐藤の日記にも、「江鬮君が香港から帰国、朗報をもたらすが、尚期待するのは一寸早いか。更に模様を見る事とするが、近く彼は香港から北京へ。」と慎重な姿勢を見せながらも期待感を見せている。また同時に、「彼の話だと林彪が死去した事、同時に黄永勝参謀総長も姿をけしたらしい。李先念(りせんねん)の総理説等中共の様子はなかなか「はあく」しにくい。」と、中国国内で激変があったことを江鬮から聞いている［★3］。

江鬮は何を伝えたのか。このときの内容と思われる記述は、「西垣メモ別冊」からうかがえる［★4］。

71．9．　対日復交小組の発足
　　第一小組（香港）㊢　黄志文（黄明）
　　第二小組（北京）　　徐明
71．10．19．　毛主席の最高指示
10．21．　周総理の伝達

一　然し、共同提案国となったため、E〔江䨱のこと〕の北京行は中止。

『宝石』の江䨱の手記と、微妙な違いはある。「対日復交小組」の北京側の責任者は、手記では李先念（一九〇九～一九九二）国務院副総理とされているが、この報告では「徐明」となっている。李先念が最高責任者で、実務上の窓口が徐明ということか。香港については、どちらも「黄志文」が責任者ということになっている。手記に近い詳細な報告をしているのは、一九七一年一一月の「西垣メモ」である。

11月1日
• E氏〔江䨱〕によれば、
10月8日　中央政治委決議
　佐藤政権と国交回復。
10月11日　E氏にその旨通報。

★2　「西垣メモ」一九七一年一〇月二九日。
★3　『佐藤榮作日記』一九七一年一〇月三一日。
★4　「西垣メモ別冊」一九七二年六月二九日付の「江䨱報告」。

11月5日
・対日邦交回復小委設置
　北京：李先念
　香港：黄子文〔「子」は「志」の誤記か〕
・10／8　中央政治委決定
10／9　毛主席了承
10／21　香港対日邦交回復小委設立
・おくれた理由
　共同声明に署名したグループの反対。
10／8ごろ、佐藤内閣を相手としない声明を出す計画があった。

疑問なのは、文革に批判的だったとされる李先念が、この頃、復権していたのかどうかである。周恩来の庇護の下、再びこのような政務を執り行うことができたのかどうか、中国側の資料がまだ公開されていないが、今後の検証が必要だろう。同様に不明なのは、一〇月八日に、佐藤政権との国交回復の方針を党中央政治委員会が決定できたのかということである。中央政治委員会は、中国

共産党中央委員会全体会議（「△期〇中全会」と表記する）が選出する中央政治局の常務委員が開く。九期三中全会は、恐らく林彪事件が原因となって開催されず、一〇月八日に中央政治局が招集されていたか確認は取れない［★5］。

国連加盟問題で、日本はアメリカとともに台湾を支持したにもかかわらず、この時期に中国は日本との国交回復に向けた交渉準備を進めていたという江爾の報告。そんなことがありうるのだろうか。西垣氏によれば、国連代表権問題までは台湾に筋を通すが、後は中国との交渉に専念する。その佐藤の姿勢を中国側が評価した結果だと、江爾は語っていたという。

しかし、中国側にも日本との交渉について反対するグループがあったようである。「おくれた理由」として、「共同声明に署名したグループ」が反対したと江爾は報告している。「共同声明」とは、一〇月に訪中した藤山愛一郎元外相の日中国交回復促進議員連盟訪中団と、中国側の中日友好協会によって一〇月二日に共同で出された「中日国交回復基本四原則」のことではないかと思われる。これは、佐藤政権がまだ認めることができなかった、〝日華条約の無効〟を含むものである。藤山たちは佐藤政権の方針を批判し、政局としようという意図があったと思われるが、中国側も、藤山

★5　『周恩来年譜一九四九―一九七六　下巻』（中共中央文献研究室編、中央文献出版社、二〇〇七年、四八七頁）によれば、一〇月二日に中央政治局会議は開かれている。また、このメモでは、毛沢東の「了承」は一〇月九日、「江爾報告」では、毛沢東の「最高指示」が一〇月一九日と、日付も微妙に異なる。

たちを利用して、日本との交渉に踏み出そうとする中枢の方針に反対を表明していたことになる。

このときの中国側の署名者には、やはり「徐明」の名もある。「対日復交小組」の北京側の責任者として名前があがる一方、この共同声明にも署名をしている「徐明」とは、何者なのか。

対日工作の責任者「徐明」

徐明についての記録が、京都大学人文科学研究所附属現代中国研究センターに残されていた。ここには、生前、国交のない時代の中国と独自の交流を続けていた自民党代議士・古井喜實の資料が未整理のまま寄贈されている。ここに徐明の名前が記された資料があることがわかり、管理している石川禎浩教授の協力を得て、調査させて頂いた。

円卓を囲んだ席次表が二枚見つかった。一つは一九七一年三月三日、「当方お別れパーティー」と表題があり、日本側は古井の他、岡崎嘉平太、藤山愛一郎、田川誠一など、中国側は王国権（おうこくけん）、郭（かく）沫若（まつじゃく）、趙自瑞（ちょうじずい）などである。そのなかで「徐明」は岡崎嘉平太の隣、王国権に相対するように座っている。もう一つは一九七一年一二月のもので、日本側はやはり古井の他、岡崎嘉平太、西園寺公一、田川誠一などで、中国側は王国権、劉希文（りゅうきぶん）などだが、「徐明」は王国権と西園寺公一の間に座っている。いずれも、徐明には肩書きとして覚書貿易の関係者であることがうかがえる。覚書貿易とは、国交のない時代に日中間で覚書を交わし、互いの連絡事務所を設置して行われた、半官半民的な貿易のことである。

覚書貿易のために、一九六九年から七二年まで北京事務所に勤めていた嶋倉民生氏（愛知大学名誉教授）が、徐明のことを書き残していた。以下は、一九七〇年の覚書協定を締結したとき、交渉に来ていた親中派の重鎮・松村謙三（一八八三～一九七一）を周恩来が真夜中に招待したときのエピソードである。

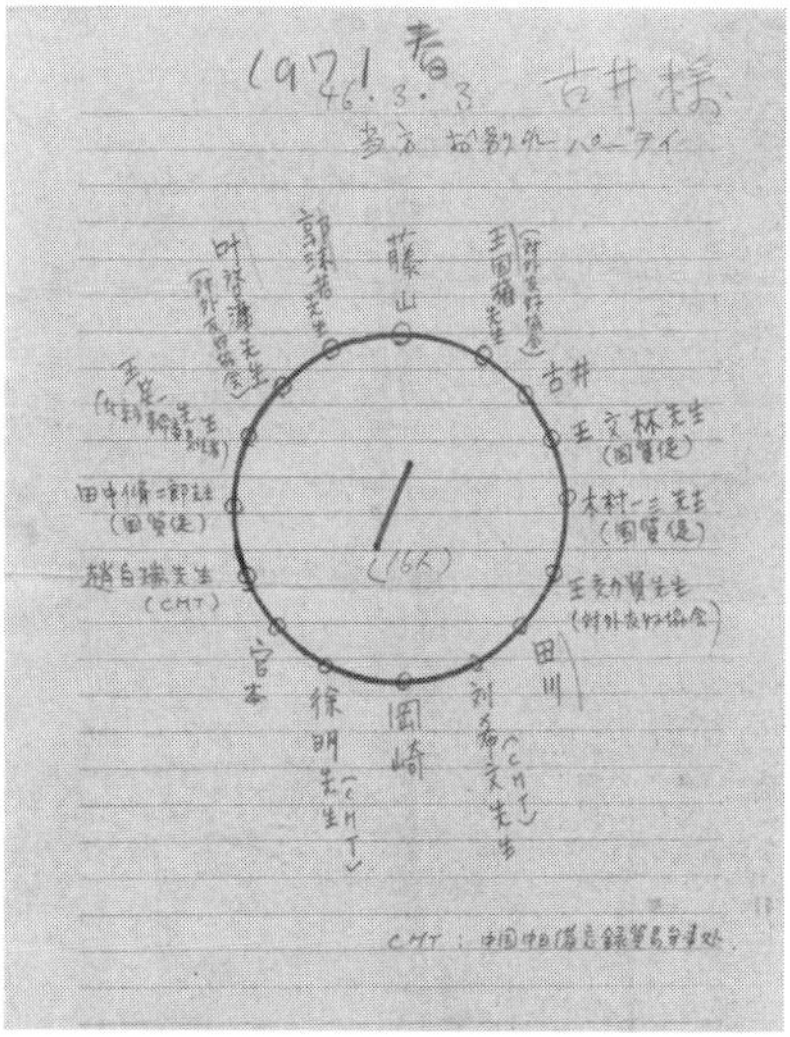

「古井喜實資料」（京都大学人文科学研究所附属現代中国研究センター所蔵）

周総理は協定締結の夜、松村翁（当時八八歳）を二人での夜食に招待した。総理は夜型の人であり、おそらく世界一多忙な人であろうから、その招待が深夜、午前にわたるものであったのは、止むを得ないものであったろう。古井喜実代表はこの招待を受けるべきか悩み当時北京に十数年住み日中の「民間大使」と言われていた西園寺公一氏に相談した。なぜ悩んだかと言えば松村翁は朝はともあれ深夜、翌朝にまたがる時間帯は言わば

日本側との宴席にいた徐明（右端）（嶋倉民生氏所蔵）

「恍惚の人」なのである。老残の姿では良くないと判断したのであろう。古井・西園寺両氏は辞退することにきめた。決めたとき、私は両氏の傍に待機しており、お茶か酒か注いだりしていた。

周総理の招待を断った人は世界にいないと、中国側の徐明という要人は怒り、西園寺氏に、あなたは北京に十数年もいながら何事だ、なんという助言をしたのだと言った。松村翁が帰国する空港で、西園寺氏は、徐明氏に対し厳粛に頭を下げて、懐から封書を取出し、徐明氏に渡していた。自己弁明の書であろうと私は見ていた。（傍線は筆者）［★6］

嶋倉氏によれば、徐明は覚書貿易の関係者として会合に出席することはあっても、普段は物静かで発言をせず、表に出てこない人物だった。覚書貿易を担当しても、元々通商担当の人間ではなく、つまり政府ではなく党の人間であり、対日工作を担当する影の人間だったという。

その徐明が、北京に十数年滞在し、中国政府の庇護を受けていた西園寺を、えらい剣幕で怒鳴り挙げ、さらに詫び状まで出させていたとは、徐明の地位の高さに改めて驚きを覚えたという。

嶋倉氏は徐明の写真を持っていた。宴会での席上にいる徐明である（一九一六～?）。『中国人脈要覧』（一九七三年三月版）によれば、最後はレバノン大使を務め、一貫して外交畑を歩んでいるが、一九七〇年三月には中日備忘録（覚書）貿易弁事処代表となり、中日友好協会理事も務めている。表向きの肩書きはそのような役職を務めながら、対日工作の最高責任者である廖承志（りょうしょうし）に直結する党の系統の人間だったという。「陰の実力者というか、舞台回しをする人なんじゃないですか」というのが嶋倉氏の見方だった。

日本側の交渉窓口を任された人々

中国側に交渉の窓口となる組織ができた。江鬮の手記によれば、それに対応して日本側でも同様の組織を立ち上げようとしたようである。そのメンバーとして、佐藤一郎参議院議員、小金義照衆議院議員、今井博日本曹達社長、法眼晋作（ほうげんしんさく）（一九一〇～一九九九）外務審議官が加わったという。江鬮の手記を引用する。

★6　嶋倉民生「周恩来総理について記録しておきたいこと」『中国21』vol.14、二〇〇二年一〇月、愛知大学現代中国学会編。

〈前略〉総理訪中のときの同行予定メンバーの中から財界人二名を選び、北京にまず紹介する。二人は十分佐藤総理の意を前もって伝え協力させるよう手配する——などというものだった。

十一月十日——私は、帰国した。

佐藤総理の『親書』を周恩来総理にとどけるという大任であったが、中国側の不測の政治変化やその他の理由もあって、周恩来総理との会談予定も流れ、さらに『返書』も受け取っていないままの帰国である。

私は、すぐ、総理公邸をたずねた。総理訪中の具体的基本方針と、国交回復のための要項の草案作りに入った。

また中国側は、予備会談の前段階として日本政府内に「委員会」の開設を希望していたが、私は、政治的な妨害があまりにも多すぎることなどもあり「委員会」を設置する場合は外務省内にではなく、総理直轄の「秘密委員会」がよいのではないか、と進言した。

総理は、その考えに賛成したが、明確なものはついに作らなかった。しかし、これまでの対中国折衝に全面的に協力してくれている、参議院議員の佐藤一郎先生、衆議院議員小金義照先生、それに日本曹達・今井博社長、法眼外務省審議官などを将来の「委員会」の母体にしようと思っていたのか、これらの人たちに西垣秘書官を混じえたメンバーで、国交回復のための具体的な要項作りの作業に着手した。

〈中略〉

十一月二十一日――今井博社長と同行して香港訪問。「香港小組」との会合に二人で出席、佐藤総理訪中の早期実現要請と総理の国交回復にかける真情を強く伝達した。

十一月二十三日――今井博社長は、中国側から示された要項と、中国側から示された佐藤総理に対するある条件を伝達するために日本に帰国した。佐藤総理に会い至急連絡するためである。

〈中略〉

十二月二十五日――佐藤一郎先生、今井博社長、私の三名連記による書簡が、周恩来総理に出された。

この時期、佐藤の日記には、「江鬮君と会ふ。和製キッシンジャー。色々と北京の様子等話してくれる」（一一月一二日）としか書いていない。同じ日や一七日の西垣氏のメモによれば、保利茂自民党幹事長が佐藤に代わって密かに周恩来に宛てた保利書簡［★7］が露見し、交渉に影響している

★7　佐藤の秘書を務めた城文雄氏によれば、美濃部亮吉と福田赳夫が東京帝大の同級生だったから、福田が美濃部に保利書簡を託したと聞いたという。しかし、美濃部は一九二四（大正一三）年、東京帝大経済学部に入学、一九二七（昭和二）年に卒業だが、福田は一九二六（大正一五）年、東京帝大法学部に入学、一九二九（昭和四）年に卒業なので、同級生ではない。二学年の違いがあっても二人の間に交流があったかは不明である。

ことや、江贇がその始末をつけに行くことが記されている〔★8〕。そして、二一日には今井博と香港に行っている。何故江贇は今井を香港に連れて行ったのか。

今井博（一九一二〜二〇〇五）は、交渉当時、日本曹達の社長だったが、通産省石炭局長を務めた元通産官僚であり、戦前にやはり中国経験があった。一九四〇（昭和一五）年の『職員録』には、逓信省から興亜院華北連絡部に出向していたと見られる今井博の名前が事務官として記されている〔★9〕。次男の義浩氏によれば、江贇のことはわからないが、父親は正月なのに香港に行くことがあったという。仕事については語らなかったが、何か特別なことがあるのではとそのとき思ったという。今井は通産省石炭局長から日本開発銀行理事に転じ、その後、かつて南京政府顧問を務めた門屋博らと共に「世界和平連合会」の設立に参加するなど、異色の経歴を持つ。

今井は江贇より一足先に帰国し、二四日、元経済企画庁長官の佐藤一郎衆議院議員とともに佐藤栄作に面会している。そこで、次のような報告をしている〔★10〕。

- 江贇氏は香港で努力しており、25・26両日広東で北京からの要人と会談するが単身で北京に行くのは得策ではないので、30日に一時帰国する。
- 佐藤政権では駄目だと云っているとの報道は誤り。今までのような政権ではいけないと云っているもの。
- 今度北京に入るときは、佐藤・今井も同行を希望している。

佐藤一郎（一九一三〜九三）も中国とは深い関係にあった。「花の一二年組」と言われた昭和一二年入省の大蔵官僚だったが、興亜院に出向し、内蒙古・張家口の蒙疆連絡部に派遣されていたことがあった。前任は大蔵省入省が一年上の大平正芳（一九一〇〜一九八〇）だった［★11］。大平は一九三九年の蒙疆連絡部設置から一九四〇年一〇月まで、日本の大陸経営の一端を担ってきた。大平の重要な職務のひとつは、興亜院が主導する阿片政策の遂行であった。蒙疆地区は、アジアの阿片供給源として位置づけられ、佐藤一郎も、その任務を継続していたと思われる［★12］。

★8　この時期の江鬮から西垣氏宛の葉書（一一月一九日の香港のスタンプ付き）には、以下の記述がある。「保利書簡の真相も解りました、中国は福田外相の焦燥として見ています。私自身の仕事も、お陰で後退し、苦労しています。択んだ人が悪い、美濃部は反佐藤総理の立場で発言し、中国側は藤山より悪いと云っています。もう少し日数をかけ、元にもどして、私は北京入りをします。指示はその時は絶対に必要、私自身、基本を説明出来ねば全く無意味です。打開しましたら届けて下さい」。

★9　このとき同じ華北連絡部には、やはり大蔵省から出向し、のちに佐藤政権の外務大臣を務めた愛知揆一や、大来佐武郎の名前も見られる。戦後の官僚・政治家には、中国での実体験を持つ者が多くいた。

★10　「西垣メモ」一九七一年一一月二四日。

★11　西垣氏も佐藤一郎とは大蔵省の先輩・後輩の関係で知っており、西垣氏によれば、蒙彊連絡部の役職について、佐藤は大平にカレーをおごられて、後を任されたとの話を聞いたことがあるという。

★12　佐藤一郎の長男・謙一郎氏に尋ねたが、江鬮について何も思いあたることはなかった。現在もご健在の元秘書にも尋ねて頂いたが、江鬮について記憶するところはなかった。

このとき、西垣氏は日記のなかで、「今井さんは昨夜香港から帰国されたところだが、その感触によれば、どうも江鬮さんは本物らしい」と記している。それまで、江鬮の交渉については、西垣氏も佐藤栄作も半信半疑だったらしいが、このとき以降、江鬮は〝本物〟ということになり、その後最後までその交渉を疑うことはなかったという。江鬮は中国通の今井、佐藤一郎を交渉窓口のメンバーに据え、さらに法眼晋作外務審議官も巻き込むことで、中国側にも日本の本気度をアピールしようとしたのだろうか。

佐藤の対中姿勢の変化

このときの「西垣メモ」によれば、佐藤栄作は今後の交渉の基本方針を、西垣氏たち側近に明かしていた。

北京政府は、たしかに全中国人民を代表する唯一の合法にして正統なる政府であると云ふ確認、又、台湾は中国の不可分の領土であると云ふ確認は世界政治の常識であり、国連に多数の歓迎を以って迎えられた理由でもある。[★13]

これは、周恩来が日本に求めていた「復交三原則」（三〇頁参照）を意識した言葉だろう。「復交三原則」のうち、「①中華人民共和国は中国を代表する唯一の政府」、「②台湾は中国の不可分の領土である」という二つを、佐藤は、中国の国連加盟の時点で認めていたことになる。

西垣氏は語る。

世界の大勢はこうだということがもう決まっちゃったと。だから、世界の大勢が台湾も含めて中国、代表するのが北京だって言うことになったら、北京を相手にするよりないじゃないかと。それで台湾も北京の領土、中国の領土だっていうことになれば、これ、国内問題だから、外からとやかく言う問題じゃないと、そこは非常にはっきりしていましたね。［★14］

しかし、佐藤はこの中国への歩み寄りについてまだ公にはしない。この方針を示すのは、翌年の二月末の国会の場においてである。そして、そうした方針を腹に収めながら、三原則のうち、最後に残された「③日華平和条約の破棄」についてどう対処すべきか、引き続き江鬮に交渉を進めさせている。

★13　「西垣メモ」一九七一年一一月二四日。
★14　西垣昭氏へのインタビュー（二〇一七年四月一七日）。

第五章　周恩来への親書を託した人物
——「葉桐春」と「黄志文」の謎

江鬮の水面下の交渉が、本当に意味のあるものだったかどうかを検証するには、交渉相手である中国側の人間が何者だったのかを知らなければならない。その唯一の手がかりが、佐藤の周恩来宛の最後の親書を託した、「葉桐春」と「黄志文」である。二人の名前は、最後の親書の冒頭に「転呈」と冠して記されている。「転呈」とは、二人に転送をお願いするという中国語である。江鬮から周恩来宛の親書を託されるほど、北京の中枢に二人は何らかの形でつながっていたのだろうか。

江鬮の手記では、二回目の親書を持って香港を訪れた際、協議した相手は、「黄、葉、柯氏に、萬熙氏や江氏」ということだが、一〇月には「対日邦交恢復小組」という組織が作られ、その香港の責任者は「黄志文」とあるので、「黄」とは、黄志文のことだろうと思われる。また「黄」は、「元インドネシア大使の黄氏」とも記されている。さらに、「葉」は葉桐春のことと思われるが、「葉剣英元帥の堂弟（＝いとこ）・葉氏」とも記されている。この二人が本当に北京の中枢とのルートを持っていたのかが、江鬮の交渉の有効性を検証するカギになる。

香港総領事の記録にあった「葉綺蓮」という娘

葉剣英（一八九七〜一九八六）とは、当時副総理を務めた、周恩来の側近中の側近である。一九七一年七月にキッシンジャーが極秘裏に北京入りしたとき、空港のタラップの下で最初に出迎えたのが葉剣英であり、米中接近を進めた中国側の立役者でもある。その葉剣英に、葉桐春といういとこはいるのか、親族関係を調べてみたが、同じ名前のいとこはいなかった。では、まったくの嘘なのか。

手がかりとなるのは、やはり香港総領事・岡田晃の『水鳥外交秘話』である。岡田は一九七二年三月一五日、二人の中国人に会っている。一人は「万灑」と書いてあるが、前述の通り、萬熙のことだろう（六六頁参照）。もう一人は「葉桐青」となっているが、恐らく葉桐春のことと思われる。そのときの葉桐春の証言を引用する［★1］。

自分は葉剣英副総理と同姓であるが、親戚ではない。ただ郷里が同じで、十一歳のときまで葉副総理と同じ家で一緒に暮らしていた。その関係で娘の葉綺蓮は葉副総理の養女となっている。［★2］

葉桐春は、葉剣英副総理とは親戚でないと言っている。江臘の手記では「いとこ」と言っており、

キッシンジャーを出迎える葉剣英・副総理（右）〔©NHK〕

その内容は食い違う。しかし、郷里が同じで、一一歳まで葉剣英と同じ家で暮らしていたということが事実だとしたら（岡田晃の記述が正しければ、一九七二年の時点で六〇歳だから、一九一二年頃に生まれ、一九二三年まで葉剣英の家にいた）、極めて近い関係であったとは言える。だから、葉（よう）綺蓮（きれん）という娘が、葉剣英の養女となったということなのか。

これが事実であれば、江灩は葉桐春を通じて、北京の中枢につながるラインで交渉をしていたことになる。果たして、葉桐春は、葉剣英と本当に親族同様の関係にあったのか。

ちなみに、岡田の記述によれば、岡田は葉綺蓮のこと

★1　岡田晃が萬熙と葉桐春にこのとき会った理由は不明である。江灩と同様、佐藤から中国との極秘の交渉を指示された岡田だったが、西垣氏のメモによれば、江灩は「岡田は三木さんにのみ情報を流す」と、三木武夫と通じていることをうかがわせる報告をしており（「西垣メモ」一九七二年二月七日）、江灩の交渉相手から交渉の進捗具合を探ろうとしていたのではないかという推測もできる。

★2　岡田晃『水鳥外交秘話――ある外交官の証言』一七一頁。

を知っていたという。一九七一年、葉綺蓮は小金義照の紹介状を持参し、日本総領事館付属の日本語学校に入学を許可されたというのだ。小金義照は、江鬮の手記に協力者として何度も出てくる議員であり、中国人である葉綺蓮が小金義照の紹介状を入手できるとしたら、江鬮との関連を考えるのが妥当だろう。葉綺蓮の父・葉桐春が葉剣英に連なる人物だからこそ、江鬮は便宜を図ったのだろうと推測できる。

葉剣英の実家に、少年時代の葉桐春は本当にいたのだろうか。葉剣英の養女として知られるのは、現在中国で人権活動家として知られ、ジャーナリストであり、作家でもある戴晴（たいせい）氏である。葉家に葉桐春という少年が住んでいたのか、その後、葉綺蓮という養女がいたのか、問いあわせてみた。

最初の問いあわせに対しては、「葉桐春も、葉剣英の養女になったという葉綺蓮も初めて聞く名前だ。一九五〇年代、叶选才（ようせんさい）という少年がいたが、その頃、養女になった人はいない」という返事だった。改めて、「葉桐春は一九一二年生まれで、一九二三年まで葉剣英と一緒に暮らしたと証言していますが、そのことについては何かご存知ですか」と尋ねると、「私は一九二〇年代に何があったかは知らない。私が葉家にいたのは一九五〇年代だけだった」との返事があった。葉綺蓮が一九七一年に香港総領事館の日本語学校に入学を許可されたということは、葉綺蓮の年齢はその頃、まだ一〇代から二〇代前半ではないかと思うが、そうすると、もし養女になったとしても、戴晴氏と葉家での生活は重なっていなかったかもしれない。本当に葉剣英と葉桐春は近しい関係だったのか、否定も肯定もできず、決定的なことはわからなかった。

もう一人の交渉相手〝黄志文〟

江鬮が佐藤総理の周恩来宛の親書を、葉桐春と並んで託したのが、「黄志文」という人物である。「西垣メモ別冊」（一九七二年六月二九日付「江鬮報告」）によれば、「対日邦交恢復小組」という、日本との国交回復交渉を担当する組織の香港側の担当者であり、別名は「黄明」という。また、江鬮は手記のなかで、黄志文と覚しき「黄」について「元インドネシア大使」と書いている。しかし、中華人民共和国からインドネシアに派遣された大使で、そのような名前の人物はいない。黄志文は葉桐春以上に謎の人物である。

香港総領事の岡田晃も、『水鳥外交秘話』のなかで、一九七一年一二月四日、林国才（りんこくさい）（孫文の妻・宋慶齢（そうけいれい）の外孫にあたるという人物）と会談した際、「柯正仁、黄志文、葉桐青、万熙、江徳昌を知っているか」と訊ねたと書いている〔★3〕。これらは、皆、江鬮の交渉に関わっていた人物であり、岡

★3　一一五頁の注1で述べたように、ここでも岡田晃は江鬮の交渉について動静を探っているように見えるが、佐藤に江鬮の交渉のダブルチェックを命じられたわけではない。「西垣メモ」（一九七二年二月七日）によれば、江鬮が「岡田は、三木さんにのみ情報を流す」と言うのに対し、佐藤栄作は「岡田にはE氏〔江鬮のこと〕のことは云っていない」と答えているからである。「谷岸敏行（香・総）が介入」という記述もあり、岡田の部下だった香港総領事職員の谷岸が、江鬮の交渉に介入していた可能性もある。

田も何者なのかを探っていたと思われる。しかし、林国才からは、彼らにつながる情報は何ら得られなかった。

「西垣メモ」に記録されていた葉桐春

西垣昭氏のメモには、葉桐春についての重要な情報が記されていた。四二枚のカードのうち、最初のカードである一九七一年一〇月二九日に、次の記述があった。

—・香港での交渉相手の一人は葉桐春（国豊行有限公司・副総理）、在香港機関員23人。

葉桐春は、国豊行という会社の副総理＝副社長を務めていたのだ。恐らく表向き会社経営者としての肩書きを持ちながら、香港で活動をしていたということなのだろう。国豊行という会社は今も香港にあることがわかった。李強生（りきょうせい）という人物が現在は社長を務めている。しかし、単に同じ名前の会社というだけで、別会社の可能性もある。

まず国豊行の登記簿を取ってみた。歴代の経営者の情報がわかるからである。すると、過去の共同経営者のなかに、葉桐春の名前があった。これで現在の国豊行は、かつて葉桐春が関わっていたものと同じ会社であることが明らかになった。

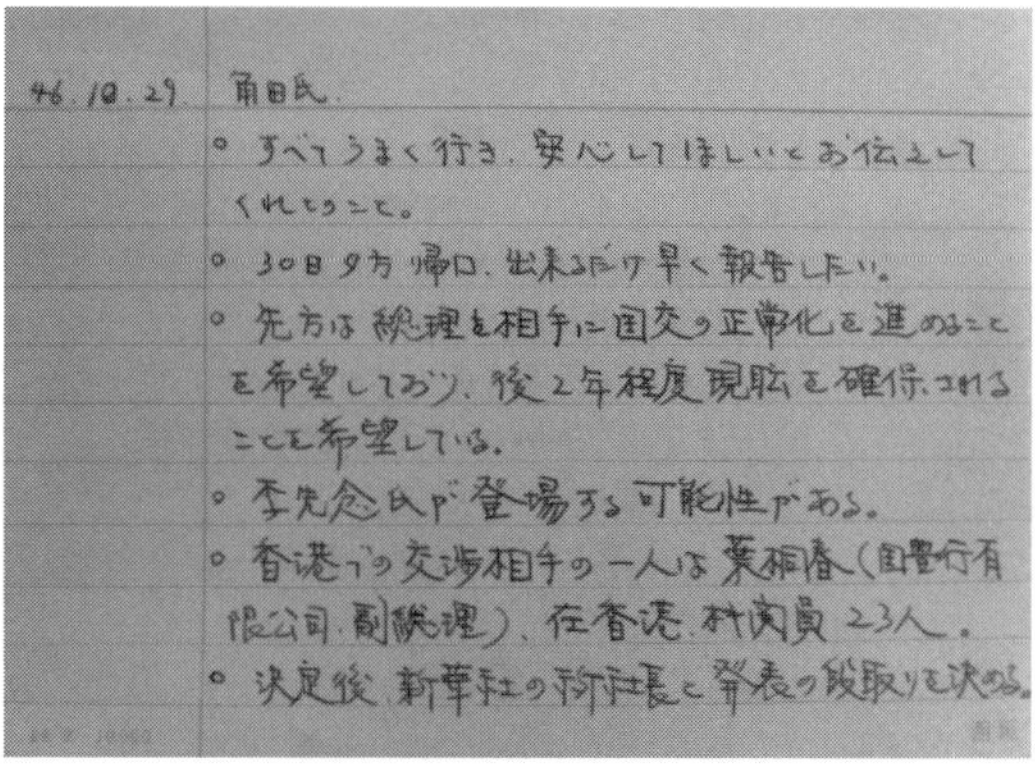
46.10.29　角田氏
○ すべてうまく行き、安心してほしいとお伝えしてくれとのこと。
○ 30日夕方帰国、出来るだけ早く報告したい。
○ 先方は総理を相手に国交の正常化を進めることを希望しており、後2年程度現職を確保されることを希望している。
○ 李先念氏が登場する可能性がある。
○ 香港での交渉相手の一人は葉桐春（国貨行有限公司副総理）、在香港[illegible]員 23人。
○ 決定後、新華社の副社長と発表の段取りを決める。

カードに記された「西垣メモ」（1971年10月29日）

また、この登記簿からいくつかのことがわかった。共同経営者に、中国共産党に近いと思われる立場の人物が複数いたのである。一人は葉煌生（ようこうせい）。同じ「葉」という姓を持つが、かなりの財をなした資産家であり、葉剣英と同じ、広東省梅県の出身。香港で著名な中僑国貨（中国の国産製品を扱う百貨店）の経営者。かつ、最晩年、病に倒れた際、葉剣英の世話により北京の病院に迎えられ亡くなったということが、香港の新聞記事にあった［★4］。葉煌生の遺産をめぐって親族の間で裁判があり、その公判記録に、そのような情報があったと、新聞は報じていた。もしこのことが本当であれば、葉煌生と同じ会社にいた葉桐春も、何らかの形で葉剣英と近い関係にあったと考えられる。この記事の裏を取るために、裁判記録を

★4　「中僑後人爭産原訴供稱　葉劍英介紹其父治病」『蘋果日報』二〇〇六年一月一九日、「繼室無合法結婚　須交出逾700萬股息　中僑國貨老闆元配女奪回遺產」『蘋果日報』二〇〇六年一月二四日。

入手しようとしたが、開示されず、この話を取材した記者も新聞社を辞めており、連絡が取れなかったため、真偽は判然としなかった。

共同経営者だったもう一人は、李進先。この人物は、一九六七年に香港で起きた反英暴動に参加した一人だった。反英暴動とは、イギリス統治に反対する共産党シンパによる暴動であったが、ほかにもこの会社には、この運動の首謀者と同名の人物が複数入っており、共産党に近い組織であることは間違いない。

一九六〇年代後半から、香港にはこのような国貨＝国産製品＝中国本土の製品を扱う百貨店が多く存在した。中国共産党シンパの経営者や、実際に共産党から送り込まれた人物が経営して、中国の外貨稼ぎに協力したのである。毛沢東による大躍進運動の失敗により、危うくなった中国本土の経済を立て直すことが、その目的だったとされている。

現在の経営者が語る葉桐春

「国豊行」という会社が、共産党に極めて近い関係を持ち、葉桐春がいたことも間違いないことがわかったため、現在の経営者である李強生氏に面会を申し込んだ。李強生氏は、上述の李進先の息子である。二〇一七年三月、再び香港に向かい、国貨公司の歴史を知りたいという名目で、話を聞くことができた。

李強生氏が学生だった一九七〇年代半ば、アルバイトで国豊行に勤めた当時、葉桐春はいたという。経理という名目だったが、実際の仕事はあまりなかったのではないかという。

手記に掲載された江甌と並ぶ「葉桐春」とされる人物（『宝石』1973年12月号）

江甌の手記には、葉桐春とされる人物の写真が掲載されている。江甌と並んで、椅子に座って微笑んでいる人物である。

しかし、李強生氏にこの写真を見せると、この人物ではないという。葉桐春はもっとやせていたと語った。そして、かつて新しい百貨店を開いたばかりの頃の葉桐春の写真を見せてくれた（一二二頁写真）。江甌の手記に掲載されている人物とは異なる人物が葉桐春だという。どういうことなのか。

葉桐春と会っていた「竹内昇（のぼる）」

この謎を解くにはもう一つの突破口が必要だった。それは、意外なところから見つかった。

「西垣メモ」のなかに、葉桐春に会った日本人の

上部中央、眼鏡をかけて斜めに顔が見えるのが葉桐春

ことが書いてある。一九七二年二月一四日に、「竹内昇」という日本人を、葉兄弟が迎えに来て、葉邸で食事をした、という記述だった［★5］。葉兄弟とは、江鬮の手記に出てくる葉桐春のほか、葉飛卿だと思われる（江鬮の手記には、「葉氏、飛卿氏」という記述があるが、「西垣メモ」の三月二九日の記述に、「葉ヒキョー」とあり、江鬮の手記は、誤って姓と名を分離して記述したものと思われる）。江鬮以外に、葉桐春に会った日本人、竹内昇とは何者だったのか。「西垣メモ」には、「日本電化工業、小松企業社長　北村・栗栖大臣秘書官　加治木さんと同時」とあった。これを手がかりに竹内昇の身元を探った。

　日本電化工業については、官報で所在地を見つけることはできたが、すでに存在せず、登記簿ももはやなかった。

　「北村・栗栖大臣」とは、栗栖赳夫（一八九五〜一九六六）と北村徳太郎（一八八六〜一九六八）のことだろう。栗栖赳夫は一九四八（昭和二三）年、経済安定本部長官を務めていたから、竹内はその頃に秘書官を務めていたのかもしれない。栗栖の個人的な秘書ではなく、政務秘書官であろう。当時の官報を調べると、一九四八年五月二一日、「竹内昇」という人物が「総理廳事務官兼國務大臣秘書官に任命する　二級に叙する」「栗栖大臣附を命ずる」という記録が見つかった。栗栖は「総理廳経済安定本部長官」なので、この人物が竹内昇なのだろう。しかし、翌二二日には、「願に依り本官並びに兼官を免ずる」となっていた。任命の翌日に辞任するという、不思議な行動を取っていた。北村徳太郎についても調べてみたが、個人的な秘書で竹内という人物はいなかった。

この人物に該当するのは、『産経日本紳士年鑑』（産経新聞年鑑局、一九七〇年）に記載のある、実業家の「竹内昇」である。そこには「安本秘書官」＝経済安定本部秘書官という記述を含む、次のような経歴が記されているからである。

明治四一年四月五日生まれ
昭和五年早大専門部法科卒、帝国生命に入り同一七年退社、上海北京で四連商行を経営
同二一年愛知石油販売社長、万邦交易常務となり、安本秘書官を経て
同二四年帝国自動車工業社長、大船光学社長を歴任

★5　「西垣メモ」一九七二年二月一六日。

そしてこの年鑑の出版当時の肩書きは「ペガサス石油、東邦交通、旭地所、東邦商事各社長」となっているのである。様々な会社の経営者として名を連ねているが、その後、どこに住んでいたのか、誰が親族なのか。

手がかりは偶然、二つ同時に見つかった。一つは、小松企業の登記簿である。小松企業はすでに閉鎖されていたが、経営者の一人は脇坂一雄という人物だった。この人物の家を訪ねると、かつて中国戦線で戦った陸軍少佐（陸士四八期）であり、戦後は、竹内に請われて会社の代表として名前を貸していたという。その会社は、日本橋のビルにあり、それは、日本電化工業と同じ住所でもあった。さらに、そのビルにある会社の現在の経営者の名前は、「竹内」だった。

もう一つの手がかりは、津田あけみ『父と母とわたくしの中国』という本である。これは私家版で販売はされていなかったが、国会図書館で読むことができた。「竹内昇」という父を持つ筆者が、父と母が戦前住んでいた上海を、一九八〇年に両親とともに再訪したときの記録である。中国と「竹内昇」。戦前上海に住んでいたこと。これらのことがらから、この人物が、葉桐春に会った「竹内昇」の可能性はあると判断した。津田あけみの住所もわかり、それは日本橋の会社の経営者の住所のほぼ近くにあった。津田あけみの父が、探している「竹内昇」であると確信し、津田氏の家を直接訪ねた。

現れたのは、「竹内昇」の親族の女性だった。元々住んでいた津田あけみ氏は亡くなってしまっており、竹内についてわかるのは長男しかいないという。突然訪ねた非礼を詫びながら、取材の趣旨をまとめた手紙と、佐藤栄作・江鬮眞比古・西垣昭氏が写っている写真のコピーの入った封筒を託し、何とかご協力を頂けないかお願いをした。女性からは、何も返事がなかったら、ご協力できないという返事だったとお考え下さいとのことだった。こちらは丁重に改めてお願いをして、お宅を後にした。最後の言葉から、お話をうかがう機会はほぼないだろうと、半ば諦めていた。

ところが、数週間後、突然、竹内彪衛（ひょうえ）氏からお電話を頂いた。自分は竹内昇（一九〇八〜一九八二「昇」ではなく、「昇」が正しかった）の長男であるが、今回頂いた佐藤栄作総理の写真を見て、思いあたることがあり、若干お見せしたいものがあるというお話だった。私は諦めていたところもあったので非常に驚き、わざわざお電話を頂いたことの御礼と、是非、一緒にカメラマンも連れて行きたいと申し出、お許しを頂いた。

二〇一七年四月、竹内彪衛氏のご自宅をうかがうと、開口一番、「会社のなかにある父のものを整理したところから、こんなものが出てきましてね」と一冊のアルバムを見せて頂いた。「香港に遊ぶ」と題したそのアルバムは、最初のページを開くと、江鬮眞比古と佐藤栄作が二人並んで座っている写真があるではないか。西垣昭氏と江鬮芳治氏が持っていた、あの江鬮の手記に掲載された写真とほぼ同じアングルで撮られた写真で、西垣氏のみが写っていない。佐藤も江鬮も同じ服装であり、同じ一九七二年二月六日に、総理公邸の応接室で撮影された写真と考えて間違いない。

「頂いた写真を見て、どこかにこれと同じものが……と思って、探してみたら、この写真が見つかって」と、彪衛氏は語った。さらにページをめくると、今度は江鬮の手記に掲載されている、

「葉桐春」とされている人物と江龘が並んで写っている写真（一二七頁下）まで出てきた。これまで、手記で見る限りの、目の粗い写真（一二一頁の写真）しか見てこなかったため、鮮明な写真に驚きを隠せなかった。

「葉桐春」とされる人物の隣には、また別の人物が座っていた。江龘の手記では、この人物はトリミングでカットされていたのだ。

ほかにも、この二人の人物とともに、家族と思しき人たちと食事を囲んでいる写真（一二八頁上）があった。これは、「西垣メモ」の「葉兄弟が迎えに来て、昼、葉邸で家族とともに食事。夕方まで」の記述に相当するのだろう。また、前列二人が、「葉兄弟」なのだろう。

また、路上でこの二人と一緒に写っている写真（一二八頁下）もあった。真ん中にいるのは、竹内昇本人の姿だった。

江龘や竹内と並んで写っているこの二人は、葉桐春と葉飛卿（ようひきょう）なのだろうということも、この場でわかった。アルバムの裏表紙の内側に、小さなビニール袋が貼り付けてあり、香港で竹内昇が会ったと思われる人々の名刺が収められていたのである。そのなかに、葉桐春と葉飛卿の名刺があったのだ（一三〇頁上）。

葉桐春の名刺の肩書きは、国豊行有限公司副経理であり、「西垣メモ」の記述（一九七一年一〇月二九日）とほぼ同じだ。葉飛卿の肩書きは、滙源有限公司だった。これでまた彼らを探る新たな手がかりを得ることができた。

竹内昇が保管していた佐藤と江鬮の総理公邸・応接室での写真（竹内彪衛氏所蔵）

竹内昇のアルバムにあった、江鬮の手記に掲載されたものと同じ写真（竹内彪衛氏所蔵）

竹内昇のアルバムにあった「葉邸」と思われる写真（竹内彪衛氏所蔵）

竹内昇のアルバムにあった葉兄弟？（中央が竹内昇。竹内彪衛氏所蔵）

ホテルで食事をしている江鬮とほか三名の姿（一三〇頁下）もあった。これも、二月一六日の「西垣メモ」の、「・13日　万キ、江徳昌、江、竹、４人で食事。ペニンシュラ。」から、ペニンシュラホテルであろうと推測された。実際、二階に窓があるレストランは今もペニンシュラホテルにあり、間違いない。右手前にいるのは江鬮。その真向かいに座る、左手前の大柄の人物は萬熙である。そして、テーブルの手前にある皿から、この写真を撮っている方向にも椅子があり、誰かが座っていたことがわかる。恐らく、この写真を撮っているのは竹内昇であり、椅子を引いて写真を撮ったものと思われる。そうすると、右奥にいる人物が江徳昌ということになる。人民解放軍の建軍の父といわれる朱徳と親族関係にある江俊龍の一族の、中心となる人物という（八二頁参照）。左奥の女性は、通訳なのだろうか。

江鬮と竹内昇はどういう関係だったのか。なぜ竹内昇はこのような場に立ち会っていたのか。彪衛氏によれば、江鬮と竹内昇はこの当時は親しくしていたが、江鬮の名前は次第に聞かなくなってしまったという。当時、竹内昇は、自分の中国の知りあいを江鬮に紹介しただけなのではないかという。また、葉剣英という名前は何度か父親の口から聞いたことがあり、葉剣英の開くパーティーに出席したこともあったという。

竹内昇は、戦前、上海で活動していた実業家で、軍との関係は深かったらしい。竹内の部下は毎年、竹内が徴兵を免れるように、陸軍と海軍に交互に飛行機を一機ずつ献上していたという。日本に引き揚げるときはいち早く家族を外交官用の帰国船に乗せることができた。そのときは一九四四

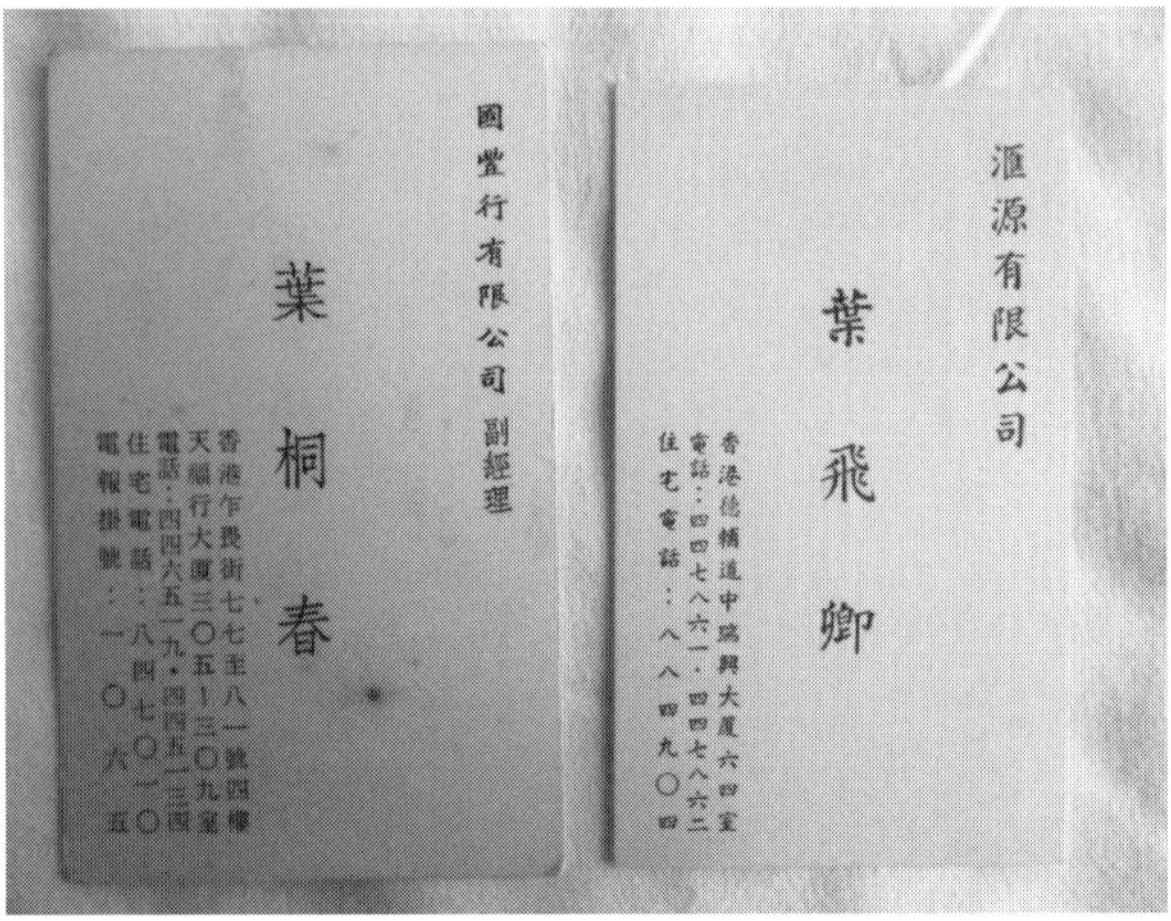

竹内昇のアルバムに添えられていた名刺

竹内昇のアルバムにあった写真。1972 年 2 月 13 日、香港のペニンシュラホテルで撮影か。
左端は萬熙、右端は江闖眞比古（竹内彪衛氏所蔵）

年九月。戦況がまだ悪化していないと考える妻は上海に留まりたいと強く主張したが、このままいては危ないということが、竹内には軍を通じてわかっていたらしい。船の両側には護衛艦が付き、敵に狙われないようジグザグに航行しながら、一〇日間かけて長崎まで到着したという。その間、竹内昇は毎日軍に問い合わせ、船との交信が続いているかを確認していたという。交信が途絶えた日が家族の命日と考えたらしい。では竹内はどうやって帰国したか。大陸から引き揚げてきた人々の姿によくあるような、ボロボロのリュックと衣服で帰国してきたのではない。通常の旅をしてきたような姿で、スーツケースで帰ってきたという。それだけ中国人にも様々なコネクションがあったのだろうと思われる。

しかし、仮に竹内が葉桐春、葉飛卿を江闔に紹介できたとして、なぜ竹内にそれほどの人脈を維持できるだけの力があったのか。これは未解明の話である。竹内は上海時代、四行通達という商社に勤めていた。この間に、上海の財閥で、のちに共産党にも通じる人脈ができたと考えるしかない。竹内彪衛氏に尋ねても、父親の中国人脈がどこから来ているのか、思いあたることはないという。

彪衛氏によれば、竹内昇が懇意にしていた一人に、中部日本新聞社社長で実業家の与良ヱ（よらあいち）（一九〇八～一九六八）がいる。与良は、一九六四年四月、日本紅卍字会の台湾震災義捐金に賛同したリストのなかにもその名前がある。リストには、林出賢次郎、小金義照、江闔眞比古、大嶋豊も名を連ねているので、竹内は与良を通じて、江闔たちのグループと何らかの関係があった可能性もある。

萬熙についても、竹内昇は戦前から上海で知り合っていたかもしれない。萬熙の妻・藤野幸子が残した日記のなかに、萬熙の上海時代の住所が記されており、静安区とあった。竹内昇の上海の住所も静安区であり、日本語が話せる汪兆銘政権下の有力者と、日本軍と強い関係を持つ日本人実業家が知り合う可能性は高かったと思われる。

葉桐春の正体

竹内昇の写真が見つかったお陰で、葉桐春の姿を特定することができた。

国豊行の李強生氏に問いあわせると、竹内の写真のうち、右の人物が葉桐春だということだった。確かに顔はやせて顎は尖っているし、李強生氏が以前示した百貨店の開店時の葉桐春だという写真（一二二頁参照）と同じである。では、江鬮の手記で「葉桐春」と紹介された（一二一頁）、真ん中の恰幅の良い人物は、竹内が残した名刺から推測すると、葉飛卿ということになる。

葉桐春の姿はわかったが、北京中枢との関係はどうなのか、葉剣英元帥との縁戚関係はあるのか。

葉桐春の親族を捜すために、国豊行の登記簿に記載されている住所を訪ねた。登記簿には、葉桐春の当時の住所は72, Waterloo Road, 2/F, Flat D, Kowloonとなっている。現地を訪ねると、そこは、竹内昇や江鬮と写真を撮った場所とほぼ同じだった（一三四頁写真）。

左から、葉飛卿、葉桐春、江鬮が写っている。後ろに見える陸橋は、今も同じ場所にあり、この特徴から、この写真は葉桐春のマンションの前の通りで写されたことがわかる。しかし、現在のマ

左｜竹内昇が持っていた写真。右端が葉桐春、真ん中は葉飛卿？（竹内彪衛氏所蔵）
右｜李強生氏がいう葉桐春（李強生氏所蔵）

ンションに葉桐春の親族はいなかった。

二〇一七年七月、再び香港に向かい、改めて李強生氏に面会した。竹内の写真を見せながら、葉桐春についての手がかりを尋ねたのである。すると、李強生氏は、一二八頁の「葉邸」という家族写真は、葉桐春の家族ではないという。葉桐春の妻はもっと太っていたという。では、「72, Waterloo Road」のマンションのなかにある葉桐春の部屋の写真ではないのか。

また、「葉桐春と葉飛卿は兄弟ではない」という。「兄弟だったら、ご存知のように中国人は、とくに彼らの世代は、名前の二文字は同じだ」。姓と、名の最初の字が同じはずだというのである。では、二人の関係はどうなっているのだろうか。

李強生氏は驚くべき証言をした。

葉剣英の娘のうちの一人が、葉桐春の養女とな

竹内昇のアルバムにあった写真。右端は江鬮眞比古（竹内彪衛氏所蔵）

った。

葉剣英のどの娘かは知らない。葉剣英にはたくさんの子がいたから。

葉桐春と葉剣英は同じ梅県の丙村の人だが親戚ではない。しかし、つながりはある。

重大な証言なので、改めて何度も問い直し確認したが、同じ答えだった。これは、岡田晃が聞いた、「（葉桐春は葉剣英と）郷里が同じで、一一歳のときまで葉副総理と同じ家で一緒に暮らしていた。その関係で娘の葉綺蓮は葉副総理の養女となっている」という証言とは逆で、葉剣英の娘を葉桐春は養女としたという話である。しかし、李強生氏の証言から、葉桐春は葉剣英と強い関係を持っていたことはうかがえる。江鬮は葉桐春のルートを使って、北京中枢に佐藤のメッセージを送ろうとしていたと考えられる。

これまで、江鬮による極秘交渉の内実を知るために、その協力者や交渉相手のプロフィールにスポットをあててきた。こうして交渉の舞台に登場した〝役者たち〟の実態がおぼろげにもわかってきたところで、具体的に交渉はどのように進んでいったのか、次章以降、主に一九七二年からの動きを追っていく。

第六章　最後に残された条件〝日華平和条約の破棄〟

中国の国連加盟のあたりから、江鬮（えぐち）の交渉は進み始め、年が明けた一九七二年元日、佐藤の日記には、「今年は中国との国交も樹立しなければならぬと思ふが、それにしても気がかりの事は台湾の処遇で、北京に出かけてでなければけりはつかぬ」と、北京での首脳会談への意気込みを記している。「西垣メモ」（一九七一年一一月二四日）によれば、周恩来が唱える復交三原則のうち、「①中華人民共和国は、中国を代表する唯一の政府であること」「②台湾は中国の不可分の領土であること」については、前年のうちに佐藤は認める方針を西垣氏ら側近には伝えていた。最後に残された「③日華平和条約の破棄」をどのように処理すべきかが、焦点になっていた。

日華平和条約の破棄――〝入口論〟か〝出口論〟か

佐藤は、上記の方針を西垣氏らに伝えた四日後、「佐藤（一）は引き受けるか。いずれにせよ1案を作ってみよ」と佐藤一郎を使者に立てる上での具体案を作るよう江鬮に命じ、「台湾についての見当がつくと楽」と言っている〔★1〕。

その後、江鬮は一二月二八日に佐藤に報告しているが、このとき、「先方には訪中前発言はなかなかむつかしい。訪中時の共同声明で明らかにしようと伝えたところ、その線で訪中準備を急ごうということになった」と伝えている。すると、佐藤は「鳩山訪ソ時の共同平和宣言のようなものがよい」と答えている〔★2〕。

これらのやりとりは、復交三原則のうち、「③日華平和条約の破棄」をめぐる対処のあり方について話しているものと思われる。日華平和条約について、佐藤の訪中前に破棄を発言すれば、中国側は佐藤を受け入れやすくなるが、自民党内の台湾派はじめ、日本国内の台湾を支持する人々が大きく反発する。そこで訪中している間に共同声明で日華平和条約の破棄を明らかにしようと江鬮が中国側に提案し、その線で訪中準備を急ごうということになった、というのである。

これに対して、佐藤が望んだ「鳩山訪ソ時の共同平和宣言」というのは、一九五六（昭和三一）年、鳩山一郎（一八八三～一九五九）総理が日ソ共同宣言に向けた交渉を始める際、北方領土問題を解決してからではなく、まず国交正常化を先行させ、平和条約締結後にソ連が歯舞群島と色丹島を日本に譲渡するという前提で、改めて平和条約の交渉を実施するという合意がなされたことを示唆したものだろう。

このように、「日華平和条約の破棄」という前提条件をクリアしてから交渉を始めるのか（〝入口論〟）、交渉を始めてから前提条件をクリアするのか（〝出口論〟）をめぐって、日中の間で探りあいが続くのだが、公式には中国側は〝入口論〟を堅持しつつも、江𩥆の報告によれば、〝出口論〟でも良いとの感触を得たことになる。

実際、田中角栄による国交正常化交渉においては、日中共同声明が発表されると同時に、日華平和条約は自動失効するという声明を大平正芳外相が行った。まさに〝出口論〟が実現したのである。まずは交渉を先行させたいという意思を佐藤は示し、それを江𩥆が中国側に伝えて、内々の合意を得たということになる。

このとき、佐藤は台湾独立運動について懸念を示し、次のような発言を行っている。

①絶対に独立運動に手をかしてはいけない。
②もし、独立するようなことがあれば、ソ連の勢力が出て来る惧れがある。

中国が独立運動推進者としてあげているのは、谷正光（こくせいこう）〔谷正綱の誤記〕、カオーキン〔何応欽〕、張群（ちょうぐん）の三人だがもっとも憎んでいるは谷のようだ。〔★3〕

★1　「西垣メモ」一九七一年一一月二八日。
★2　「西垣メモ」一九七一年一二月二八日。
★3　同前。

日本の台湾支持派のなかには、いずれ日本が日華平和条約を破棄するにあたって、台湾の独立を進めようとする動きがあった。しかし、その状況は、中国と対立しているソ連がこの地域に入り込む隙を与えかねないことを警戒しているのである。佐藤は台湾への対処を間違えると重大事につながることを自覚しながら、日華平和条約の破棄のタイミングをはかっていた。

一九七二年二月六日　江鬮の報告

新年に入ると、江鬮から前向きな報告が次々ともたらされる。一月八日の「西垣昭日記」には、「昼は江鬮さんとざくろ［★4］で会食。北京から外相代理の徐以新（じょいしん）が香港に来て江鬮構想ＯＫということになり、二月には予定通り佐藤・今井の三人で北京入りする由」とある。徐以新は外交副部長であり、外交部のナンバー2である。〝江鬮構想〟とは、「訪中時の日華平和条約の破棄」ということか。

一月一四日には、佐藤の日記に、「香港から江鬮真比古君が帰国し中国の模様を話して帰る。来月中には佐藤一郎君を使に出せそうに報告をうける。果たして然るか」と、一一月に江鬮と一緒に香港に行った佐藤一郎が、本格的に使者となる可能性について触れている。

二月六日午後、江鬮は佐藤と一時間ほど面会している。そのときに撮影されたのが、手記に掲載され、西垣氏や竹内昦も持っていた、あの佐藤、江鬮、西垣氏が写っている写真だ。この日は日曜日であり、公邸の応接室で、佐藤は普段着で江鬮と会っている。撮影は、江鬮の秘書役という角田忠志によるものだった。

数ある江鬮と佐藤の面会のなかでこの日唯一写真が撮られたのは、この頃の交渉がうまく行っていたことを示すものだと思われる。佐藤の日記には、「江鬮真比古君と会ふ。この人は会ふ度が重なると面白い人だ」とあり［★5］、同席した西垣氏の日記には、「どうもかなり昔からの知己というのも嘘ではなさそうな感じがした。単身中国に入り、周恩来に会うということで、餞別を二百万円渡された」とある［★6］。

翌日の西垣氏のメモには、このときの江鬮の報告が詳細に記されている［★7］。

江鬮は、「黄志文と二人で行く。早ければ早いほどよい」と、黄志文（こうしぶん）との恐らく北京行きを伝えている。そして、「先方が訪中歓迎したら特別声明して下さい」と佐藤に希望を伝えると、佐藤は、「承知、たゞ、4月以降になる」と答えている。

「特別声明」とは何か。復交三原則のうち、「③日華条約の破棄」以外の「①中華人民共和国は、中国を代表する唯一の政府であること」「②台湾は中国の不可分の領土であること」について声明

★4　東京・赤坂の料理店。江鬮が林出賢次郎を何度も招いて食事をしている。
★5　『佐藤榮作日記』一九七二年二月六日。
★6　「西垣昭日記」一九七二年二月六日。
★7　以下の報告内容は、「西垣メモ」（一九七二年二月七日）による。

を出すということか。そうだとすると、佐藤は承知しつつも、時期は四月以降と考えていたことになる。これは、アメリカとの間で行われる沖縄返還協定の批准書の交換が三月一五日を予定しているなど、沖縄についての懸案がまだ残っており、四月に入ってすべて払拭してから、日中の交渉を本格的に政治日程に挙げようと考えていたのかもしれない。

また、佐藤は、「ニクソンが出て行っても、直ちに米中国交回復するとは思えない」と、その月の二一日に予定されていたニクソン訪中について懐疑的な見方を示しつつ、「ニクソンが行くのだから悪口を云わないで結果を待とう。日本は米と違い、国連中心主義で行く。もう勝負はあった」と江鬮に語っている。「国連中心主義」とは、中国が国連に加盟した時点で、佐藤自身が認めた復交三原則の①と②を具体的に指しているのではないか［★8］。

ちなみに、江鬮はこのとき、「台湾については、特別自治省―蔣経国主席―までは、ぎりぎり、みとめる」と伝えているが、これについては佐藤は答えていない。あくまで江鬮の案を聞き置くという姿勢なのかもしれない。

経済交流にも言及――使者として浮上した西園寺公一

このときの江鬮の報告には、国交正常化後に期待される経済交流についての話も出ている。江鬮は財界訪中団の人選について触れ、「総理―堀田間で決めて欲しい」と伝えている。西垣氏によれば、「堀田」とは、堀田庄三（一八九九〜一九九〇）住友銀行会長である。また、覚書貿易が行われている広州交易会について、「富士とコンピュータ契約、無能力だからNEC（住友系）へ話して欲しい」と佐藤に伝えている。「富士」とは富士通のことであろうから、住友系のNECへの乗り換えを促している。今後、日中間の経済活動が活発になるうえで、住友系を重視しているように見える［★9］。

江鬮の発言に対し、佐藤は、「中国と仲良くしたいときに、誤解を招くようなことはしていない。Ex. P.ライン」と答えている。「P.ライン」とは、次に続く話題が「ロシアの油田枯渇の問題　法眼さんも同意」とあるので、Pとは petroleum ＝石油のことではないかと思われる。「ロシアの油田」

★8　一九七二年一月六日、佐藤はニクソンとのサンクレメンテでの首脳会談で、中国に対する日米の姿勢の違いを指摘している。「今や国連であぁいう決議が成立したので、日本としては北京と話を付ける外はないが北京が聞かない。その場合台湾との関係を直ちに断ち切るということではない。蔣介石も毛沢東も一つの中国と言っているので、中国の内政問題として処理してもらう外はない。日華平和条約は破棄できないが、これは北京との国交正常化の過程においてその在り方がきまると思う。日本は二つの中国という政策をとらない。台湾の独立に反対である。独立すればソ連が来るかもしれぬ。今回うかがった米華条約を守り続けることによって、中華民国が中国の代表ということを押し通すと言うことは一つのフィクションであり、中国が二つであるという結果に通ずるのではないか。言い換えれば、これは分裂国家をありのまま認めることになるのではないか。そこで台湾の帰属の問題についてであるが、これに関しては、日本はポツダム宣言受諾により、これを云々する立場にないが、これらの経緯からして、台湾が中国に帰属することに反対を唱えるものではない。日本としてはIMF、世銀における台湾の地位を確保すべきと考える」（『楠田實資料』J‐11‐31、『楠田實日記――佐藤栄作の総理首席秘書官の二〇〇〇日』中央公論新社、二〇〇一年、八一六頁）。

とは、三月二日の「西垣メモ」のなかに、「チュメニより大慶油田」という江鬮の発言があるから、チュメニ油田のことだろう。

恐らく、佐藤は、「中国と仲良くしたいときに、誤解を招くようなことはしていない」例（Ex=Example）として、石油ラインのことを挙げ、具体的には、中国が大慶油田の開発を望んでいるなかで、枯渇が問題となっているソ連のチュメニ油田の開発に住友系が乗り出すようなことはしていない、ということを言っていたのではないか。佐藤はやはり三月二日の「西垣メモ」で、「中ソをケン制していうようなヒキョウな行き方はよくない」といっている。中ソ対立のなか、ソ連だけに肩入れせず、中国に配慮した姿勢がうかがえる。

また、「法眼さんも同意」とあるので、江鬮はこうした情報を、法眼晋作外務審議官にも内密に伝えていたのだろう。

今後の中国との経済関係を視野に入れたなかで、住友系を重視する江鬮に対し、佐藤は「住友家と西園寺は近い。会って話は聞いているはず」と発言している。「西園寺」とは、早くから中共を支持し、その庇護の下、北京に長年住んだ後、一九七〇年に帰国した西園寺公一（一九〇六〜一九九三）である。西園寺と住友家は縁戚関係にあり、佐藤は、経済関係で今後重要な役割を演じるであろう堀田庄三を通じて、中国との関係の深い西園寺にも協力を要請しようとしたようである。

この一〇日後の二月一六日には、佐藤は堀田庄三をよび出して中国行きを勧めるとともに、西園寺公一に内密で会う機会を作ることを要請している。二九日には、「住友の堀田君から西園寺公一君との連絡の模様をきく。その内時間をとって西園寺公一君と会ふことにしよう。考へ方によってはい丶連絡係か」と書いている〔★10〕。

元フランス首相が伝える中国側の本音

この時期、佐藤は江鬮以外にも様々なルートから中国側の真意を探っていた。

佐藤総理の首席秘書官・楠田實が遺した資料のなかに、当時中国を訪れたピエール・マンデス＝フランス（一九〇七～一九八二）元フランス首相の見解を記録した文書がある。「マンデス・フランス仏元首相の訪中印象」〔★11〕と題する、同首相と二月一日に面会した駐仏大使による報告である。

★9　江鬮の住友系を重視する姿勢に関連して、この一〇日後の『佐藤榮作日記』（一九七二年二月一六日）に気になる記述がある。そこには「当方から住友の堀田〔庄三〕会長をよび出して中共行きを進〔勧〕める。又江鬮真比古君の使者が五千万円出してくれと云ってきたが簡単にすぐ引きこめた、一寸解せないと云ふ」とある。「当方から」、つまり「佐藤から」という書き出しなので、二人の会話だと考えれば、「一寸解せないと云」ったのは、堀田庄三だと思われる。「又」は副詞の「再び」の意味であり、江鬮の使者が複数回、堀田庄三に対し、中国に関連してカネを要望していたことになる。住友系を優遇する代わりに、カネを無心できると江鬮の使者（角田忠志か？）が考えたのか、江鬮自身の要望なのか、不明である。江鬮の行動がカネ目あてと疑われる根拠の一つだが、江鬮は佐藤からたびたび活動資金を受けているため、これは「使者」による単独行動かもしれない。

★10　『佐藤榮作日記』一九七二年二月一六日、二九日。この後の日記を読む限り、結局、西園寺公一を中国への使者に立てることは実現しなかったようである。

佐藤が前の年の暮れ、これから北京に行くというマンデス＝フランスと会談した際、「万一佐藤の話が出た際は、日本も中国との国交の正常化は強く望んでいたと伝へて下さい」〔★12〕と佐藤は伝えていた。フランスは一九六四年に中国との国交を樹立しており、マンデス＝フランスは第一次インドシナ戦争を終結させた際、周恩来にも会っている。佐藤はマンデス＝フランスを通じて、中国側の日本との国交回復に向けた姿勢を探ろうとしたのである。

マンデス＝フランスによれば、中国側は、「交代が予想される現内閣」との「話し合いには興味がない」という。「内閣交代があれば少なくも2年間は政権が安定し、durableな〔しっかりした〕交渉相手となるので」、「内閣交代を待ちたい」。「たとえ佐藤氏が再び政権を担当したとしても」、「話し合いに入れる」というのである。

中国は、表向きは佐藤を反動政権と呼んでいた。しかし、だから交渉ができないのではなく、安定的に交渉ができるのであれば、佐藤政権とも交渉ができるといっているのである。また、マンデス＝フランスの次の発言は重要である。

周恩来は、同条約〔日華平和条約〕の破棄が日中国交正常化の前提条件である旨訪中したある日本人（自分が訪日中に会った1人）に対して述べたと聞いているが、自分に対してはそういう事は言わなかった。

中国側の日華条約に対する考え方は、元来これは無効であるが、その破棄は日中国交正常化

交渉の前提条件とは考えていないというところが真意ではないかと思う。［★13］

長年、楠田實資料を整理・分析している和田純神田外語大学教授は、この資料から、中国も日中国交回復を急いでいたのではないかと見ている。そして、「中国側の日華条約に対する考え方は、元来これは無効であるが、その破棄は、日中国交正常化交渉の前提条件とは考えていない」というところから、〝中国は意外にそこは柔軟ではないか〟という感触を佐藤たちは受け取ったのではないかと考えている。

当時、西垣氏も、佐藤の指示で、マンデス＝フランスの記録を江鸝に見せたと日記に残している［★14］。

私は総理に云われ、マンデスフランスが昨秋中国に行った時の記録を見せる。その中にある中国は、日本の安定政権と交渉を進める希望のあること、台湾＝日華条約の破棄は交渉開始の条件ではなく、交渉の過程で解決出来るという観測には、江鸝氏も賛成の由。

★11　『楠田實資料』G–1–70。
★12　『佐藤榮作日記』一九七一年一二月一五日。
★13　『楠田實資料』G–1–70。
★14　「西垣昭日記」一九七二年二月九日。

周恩来が国交回復に必要だと唱えた、「復交三原則」のうち、「③日華平和条約の破棄」については、事前に実現していなくてもいいという妥協点が見えていたことになる。こうしたことから、和田教授は、江鬮による一年間の交渉は、いわば中国側との事前のすりあわせであり、予備交渉に近いものだったと考えてもおかしくないと見ている。

毎日新聞記者・近藤仁志の手紙

『楠田實資料』のなかには、もう一つ興味深い資料がある。近藤仁志という人物が、一九七二年一月からおよそ一ヶ月、中国を旅行した際に政府要人と会い、その感触を佐藤に直接伝えたものである。ここにも、中国側の日本との国交回復を望む意思がうかがえる。

佐藤総理へ
中国を見聞した記者というより一個人としてご報告します。
〈中略〉
一月二日から二月六日まで三十六日間、中国各地を旅し、中日友好協会、中国外交部の人々とも日中復交問題について率直かつ大胆に何回も話し合いました。結論は次のように表現できます。

一、中国は日中復交について政府間交渉を強く希望している。

一、日本国内で言われていることと違って、中国側は佐藤内閣と交渉する余地は十分のこしている。

一、その条件は、佐藤内閣が北京政府と交渉する意欲をもっているアカシ（行動）を一つでも示すことである。

一、具体的に表現すると「佐藤総理は国会で前向きの答弁をするが、政策執行面は台湾の積極的擁護だけである。我々と交渉するアカシを一つもみせてくれないのでサインを送ることさえ不可能だ」という。

一、日中国交回復の条件は唯一つである。それは「台湾問題についてハラを決めてほしい。つまり、台湾に対する〝認識〟を明示してもらえれば、実際の話合いは弾力的にすゝめる」という。

一、日台条約の廃棄が復交交渉の前提か否かのいわゆる「入口」「出口」論は外交技術面に近い問題で重要ではない。

〈後略〉

一九七二年三月吉日　近藤仁志（傍線は筆者）［★15］

近藤仁志とは、毎日新聞政治部記者だった。連絡先を探していたが、ようやくわかった時点で、近藤氏は不慮の怪我のため入院されており、会うこともかなわないまま、二〇一八年二月に逝去されてしまった。妻の和子さんによると、当時、近藤氏は、土井たか子（一九二八～二〇一四）ら社会党の一年生議員たちの訪中団に随行したらしい。帰国後、近藤氏は、周恩来が粗末な服でも気にせず着ていたことに感心し、次男・「周作」氏の名前は、周恩来から取ったという。周作氏によると、父親に病室で佐藤宛の手紙が楠田實の遺品から見つかったことを話すと、ニッコリ笑って頷いていたそうである。近藤氏の中国訪問も、佐藤が中国の意図を探るために使った、一つのルートだったといえるかもしれない。

★15 神田外語大学和田純研究室所蔵。

第七章 次期政権をめぐる政局——親書をためらう佐藤

一九七二年二月二一日。交渉を加速させる動きがあった。ニクソン大統領が中国を訪問したのである。二七日には「上海コミュニケ」と呼ばれる共同声明がうたわれ、中国とアメリカは国交正常化に向けて踏み出すことになった。

このときアメリカ側は、すべての中国人が中国は一つであり、台湾は中国の一部であると考えていることを「認識（acknowledge）」し、「この立場に異議を申し立てない」こと、台湾からすべての武力と軍事施設を撤去する最終目標を確認し、この地域の緊張緩和に応じて台湾におけるその武力と軍事施設を漸減することを声明した。これは、朝鮮戦争以来アメリカが一貫して取ってきた中国封じ込め政策の転換を意味した。

佐藤の国会発言——ついに認めた〝三原則〟

これを受けて、佐藤も国会で、今後の中国に対する方針について、大きな転換を見せた。一九七二年二月二八日に、国会で重大な発言を行ったのである。

台湾はやはり中国の一部だ、こういうことになるのではないかと、私はかように理解しております。

ただいま国連において中華人民共和国が中国を代表する政権といわれております。さような立場に立って台湾の帰属を考える場合に、これまた文句の余地はない。中華人民共和国そのものだと、かように考えてしかるべきではないか、かように思っております。〔★1〕

周恩来が提示した復交三原則のうち、二つまでを公式に認めたのである。これで交渉を実質的に阻むものはなくなった。三日後の三月二日、佐藤は江鬮（えぐち）と会い、今後の交渉の進め方について話した。佐藤が五時半にホテル・オークラに理髪に行っている間に、西垣氏は江鬮を秘かに公邸に招き、会談は六時四〇分から夜八時まで、約一時間半にわたったという〔★2〕。

江鬮は、以下のように報告した。

---

① 香港小組との会談は、すでに役割を果した〔赤鉛筆で波線〕という認識の下に、今後国交正常化の交渉は、香港・北京・合同委との交渉に移す。

② さらに、総理の訪中を実現するため、総理から周総理にあて手紙を出し、佐藤政権と国交

正常化交渉を行なうことについて先方の確認を求める。
③　このため、江鬮が、3／15～20の間に、総理の手紙を持って北京に行く。北京には、黄志文が同行する。［★3］

佐藤は、この線で進めるよう指示をした。以下は、佐藤の言葉である。

確認書で行こう。
とに角まず会って、国交の正常化をやろうという話にし後のことは交渉で行く。台湾と日華条約だけは決めなければならない。［★4］

佐藤はこのとき、周恩来に改めて親書を送ることを決断した。佐藤の自民党総裁の任期は、この年の一〇月までだった。早期退陣の噂も出るなか、任期中に訪中できるかが問題だった。西垣氏は、次の佐藤の言葉も書き留めている。

★1　衆議院予算委員会、一九七二年二月二八日、矢野絢也（公明）の質問に対する答弁。
★2　「西垣メモ別冊」一九七二年三月二日。
★3　同前。
★4　「西垣メモ」一九七二年三月二日。

> 最後に、人に知られないように〔江鬮が〕帰れるよう私が、官邸までチェックに行っている間に、総理から、俺ももう長くはないから急ぐようにとの話があった由。どう解釈すべきか。私としては、総理の抱負を実現するまで、頑張ってもらいたいと思う。〔★5〕

福田との方針の違いが露呈

しかし、確認書を送ろうとする佐藤に対して、この流れを変える事態が起きた。二月二八日の佐藤の発言について、福田赳夫外相は、同じ日の国会の場で佐々木良作議員から、「佐藤の発言と異なる」と追及を受けたのである。台湾が中国に帰属するなら、台湾は安保条約にいう〝極東〟の範囲ではなくなり、安保条約に基づいて日本の基地から台湾防衛のために米軍機が発進することはなくなるのではないかという佐々木の質問に対し、福田は、台湾海峡と台湾島が安保条約の対象地域であることに何ら変更はないと答えたのである。

佐々木が、「現状におきましては、台湾は中国の領土であることを認めてはおられないわけか」「せっかく総理自身がすらっとした姿勢を示されようとしておるときに、どうしてそうこだわられるのですか」と問うと、福田は、「日中間に国交が正常化された、台湾島もほんとうにわが国の立場として中国の一環となったということになれば、話は違います。しかし今日この時点でそういう状態じゃございませんです」と、〝中国は一つであり、中華人民共和国は中国を代表する唯一の政府〟という点は認めても、〝台湾は中国に帰属する〟という点を認めようとしない。佐々木は佐藤総理と福田外相の答弁が異なるとして、政府の統一見解を求めた。

この状況について、西垣氏の当日の日記にも、「総理が台湾の帰属問題について、実質的に極めて前向きの答弁をされ、福田外相の答弁とや、ニュアンスを異にしたのが印象的であった」と記されている［★6］。

一週間後の三月六日、福田外相によって政府の統一見解が国会で読み上げられた。

わが国は、サンフランシスコ平和条約により、台湾に対する一切の権利、権原を放棄しているのでありますから、台湾の帰属については発言する立場にはありません。

しかしながら、「台湾が中華人民共和国の領土である」との中華人民共和国政府の主張は、従来の経緯、国連において中華人民共和国政府が中国を代表することとなったこと等から、十分理解し得るところであります。（傍線筆者）［★7］

★5　「西垣メモ別冊」一九七二年三月二日。
★6　「西垣昭日記」一九七二年二月二八日。

福田赳夫（左）と田中角栄。1972年6月19日〔共同通信社提供〕

野党は、佐藤の答弁から後退したと攻撃したが、西垣氏がこの日の日記のなかで「野党も前向きの総理答弁を攻撃して、政府が後退して発言自体を取り消されたのでは困るという考え方なので、この問題は一応一段落するものと思われる」と書くように〔★8〕、事態は沈静化した。

このとき、総理後継をめぐる争いは始まっていた。佐藤の後継といわれていた福田赳夫には、台湾を支持する立場から、佐藤の発言によって次の政権が縛られることを避ける狙いがあったといわれる。福田を追い上げていたのが田中角栄だった。次の総理の課題が国交正常化にあると判断し、交渉に前向きな議員の支持を急速に集めていた。

辞任の意向を示す――書簡をためらう佐藤

福田による答弁の日、江鬮の秘書役という角田忠志が、周恩来宛の親書の草案を西垣氏の元に届けてきた。台湾については、「台湾は中国に返還し、中国の領土であり、中国政府が内政問題として処理解決されるべき問題である」「現在、日本は台湾と国交を保っており、この矛盾の克服が日中復交の前提であるが、私はこの矛盾の解決に努める決意である」という内容だったが〔★9〕、同月九日、車中で西垣氏は佐藤から、江鬮案のままでは出せないので、改訂するよう指示を受けた〔★10〕。

西垣氏は、江鬮の文章をエッセンスだけに直し、さらに、台湾についての表現をどうするか佐藤が迷っているので〔★11〕、一一日、台湾は中国の領土であると明記する案と、領土・主権の相互尊重などを確認した周恩来とインドのネルー総理の間で交わされた「平和五原則」の尊重をうたうことにより、言外に示す案の二つを作り、総理の手許に提出した〔★12〕。

そのときの草案と思われる文書を、西垣氏は保管していた（一五八頁参照）。

「台湾は中国の領土」に赤鉛筆で線を引き、チェックを入れ、「わが国としては、台湾独立のような企てには、絶対に加担すべきではない」という元の文章にも、「また加担してはおらない」とい

★7　衆議院予算委員会、一九七二年三月六日。
★8　「西垣昭日記」一九七二年三月六日。
★9　同前、あわせて「西垣メモ別冊」一九七二年三月六日も参照。
★10　「西垣昭日記」一九七二年三月九日、あわせて「西垣メモ別冊」一九七二年三月九日も参照。
★11　「西垣昭日記」一九七二年三月一〇日。
★12　「西垣昭日記」一九七二年三月一一日。

私の台湾問題についての考え方は、わが国
の国会でもはっきり言明したように、台湾は
中国の領土であり、わが国としては、台湾独
立のような企てには、絶対に加担すべきでは
また加担していかない
ないということであります。私は、このよう
な認識の下に、閣下との間に、日中国交正常
化のための交渉を一日も早く実現することを
心から望むものであります。閣下も御承知の
ように、このような私の考え方に対する批判
勢力も日本国内にはありますが、日中国交の

コクヨ 10×20

3

（西垣昭氏所蔵）

う赤字を付け加えている。赤鉛筆で書き込みをしたのは佐藤であり、台湾について表現が踏み込みすぎないようにしながら、中国側が評価する文言も加えようと、佐藤が神経を使っている様子がう

かがえる。

西垣氏は、江鬮から、一八日には香港に向けて出発しなければならないが、佐藤の書簡が是非必要だと催促された。しかしここに来て、佐藤の心境に変化があった。一五日、沖縄返還協定の批准書の交換が行われた後の、西垣氏の日記を引用する［★13］。

散髪への途中、書簡の話をしたら、今は出せない、もうすぐ辞めるものが出したりするのはどうか、江鬮が書簡なしで行くというなら、餞別を君から二百万円とゞけておいてくれ。江鬮の立場が困らないように、君からよく話してくれとのことだった。残念ながら、日中復交に間に合わない程早く引退することを、この三〜四日の間に決心された模様だ。

三月二日に「確認書で行こう」といった佐藤から、大きく後退している。福田による「統一見解」が示されたこの二週間の間に、次期政権をめぐる党内の情勢が慌ただしく変わってきたということか。「西垣昭日記」のなかで、佐藤が退陣を口にしたのは、これが初めてである。

西垣氏は翌日、江鬮の事務所を訪ね、佐藤のメッセージを伝えた。江鬮は、佐藤が悩んでいるの

★13　「西垣昭日記」一九七二年三月一五日。

もわかるので、佐藤の書簡なしで香港に行くが、何か相手方に保証させるものが欲しいということなのだろう、「私の江鬮氏あての私信で、先方は総理と交渉する気があるのか、訪中を認めるのかの二点の確認を求めるよう依頼し、同時に、総理は周恩来氏との会談で、台湾問題は中国の内政問題であるが、訪中時に解決するつもりであることも付云してくれとのことだった」[★14]。一六日、西垣氏はこの私信について佐藤の了解を取り、翌一七日、江鬮に渡した。西垣氏が「江鬮宛の私信」の草案を保管していた。以下の通りである。

（3月17日付）

この度は、また御苦労様です。いろ〳〵と困難のあることとは思いますが、重要な使命を無事に果されることを心から祈っております。

さて、総理の書簡が間に合わなかったことは残念ですが、出来ることなら、今回の交渉を通じ、周恩来総理閣下が佐藤総理と日中国交正常化の交渉をはじめる決意をお持ちかどうか、また、その場合、佐藤総理の四月下旬または五月上旬の訪中が実現できるかどうかについて、はっきりした確認を得ていたゞきたいと思います。

御承知のように、佐藤総理は、周恩来総理閣下との会談において、本来中国の問題である台湾問題の解決を含め、日中間の基本問題の解決に努めることを固く決意しておられます。

御旅行の平安をお祈り申し上げます。

食い違う記述――江闇の行動

このあたりのくだりについて、江闇の手記は「西垣昭日記」とかなり食い違う。一九七二年一月から三月にかけての動きを手記から引用する。

昭和四十七年一月――〈中略〉前年の十一月中旬までに持ち寄ることになっていた、国交回復の具体的諸案の検討を開始した。

その結果、日中復交に関する具体的な、

一、永久平和条約、一、文化協定、一、通商協定、一、漁業協定、一、航空協定、一、対アジア平和政策に関する日中共同についての協定――などの諸案の日本側の原案を作成し、第三回目の『親書』として周恩来総理にとどけることになった。

しかしながら、これら諸案の提示は、「香港小組」において早急に必要という連絡を受けたので、〈中略〉西垣秘書官が、総理にかわって、個人名で代理筆記したものとなった。

★14　「西垣昭日記」一九七二年三月一六日。

この、いわば第三回目の『親書』というより〝西垣書簡〟は、前述の諸案を具体的に述べ、さらに、総理の訪中実現の配慮を至急されたい旨を追記して一月二十七日付で、「香港小組」にとどけられた。

私が〝西垣書簡〟を香港にとどけ終わると、総理から、次期総裁候補の田中角栄通産相（当時）や、福田外相（同）、中曾根総務会長（同）らに、これまでの対中国工作のすべてを報告し、今後の見通し、方針を説明するよう命令された。

二月九日――私は、田中角栄通産相に報告した。説明には日本曹達の今井博社長が同席した。田中事務所で午後の五時ごろからだったと記憶している。

三月六日――私は、福田赳夫外相へくわしい報告をした。福田事務所へは小金先生が同行した。同じく三月十一日、私は、中国へ持参する福田外相の写真を受け取っている。

四月五日――私は、中曾根総務会長に報告した。

〈中略〉

そのうえ、三月下旬まで四回にわたる「香港小組」との交渉の結果、重大な情報が新たに知らされた。

前の年、一九七一年九月二十日付の周恩来総理にあてた佐藤総理の『親書』（注・第二回『親書』）が、周恩来総理のもとにとどいておらず、「香港小組」に預かりのままになっている、というのだ。

理由はいろいろあった。が、ともかく、ここまで盛り上げてきた邦交恢復交渉の局面の打開は、佐藤総理の『親書』再呈上が一番の早道という結論が出された。

三月二十九日――私は、佐藤総理を公邸にたずね率直に、『親書』の再呈上と今後の交渉方針の打ち合わせを行ない、三月三十一日には、同じく公邸にて福田外相、佐藤一郎先生らとの打ち合わせを行なった。

第四回目の佐藤総理の周恩来総理にあてた『親書』は、このような情勢下で書かれたものであった。

もちろん、再呈上される『親書』の前三月末に、佐藤総理の真情を改めてしるした私の書簡が、「香港小組」に提出されていた。

一月二七日付の西垣氏による代理筆記の書簡というものは、西垣氏の記憶にない（日記にも記述がない）。

また、この〝西垣書簡〟が存在しないにもかかわらず、その後、佐藤からこれまでの対中工作を次期総裁候補にすべて報告するよう指示があったというのも、確認できない。二月九日に、今井博同席の下、田中角栄に報告したというが、福田に政権を譲りたいと考えていたという佐藤が、極秘の交渉を田中に伝えるだろうか。

親中派として知られた田川誠一（一九一八〜二〇〇九）議員によれば、田中角栄は田川に、「佐藤総理の対中接触の意欲＝花道論として、周囲では中国との接触をあきらめていない。毛主席や周総理と直接つながるパイプがあるらしい。（私たちが笑って否定しても田中氏は眞剣にそう思っているようだった）」と語ったという[★15]。江鬮が伝えたせいなのか、それとも田中が独自で情報を入手したのかわからないが、田中は、佐藤が北京の中枢とのパイプを持っているらしいと認識している。江鬮が福田赳夫に交渉の内容を伝えた可能性は、十分あり得る。佐藤は福田を後継と考えていたというだけでなく、福田と江鬮が一緒に写った、この時期と見られる写真があるからだ。

これは、江鬮の本家筋にあたる、福島の江鬮芳治氏がもっていた写真だ。写真の書き込みから、やはり経済的支援を行っていたという遠藤悦子宛に送られたもののようである。場所は、福田の事務所か、あるいは外務大臣時代だとしたら、大臣執務室か。壁にカレンダーらしきものが掲げてあるが、それだけではわからない。この写真が、江鬮の手記の記述にある「中国へ持参する」写真だとしたら、中国側に対して、自分の背後には福田がいるということを伝えるためのものなのか。

わからないのは、中曽根への報告だ。四月五日に報告したというが、佐藤の四月八日の日記には矛盾した記述がある。

中曽根康弘君と中国問題で話し合ふ。彼も周恩来首相に書簡を送った一人。返事なしと云ふ。その内実現を見る事となるべし。意外であったのは彼が江鬮真比古君を知っておる事、並に小生が彼を使っておる事をも併せて知って居た事。江鬮君を極秘に扱ってた小生の方が間が抜け

★15　田川誠一『日中交渉秘録——田川日記〜14年の証言』毎日新聞社、一九七三年。

江鬮芳治氏が持っていた江鬮と福田赳夫の写真。場所は不明（外務大臣執務室か）

て居たのか。［★16］

中曽根に報告せよと江鬮に指示を与えた佐藤が、このように書くだろうか。江鬮の独断で中曽根に報告していたとしか思えない。この四月五日は、佐藤が周恩来への最後の親書を書いた日付であるだけに、江鬮の行動は理解しがたい。佐藤が途中で退陣しても、次期総理候補にそれぞれ交渉内容を伝えて、新政権でも中国との交渉に自分を使って欲しいという意図だったのだろうか。

最後の親書を送ることを決断する佐藤

親書送付までの経緯に戻る。江鬮は三月一八日に、西垣氏の〝私信〟を携えて香港に向かったが、二四日、同行していた角田忠志が先に帰国し、江鬮からの手紙を西垣氏の元に持ってきた。「総理の手紙がないために苦労している。先方も疑っている」という内容に、佐藤は「江鬮に早く帰ってもらえ。このまま、進ませたら気の毒」ということをいったという［★17］。二六日に江鬮も帰国、「思ったよりうまく行ったようです」と西垣氏が佐藤に報告すると、「口先だけで駄目とは云わなかったか」と佐藤は笑ったという［★18］。その五日前に西垣氏が香港からの江鬮の電話の内容を伝えたところ、「どうも台湾をはっきりさせて来いと云って来そうだ」と佐藤はいっていた［★19］ので、台湾についての〝踏み込み方〟の足りなさを佐藤は気にしていたのかもしれない。

二八日、西垣氏は江鬮から電話で、中国側は佐藤と依然交渉を進めるつもりであること、五月の訪中を歓迎するという話を聞き、佐藤に国会への車中で伝えた［★20］。しかし、この日、政権を揺るがしかねない事件が起きた。沖縄返還協定に際し、アメリカが支払うことになっていた地権者に対する土地原状回復費四〇〇万米ドルを、実際には日本政府が肩代わりするという密約の存在を、毎日新聞社政治部記者の西山太吉が、日本社会党議員に伝えた、いわゆる「西山事件」である。西垣氏が、「私は、これまでの事態の中で最も深刻のように思う」［★21］と日記に書くほどの状況だった。これまで多くの危機を乗り越えてきた佐藤政権期全体のなかでも、最大の危機ととらえたのだろう。その翌二九日、江鬮は佐藤に報告を行ったのである。

江鬮の報告は一時間半にも及んだ［★22］。「先方は、総理との国交回復交渉を望んでおり、その方針決定は変わっていない」「5月の総理訪中は中国側は受け入れることを決定している。政府間交渉は、総理訪中後の話である」「台湾問題は内政問題として、訪中時に解決するということで先方

★16 『佐藤榮作日記』一九七二年四月八日。
★17 「西垣昭日記」一九七二年三月二四日。
★18 「西垣昭日記」一九七二年三月二七日。
★19 「西垣昭日記」一九七二年三月二一日。
★20 「西垣昭日記」一九七二年三月二八日。
★21 同前。
★22 以下のやりとりは、「西垣メモ別冊」一九七二年三月二九日。

も妥協する」などという報告だった。そして、佐藤の意思を確認する文書を、四月一〇日までに持参すれば、後は準備が整っていると伝えた。

しかし、佐藤はなかなか応じなかった。「困った。折角はじめても私は途中で止めなくてはならない」「沖縄の返還、あるいは予算の成立というのが一つの時期だ」と答えたという。しかし、江鬮は食い下がる。

これに対して、江鬮さんが、折角先方が総理を相手としてやりたいと云っていること、やめられるとしても途だけは拓いていたゞきたいことを熱をこめて申し上げ、総理もよく考えてみようと云われて今日は終った。なお、後継者としては、福田さんをと考えていることをほのめかされ、たゞもっとどっしりしているとよいのだがと云っておられた。［★23］

この日の江鬮とのやりとりについて、佐藤は日記にこう綴っている。

江鬮真比古君が内密に訪ねて来る。香港の方は至極順調にいっておるとの報告。勿論今迄の経過で特に説明を要する点も多々あるが、江鬮君の努力で問題なく経過し、北京亦政府間交渉を望んでおるとの事で、当然のことではあるが干係者の努力には頭が下る。殊に江鬮君の努力は大したもの。［★24］

この後、親書の作成に向けて急展開する。四月四日、予算が衆院を通過した時点で、西垣氏は佐藤の姿に精神的ゆとりを感じたそうだが、そのときの佐藤とのやりとりが「西垣昭日記」に記されている。江䦨の書簡案が届いたらしい。

散髪への車中、江䦨氏の書簡のことを聞かれ、今日とゞいたので、公邸のお机の上にのせてあること、タイミングとしては、おくらせられないので決断の時期であることを申し上げたところ、法眼さんに見せ、外務大臣にも報告させるようにとのこと、また、これからも他の秘書官には知らせずに、私がやることを、確認された。[★25]

法眼外務審議官に見せ、福田外相にも伝えるようにという佐藤の外務省側への配慮は、今後の交渉が本格的なものになることを想定してのことだろうか。

★23　同前。
★24　『佐藤榮作日記』一九七二年三月二九日。
★25　「西垣昭日記」一九七二年四月四日。

翌五日に西垣氏は、佐藤から午後の参院予算委員会の大臣席に呼ばれ、「昨夜書簡を読んだがあれならよいと思う、ついては江鬮さんと至急に会えるようにせよ、また法眼さんには見せておくようにとの指示があった」という。

一九七二年四月五日付の親書（三〇〇頁参照）は、これまでで最も長い親書となり、周恩来が国交回復の条件として挙げた復交三原則については、「誠意と努力に於て受け入れ」と表明。そして、できるだけ早く北京を訪問し、周恩来との会談で、基本的な問題を解決したいと希望を述べていた。

しかし、「日中復交　日中永久平和確立のための前提が台湾問題にあることは十分理解しており当然のことと考えております」とあり、第二回の親書で「閣下の主宰する中国政府は全中国人民を代表する政府であり　台湾問題は内政問題であることを私は日本議会に於て宣明しましたが　私の信念であります」に比べると後退しているように見える。三月に出そうとした西垣氏代筆の「私の台湾問題についての考え方は、わが国の国会でもはっきり言明したように、台湾は中国の領土であり、わが国としては、台湾独立のような企てには、絶対に加担すべきではないまた加担してはおらないということであります」や、「本来中国の問題である台湾問題も含め」などの表現からもかなり後退した印象である。福田外相の〝統一見解〟によって打ち消されたことが影響しているのかもしれない。

西垣氏は、法眼晋作外務審議官にこの親書の草案を見せたが、法眼は意外な反応をしたという。

法眼氏はかねて江鬮氏を知っておられるようで、最初から察していた様子で、一読して結構ですと云っておられた。〔★26〕

西垣氏によれば、法眼晋作の名前は知っていても、実際に会うのはこのときが初めてで、この一回しか会っていないという。だから、これまで江鬮のことを法眼に伝える機会はなかった。一方で法眼は、江鬮からすでに交渉の内容を知らされていたかのような反応である。

次男の法眼健作氏に尋ねてみると、生前、父から江鬮の名前を聞いたことはないが、変わった人と会うのが平気だったから、江鬮を知っていたとしてもおかしくないという。また、法眼に親書を見せるよう佐藤から指示があったのは、江鬮や佐藤の独断で交渉していたわけではなく、事前に外務省にも言ってあったということになって、手続き上も問題ないということにあとでなるからだろうという見方をしていた。

法眼は西垣氏に、①会見の条件として台湾の扱いはどうなるか。②首脳会談後の事務的折衝、③日華条約の扱いの三点を質問したが、第三点については、現条約には触れずに、新たに中共と不可侵条約を結ぶことにより、事実上消滅させる方法があるという意見を述べていたという。また、福

★26 「西垣昭日記」一九七二年四月五日。

田外相にはその日の夜に伝えると語っていた。

翌六日の「西垣昭日記」は、佐藤の決断をうかがわせる緊張感のある内容なので、そのまま引用する。

○外務大臣の反響は直接わからなかったが、総理が予算委員会に入られて直ぐ、側によって耳打ちしておられたのが、それではないかと思った。その間、総理が書類から目を離さないま、応対しておられたのが印象的。私はいずれにしても総理は決心されたと見た。

○果たして、昼前、日米知事会議のレセプションのために官邸に戻った時、私の着任後はじめて秘書官室に出て来られて江藺氏の今夕の来訪時刻をたしかめておられた。

○五時に江藺氏に来てもらい、公邸で待機。予算委員会がおくれて総理が帰って来られたのは六時半頃になったが、私が筆、印を準備するため中座した時間を除き、特に報告や今後のスケジュールを聞くこともなく、また決意を示されることもなく、さっさと正副二通の書簡に署名され、私に捺印を指示された。また、餞別を三百万円。

その日の『佐藤榮作日記』には、親書を周恩来に送る心境が綴られていた。

夜は江藺真比古君と会ふ。〈中略〉これで江藺君が北京へ出かける事に果してなるや否や。これは結局かけか。

こうして、周恩来宛の親書が作られ、江䦨に託された。江䦨は一二日に香港に向けて出発した［★27］。

★27　なお、この親書には付帯文書として、タイプ用紙に約一〇ページにわたって、「諸協定の原案」「総理訪中の同行メンバー表」が添付されたと江䦨は手記に書いているが、確認できない。

第八章　膠着状態のなかで

北京の情勢の変化

佐藤の親書を届けるため、香港に渡った江鬮（えぐち）。しかし、その後の交渉は行き詰まっていた。江鬮とともに香港にいた今井博が四月一八日夜帰国、翌一九日、西垣氏に情勢を報告していた〔★1〕。北京の情勢に変化があり、江鬮は香港に待機しているということだった。今井は、情勢の変化の理由を次のように述べている。

——前回（3月）、親書さえ出れば行くところまで来ていたが、その後藤山氏、春日氏の訪中が

★1　「西垣昭日記」一九七二年四月一九日。四月一八日の香港のスタンプが押された江鬮からの西垣氏宛の葉書にも「今井氏本日帰国、委しく連絡します」とあり、「目下、曹、黄、温氏等、最後の努力をつづけています」と報告。「㊙を恐れている中国側の心境を解らぬのではありませんが、これ程とは思いませんでした」とも書いている。

訪中する三木武夫と見送りの藤山愛一郎（右）。左は三木睦子夫人（1972年4月13日、羽田空港）〔共同通信社提供〕

あり、いずれも①総理の退陣近し、②総理は台湾を捨て切れまいと云っている模様である。

　また、三木氏の訪中については、総理と会って総理の眞意を体して訪中していると見られており、周総理は江鬮氏から親書を受け取る前に三木氏の話を聞きたいと考えている。


「藤山」「三木」「春日」とは、自民党の藤山愛一郎と三木武夫、民社党の春日一幸（一九一〇〜一九八九）である。春日は三月三一日から四月一五日、藤山は三月二二日、三木は四月一三日にそれぞれ訪中している。いずれも、中国側に対して佐藤の能力や交渉姿勢を批判し、とくに藤山と三木は、中国との太いパイプがあるとアピールして、次の総理の座を狙っていた。

　西垣氏は当時の状況について、「日本からいろんなルートから向こうにもの申すと、佐藤は信用するなとか、あの政権もうすぐ倒れるからとか、今やる必要は

中国に出発する春日一幸民社党委員長（1972年3月29日、羽田空港）〔共同通信社提供〕

ないよっていうルートがものすごく入ってるんですね。そういったことがね、随分遅らせてるというふうに僕は見ているんですよ」［★2］と語っていた。

また、今井は中国側の内部にも変化が起きていることを報告している。

他方、北京では林彪系の周恩来批判勢力がかなり強く、ニクソン訪中の評価も問題とされており、日中問題に誤りがあると周恩来の命取りになりかねない。

また、王国権氏ら日本の野党に近い筋からの突き上げが強く、周総理は目下断を下しかねている模様である。

このような北京の情勢変化に、香港グループは激怒し、従来の工作は昨年10月の毛沢東主席の方

★2　西垣昭氏へのインタビュー（二〇一七年四月一七日）。

針決定に基づいて進めて来たものであるとして、毛主席に直訴している。[★3]

〝林彪系の周恩来批判勢力〟というのはよくわからない。ただ、ニクソンとの首脳会談についての評価が、北京中枢のなかで分かれており、周恩来を追い落とそうとする文革の主導グループの勢いが増していることを想像させる。また、日本の野党や自民党左派と交渉すべきと王国権（一九一〇～二〇〇四）たちが唱えていたのだとすれば、佐藤と直接交渉する香港のグループと対立した可能性もないとはいえない。当時、北京の内部でこうした対立があったのかどうかは、今後の資料の開示を俟って、検証されるべきテーマである（およそ一九六五年以降の公文書は、公文書館にあたる档案館でまだ開示されていない）。

今井は、周恩来も毛沢東の指示を待っているところであり、江鬮は内紛が続いている間は中国側の北京入りの要請を断り、二、三日香港で待機する予定であることを伝えている。

翌二〇日、西垣氏は今井博の来訪を求め、今井は直接佐藤に報告している。その場で、北京の内部対立を詳しく述べている[★4]。

周恩来の地位が不安定な理由として、陳伯達（ちんはくたつ）を失脚させたのは、周総理の謀略との見方があり、党内でも、対日国交に反対というのではないが、江青、張春橋（ちょうしゅんきょう）、姚文元（ようぶんげん）、李先念が批判的であると云われる。

陳伯達（一九〇四～一九八九）は林彪グループの主要メンバーだが、周恩来の謀略で失脚したかどうかは裏づけがほかに見つからない。佐藤はこの日の日記に、「香港から今井博君が帰国して様子を知らしてくれたが、仲々思いに任せぬらしい。結局江鬮君は帰国するらしい。北京の都合もあることで致方はない。あせらぬ事が肝要」と書いている。

江鬮は四月二二日に帰国した。二日後の二四日に、西垣氏は江鬮と会食しながら、情勢を聞き取った［★5］。

> 日中国交問題は、毛主席に専権があり、最近の動きにより2週間ほどおくれるが心配するなと香港グループが云っている由である。
>
> 4月20日に、葉剣英氏より弟の飛卿氏にtelで、佐藤総理が、一聲はっきり述べられ、ば直ちに進むと語った由。

中国では、外相が総理発言を取り消したことにより外相に対する反撥があるが、総理につい

★3　「西垣メモ別冊」一九七二年四月一九日。
★4　「西垣メモ別冊」一九七二年四月二〇日。
★5　「西垣メモ別冊」一九七二年四月二四日。

——ては悪いことは特にない。強いて云えば、総理を恐れている。

王国権グループと対立しているという香港グループは、毛沢東の判断を待って二週間程度の遅れはあるが心配するなと楽観的な見方をしているが、これは江鬮が西垣氏を安心させようという意図でいっている可能性もある。

「葉剣英氏より弟の飛卿氏」という文面から、葉飛卿（ようひきょう）は葉剣英（ようけんえい）の弟ということだが、果たしてそうなのか。佐藤が「一聲はっきり述べられ、ば直ちに進む」とは、台湾についての扱いなのだろう。本当に葉剣英の言葉かは別にして、ここは近藤仁志の手紙と一致する内容である。ただ、台湾について中国側が都合のいい発言を佐藤から引き出そうとしているようにも見える。

また、福田外相による「政府の統一見解」には不満があっても、佐藤とは交渉するといっている。これも江鬮の脚色が多少入っているかもしれない。

ただし、次の発言は訪中した三人の意図がうかがえて興味深い。

三木氏の訪中実現は、藤山氏があまりに具体的に話したのでその確認のため。三木氏は4／20 tel で松浦氏に対し、中国は現日本政府を相手と考えていると伝えている。なお、三木氏の周総理との会談は、20分と15分の2回である。

藤山、春日、三木の〔佐藤についての〕発言の共通点は、先の2点のほか、③対米従属を断てない、④対中不熱心とのことである。また、藤山氏は、「日中議連中心の連合政権構想」、春日氏は「連合政権構想」、三木氏は「自民党革新勢力中心の政権構想」を示した由。［★6］

「藤山氏があまりに具体的に話した」とは、何を話したのか。ウェブ版「人民日報」に掲載されている蕭向前（しょうこうぜん）・覚書貿易事務所中国側代表の話のなかに、そのときの藤山の発言がある。

　翌七二年春に単独で中国を再訪した藤山さんは、佐藤栄作総理の次の政局について「福田（赳夫）さん以外なら、三木（武夫）、田中、大平（正芳）さんのどなたが総理になられても、日中国交回復を実現させるでしょう」と予測して、「国交正常化のためには東京連絡事務所の強化が必要だ。早急に首席代表を赴任させてほしい」と周総理に願い出ました。［★7］

藤山は、佐藤と福田を外した形で、次期政権による国交正常化の方が見通しがあるという考えを中国側に伝えていた。これを受けて、中国側は三木にもそのことを確認しようとしたというのであ

★6　同前。
★7　「中日国交正常化30周年その三　蕭向前氏（当時・覚書貿易事務所中国側代表）に聞く正常化に向け前進、前進、前進を」（http://www.peoplechina.com.cn/maindoc/html/30year/teji-3.htm）。

る。「松浦」とは、三木派の松浦周太郎（一八九六〜一九八〇）議員のことだろう。三木が松浦に、中国が現在の佐藤政権を相手にしていると語ったかどうかは、裏づけが取れない。ただ、藤山、三木、春日とも、親中派、あるいは与野党連合、自民党左派など、中国にとって望ましい政権構想を中国側に語って、交渉相手に自分を選ぶべきだと暗に伝えている。こうした、日本のなかからのいわば〝足の引っ張りあい〟が、中国側に、今後の佐藤との交渉に再考を促したか、あるいは佐藤の交渉に批判的なグループを勢いづかせた可能性もある。

五月二日、江鬮は再び佐藤に会い、少なくとも五月中は辞めないで欲しいと伝えている。佐藤は、「こういう男だからいつ辞めるかわからないと云っておけ」［★8］といいつつ、「簡単には辞められない」「公選のばなしにしては党が分裂する」といっていたという。次期政権をにらむ党内の有力候補たちの活動が活発化し、中国との交渉を進めるうえできわどい状況だったことがうかがえる［★9］。

左翼系のルートも使っていた佐藤

興味深いことに、この時期、佐藤は江鬮とは別のルートでも中国の意図を探っていた。『佐藤榮作日記』によれば、五月五日夜、演出家の浅利慶太（一九三三〜二〇一八）を鎌倉に招いて、話を聞いている。浅利は佐藤の妻・寛子の依頼を受けて、佐藤の演説での話し方の指導をするようになり、以来、佐藤と親交があった。浅利がたのみにしたのは、北京との太いパイプを持つ、日中文化交流

右｜浅利慶太〔浅利演出事務所提供〕
左｜白土吾夫〔『日中文化交流』第725号、2006年11月15日、日中文化交流協会提供〕

協会の白土吾夫（一九二七〜二〇〇六）であった。翌日の佐藤の日記は以下の通りである。

　夜の浅利慶太君が十二時まで白土〔吾夫〕君の北京情報をしらしてくれたので、その為睡眠のチャンスを逸した感じ。ちなみに北京は三原則を承認すれば北京行も可能との事だが、当方も節を曲げるわけには行かぬとはっきり断る。暫らく模様を見る事とする。対手もなかなか強い主張だが、当方もこんな事で妥協と云ふわけには行かぬ。日中友好の事を考へれば、原則主張に終始するよりも、まづ話合って各々の立場を理解する事が真の日中友好の基礎であると思ふが、北京は如何。〔★10〕

★8　「西垣メモ」一九七二年五月二日。
★9　「西垣昭日記」一九七二年五月二日。
★10　『佐藤榮作日記』一九七二年五月六日。

北京側は佐藤に、〃復交三原則〃のうち、福田の〃統一見解〃で曖昧になった台湾の扱いを認めさせたいとしていたのだろう。「原則主張に終始するよりも、まず話合って各々の立場を理解する事が真の日中友好の基礎である」というあたりに、「日華条約の破棄」については佐藤の〃出口論〃へのこだわりがうかがえる。

白土は何度も中国を訪問するなかで、佐藤の意を中国側に伝えていた［★11］。元々白土は、西園寺公一の秘書を経た後、小学館に入り、編集者時代の一九五六年、日中文化交流協会の設立に参加、のちに事務局長となった。日本生まれ育ちで、対日工作の最高責任者である廖承志（りょうしょうし）に信頼され、その四天王と呼ばれる趙安博（ちょうあんぱく）、孫平化（そんへいか）、王暁雲（おうぎょううん）、蕭向前（しょうこうぜん）とも太いパイプを築いていた。しかし、廖承志は当時、文革で連絡が取れなくなってしまっていた。

そんななかで、白土は浅利慶太から、佐藤への協力を要請された。白土の周囲からすれば、佐藤は保守反動の政治家であり、白土は当初、かなり嫌がったという。佐藤と会うと聞いただけで、当時は左翼系の仲間から内ゲバの対象になりかねない危険があった。しかし、左右両方に対して平等に主張する古武士のような姿勢が浅利と波長が合ったのか、一九七〇年頃から親しくなったらしい。

白土が浅利から、佐藤に会うよう具体的に説得されたのは、一九七一年の三月から五月頃のことらしい。そして、六月には佐藤と会っていたのではないかという。

また、八月二五日、親中派議員である松村謙三の葬式に参加した王国権中日友好協会副会長も、白土に対し、佐藤に会ってくれと頼んだという。葬式の場では、歩み寄って挨拶しにきた佐藤に素っ気ない対応をし、ほかの親中派議員との会談を行っても、佐藤との会談を受けつけなかった王だが、白土には佐藤との仲介役を内々に頼んでいたことになる［★12］。

白土は九月二九日から一〇月一九日まで、日中文化交流協会代表団の一員として、中国を訪れた。その間、北京で周恩来に会見し、さらに会見を希望していた中日友好協会会長の廖承志にも会うことができた。その頃、文革によって廖承志は公の場に姿を現さなかったが、周恩来の計らいで、それ以上の追及を受けないよう、自宅軟禁の状態だった。当初、面会は諦めていた一行だったが、理事長の中島健蔵、副理事長の宮川寅雄と白土の三人だけが、廖承志の自宅を訪れ、面会することを許されたのである。そのとき、王国権も同行していた。そして、王国権は白土に対し、「佐藤さんの件では有り難うございます」といったという。

白土が佐藤と連絡を取っていたことを知らなかった中島健蔵から、帰路、「佐藤と会っていたのか！」といわれ、白土は戸惑ったが、中島は「お前も粋なことをやるじゃないか」といい、その場はそれで収まったという。

★11　以下の白土吾夫についての記述は、日中文化交流協会事務局の佐藤純子氏から御教示頂いた。厚く御礼申し上げます。

★12　中曽根康弘氏の一九七一年九月二日の日記には、「浅利君、白土氏との会談用意。」とあり、早い時期に中曽根も浅利・白土に会って情報収集していたことがうかがえる（中曽根康弘『天地有情』文藝春秋、一九九六年、二六四頁）。

佐藤の日記によれば、白土について最初の記述があるのは、一九七一年一〇月二九日である。

浅利［慶太］君が白土［吾夫］君と一緒に来る。内密に帰したが、白土君なるものは素性が判らないが中島健蔵君の部下であり、戦后北京と往復廿二回と云ふ。周首相とも度々あってお る。どれだけ効果ありか判らぬが懇談して帰へす。

白土が総理公邸に行くときは夜で、車のなかで身を潜めて行ったという。一対一のときもあれば、妻の寛子がお茶を入れてきたときもあった。会うようになると、佐藤は世間でいわれるただの〝反動〟ではなく、大局を見て慎重に進めようとする佐藤の人間性も垣間見えて、総理という仕事について「こんな孤独な仕事はない」とも語っていたという。

公邸には、日中文化交流協会のレターヘッドのない書類を持っていった。カーボン紙を敷いて、中国側が求める〝復交三原則〟などを含む、一〇項目ほどの条件を書いたものを持っていたこともあった。そのなかにある「台湾」の文字を、これが問題なんだといわんばかりに、「ここだ！」と指さしていたこともあったという。

佐藤と白土の間を結びつけた浅利慶太

浅利慶太氏は、本書を執筆中の二〇一八年七月一三日に惜しくも逝去されたが、二〇一五年五月、『李香蘭』の稽古の合間にインタビューに応じて頂いた〔★13〕。

〔佐藤栄作とは〕プライベートな関係が主でしたから、だからお宅のほうにうかがったの、公邸のほうにね。それでもね、守衛にいわれたんですよ、僕、あんたほどしょっちゅう来た人はいないって。（笑）そんなに来たかなって、しょっちゅう来てたじゃないですかって、確かにそうだった。だから、片っ方で劇団やりながら、そういう面では随分一生懸命お役に立ってですね、それはあまり人に話してないです。

僕は、実は学生時代は反政府的左翼だったんです。だから、左派の人とも結構友情はあったの。ことに白土さんは、いわゆる日本の単純な左翼じゃなくて中国との関係を大局的に考える人だったから、だからコミュニケーションはありました。で、白土さんを〔佐藤の元へ〕連れて行ったんです。何回も連れて行ったですね。白土さんは佐藤さんと北京をつないでくれました。

やっぱり中国のことをよくわかってらっしゃる本当に中国に深い方が総理に直接話せるところにいたほうがいいんです。そうじゃないと、やっぱり官僚のシステムを通すとね、どうして

★13　浅利慶太氏へのインタビュー（二〇一五年五月二四日）。

も形式的になりますから、中国の様子なんかもね、白土さん通じて直接聞かれたほうがいいと思ったの。

浅利氏は、白土氏のことを一度だけ文章に書いたことがある［★14］。そのなかで、佐藤が総理就任前の一九六四年五月、周恩来の側近である南漢宸と会談を行ったことについて触れている。佐藤は当初、こうした接触を足がかりに日中国交正常化を目指そうとしたが、総理就任直前の一九六四年一〇月、中国で初の核実験が行われ、文化大革命も始まったため、その後交渉に踏み出すことはしばらくなかった。そのうち、南漢宸も文革の打倒の対象となり、自殺に追い込まれた。佐藤は、南漢宸との接触が途絶えてしまった結果、悲運に落としてしまったと「心からお悔やみ申し上げ、またお詫びもしたい」と語り、その言葉が北京に伝えられると、周恩来は、「そうか、佐藤はそういって南君に詫びたのか」と目を潤ませたという。

その佐藤の言葉を周恩来に伝えたのは、白土吾夫だったのかと浅利氏に尋ねると、「多分白土さんだと思います」と語った［★15］。

周恩来さんの本音も佐藤さんに伝わったし、佐藤さんの本音も周恩来さんに伝わったと思います。白土さん、真ん中でひねる人じゃない。政治的にいじくる人じゃないんです。

つまり、やはり今、蔣介石を見捨てて北京とべたべたになるわけにいかないんだっていうのは佐藤さんの本音ですね。まあ、こういう言い方をしたかどうかは別ですよ。佐藤さんの立場としてのね、しかし中国に対して、これから中国と、日本は北京と仲よくしなきゃいけないっていう気持ちもあって、それが伝わった。

で、政権が変われば北京としては、日本のほうと非常にコミュニケーションとってやるっていう周恩来さんや北京の本音が佐藤さんに伝わった。実際、外交ってそういう前提が大事なんですね。

田中派のルートも模索していた中国

交渉が膠着状態にあった五月。水面下で新たな動きがあった。田中角栄を支持する奥田敬和（一九二七～一九九八）衆議院議員と、同じく田中派の石井一（一九三四～）議員が、江鬮の交渉相手に接触していたことがわかった。

★14　浅利慶太『時の光のなかで――劇団四季主宰者の戦後史』文藝春秋、二〇〇四年。白土吾夫と佐藤栄作に関する記述についての初出は、「第四回　佐藤栄作の日中秘密交渉」『文藝春秋』二〇〇三年七月号。

★15　佐藤が西垣氏に、江鬮の交渉を極秘にせよと命じたのは、日本国内の台湾支持勢力に漏れることを恐れただけでなく、文革のさなかの中国側にも漏れると、交渉相手が危機に陥るからだったという。佐藤は「相手に迷惑をかける」とよく口にしたというが、南漢宸の死が脳裏にあったのかもしれない。

右｜国交正常化後に訪中した石井一（石井一氏所蔵）
左｜国交正常化後に周恩来と会見した奥田敬和（奥田建氏所蔵）

アメリカのカリフォルニア大学バークレー校の東アジア図書館に、『「日中国交正常化に関する意見」集』という冊子が収められていた。作成したのは自由民主党日中国交正常化協議会。のちに田中の中国との交渉が始まったときに、自民党内の意見をまとめた冊子である。そのなかで、石井一議員が、一九七二年八月五日付で、中国側との極秘の接触について明かしていた。

> 私は、佐藤内閣の末期から、田中内閣が成立する間にかけて、同僚の奥田敬和議員とともに、香港機関である葉剣英副総理につながる中国機関と、しばしば香港で交渉をもち、非公式ながら意見を交換した。これが、田中政権成立後、ただちに中国側からの友好的な呼びかけとなり、日中国交正常化へと急速に政局が動いた一助となった

ことを自負している。

その後、黄志文（別名除水、北京中央委員）、葉道英（葉剣英副総理実弟、天津中央委員）、葉桐春（葉剣英副総理従兄、香港機関責任者）などの中国側要人とも再三会見をし、今後の日中友好関係を約しているので、交渉過程において、必要があればご指示されるよう申し添えておきます。

石井一氏の交渉相手は、葉道英（ようどうえい）という葉剣英副総理の実弟。そして、佐藤の三通目の親書を託された黄志文と称する人物と、あの葉桐春（ようとうしゅん）だった。

石井氏は、田中派議員として、中国側との交流を続けてきた。葉桐春たちとの最初の接触はどんなものだったのか尋ねた［★16］。石井氏は、同じく中国との国交正常化を早く進めるべきだと考えていた奥田敬和議員に誘われて、香港に行ったという。

日本にあまりそういう概念はありませんけど、中国では先遣隊という考え方があって、まずその下調べをするんですね。人間と人間が見合いをする前に、その前に誰かが下調べをしてか

★16　石井一氏へのインタビュー（二〇一七年五月一九日）。

らそれをやるというような、こういうのがありまして、したがってその葉剣英の軍のトップにつながる一族の人々と接触を持ってくれという要請があったわけですね。で、我々もあまり事情がわかりませんでしたが、香港まで四、五時間で飛んで行けるんですから、一日二日さえ費やしたらできるわけですから、出かけて行ったら、まあ、すごい歓待を受けましたよ、うん。そりゃ、そのときに出てきた要人がやっぱり、葉という名前の人が少なくとも二名か三名かいたし、それ以外にも軍人じゃないんですが、その軍人のトップである葉剣英、その将軍につながる系統の人々がずらっと並んでましてね、で、日本の国内の対中国に対する考え方、世論の動向というものを、まあ根掘り葉掘り関心を持って聞かれました。

これがね、料亭とか何とかじゃなくて、プライベートなハウスですけど、その立派な御殿のようなところに宴会場がありまして、で、向こうのごちそうというのはやっぱり非常に豪華なもんですよ。その部屋にしても、出てくる料理にしても、そのお皿にしても、何にしても。ああ、このこれほどのごちそうが、この世のなかにあるんだなというぐらいのすごい歓待をしてくれましたね。それから、老酒で飲むでしょう。しかし、このときはその祝いの場所というよりも、お互いに探りあいのようなところがありますから、あまり酒というよりもね、議論に花が咲いたということですね。

「葉という名前の人が少なくとも二名か三名かいた」ということは、その場に葉桐春、葉飛卿、葉道英がいたということなのだろう。葉桐春、葉飛卿は、江鸝と竹内昇が一九七二年二月に会っているが（一二二頁参照）、日本側の使者と接触するときには、いつも一緒にいたのかもしれない。しかし、石井氏に重ねて黄志文について尋ねてみたが、明確な記憶はなかった。竹内昇が持っていた写真を見せても、その後、何人も会った中国人の記憶のなかに埋没して、わからなかった。

奥田敬和の長男・建氏

　石井氏を香港に誘ったのは奥田敬和議員とわかり、奥田敬和の長男、奥田建元衆議院議員に当時の関連する記録がないか尋ねたところ、資料探しをご快諾頂いた。しばらくすると、奥田が議員になる前に記者として勤めていた地元・石川県の『北國新聞』に寄稿している記事や、当時の手帖が見つかったと連絡があり、金沢のご自宅を訪ねた。

　奥田敬和は、当時、自分に関係する新聞記事をスクラップブックに保存していた。そのなかに、奥田が『北國新聞』に寄稿した記事があった。

　田中角栄が中国に行く直前、一九七二年九月二二日の記事であり、奥田が、それまでの中国との水面下の交渉を振り返っている［★17］。最初に中国の外交ルートと接触を持ったのは二月。香港の華僑と外国通信社の関係者が、パイプ役を買って出てくれたという。奥田を田中派の対中国積極派とみての接触であったようだと分析している。奥田は、中国がポスト佐藤として田中総理の実現に賭けたと確信した。そして、江鬮が接触してきたあの人物たちの名前が出てくる。

翌三月、私は単身で香港入りし中国の葉剣英副総理に通ずるラインと話し合いの機会を得た。葉副総理の実弟である葉道英、ほかに葉桐春氏らが接触の相手だった。私たちはポスト佐藤の日中国交正常化について、あらゆる角度から率直に意見を交換し合った。

私と北京ラインとの接触はその後も続き、四月、五月と香港を訪問、五月の三回目には僚友の石井一代議士とともに中国の閣僚クラスの実力者といわれる黄志文氏と会った。この会談は実りあるものとなった。北京側が野党に提示した周三原則の建て前外交のほかに対日復交を急ぐもっと現実的な〝本音〟があることをハダで感じとったからであった。

佐藤の発言が福田によって訂正され、藤山や三木、春日らが訪中を始めた三月に、葉桐春らは奥田に会うようになっていた。そして、五月に奥田と石井は、黄志文にも会っていたのである。「周三原則の建て前外交のほかに対日復交を急ぐもっと現実的な〝本音〟」とは、復交三原則の「③日華条約の破棄」は、交渉を始めてからクリアしてもよいという、〝出口論〟の可能性を指しているのではないか。

それに続く文章は以下の通りである。

中国側はこのときすでに、日中不戦の誓いを立てることを大前提に田中訪中を歓迎する、と打ち出した。それも国交回復の手続きを大幅に省略して実現したニクソン訪中方式であってもよい、としたのである。これは台湾擁護論が根強い自民党の内部事情に理解を示した結果にほかならなかった。

この記述に対応する記録が、奥田の一九七二年の衆議院手帖に残されていた（残念ながら、接触を始めた二月、三月の記述は見あたらなかった）。手帖と当時のパスポートのスタンプから、奥田は五月四日に東京を出発、香港に到着したことがうかがえる。そして、手帖の後ろに見開き二頁にわたり、この日の記録と思われる黄志文たちの発言が書き留められていた。不明な点が多いが、重要なので全文掲載する（一九六頁）。まず手帖の見開きの左側の頁である。

★17　「ホノルルから北京へ」『北國新聞』一九七二年九月二二日。

(1) 円と元の決済
(2) 石油コンビナート建設（プラント）に協力
(3) 魚釣島（セン閣列島）の共同開発提案
(4) 石油資源開発（ボッ海湾の海底油田）

※公式論、原則論　自国の台所をばらす
　柔軟な体制　情報網の確立
※毛沢東の当番（16才から）　対アジア外交の舞台裏の責任者
　毛・周のホットライン。
※張の義父（ベトナム華僑）キッシンジャーの先導役。
　特別滞在権を交付（米）。
※劉一派の復帰　続々。
※田中政権の実現を期待（周）
※協商＝経済協力懇談会

周の呼びかけに受けて立つ　田中確約

※江口ライン　佐藤訪中企画
※木村武雄　　〃　企画——水野／黄、邸

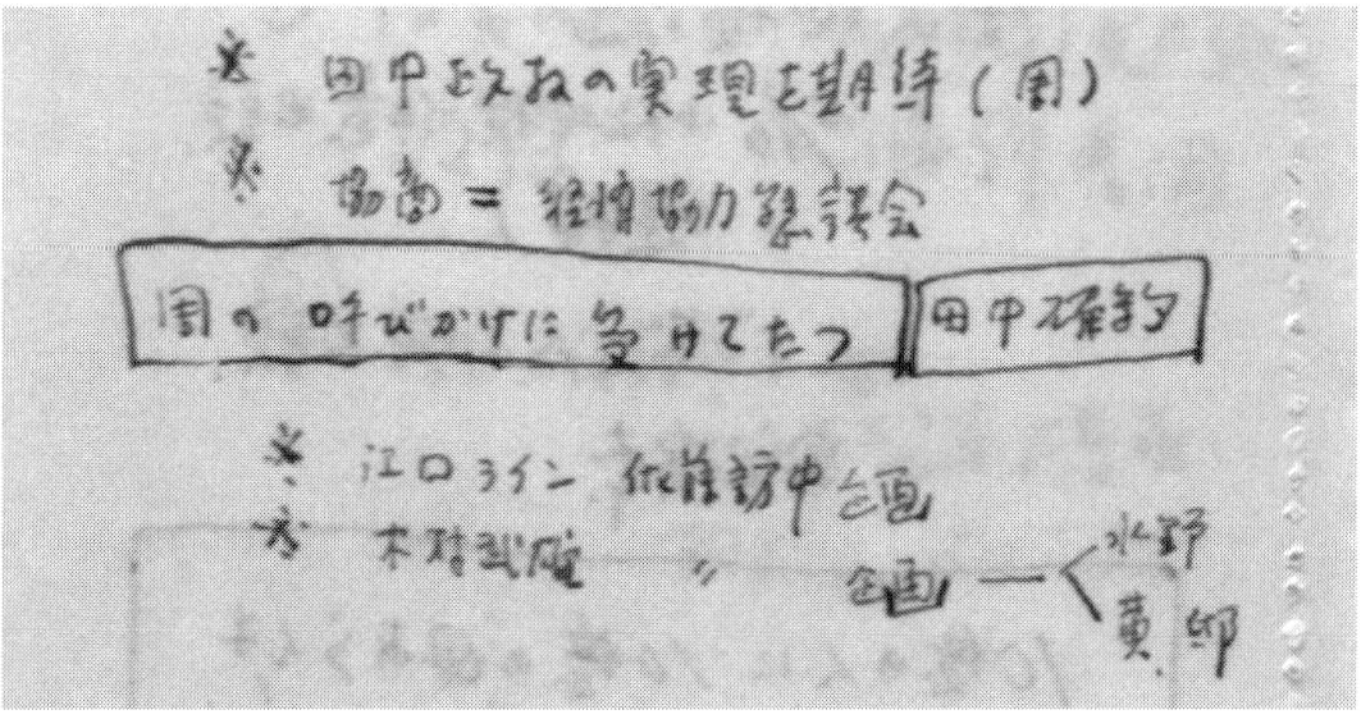

奥田敬和の衆議院手帖（昭和 47 年）のメモ

冒頭、（1）から（4）は、国交正常化後に中国側が求める経済活動のことだろう。この時点で尖閣の共同開発に言及しているところも興味深いが、当時の中国が日本との国交正常化に何を期待していたかがわかる。

次のパラグラフの「※」で記されているところで、「毛沢東の当番（16才から） 対アジア外交の舞台裏の責任者毛・周のホットライン。」とは、この話者、つまり黄志文のプロフィールであることも考えられる。奥田は「閣僚クラスの実力者」と書いているが、これが誰なのか、後で論じたい。

重要なのは、そのなかにある「田中政権の実現を期待（周）」という言葉である。「（周）」とは、周恩来だろう。そして、「周の呼びかけに受けて立つ」「田中確約」とある。田中が総理になる前の時点で、中国側は〝田中政権の実現を期待〟すると、田中派の奥田に呼びかけていたのである。新たな田中政権の下で、復交三原則に必ずしもこだわらず、まず首脳会談から始める柔軟な姿勢で交渉に臨みたいとい

宮越（清掃〔?〕—企画）　長久会

日・中の国交正常化は最重要課題である。
ポスト佐藤—田中政権—接しょくの手がかりを求めている。
国交回復を前提としてのプラン
①日・中圣済協力会議（北京）
②総理訪中の実現（戦争終結処理・反省）

Ⓐ　予備折渉をかねて北京招請（石井一、佐藤文）の可否、
　　仲介の労をとってくれるか？
Ⓑ　日・中議連族の評価。藤山、古井、川崎、田川 etc
Ⓒ　田中を佐藤亜流政権とみなすか（北京）
Ⓓ　葉桐春さんの香港における役割り。
Ⓔ　今後も連絡可能か。その方法。（情報㊙）
　　信頼出来るアンテナ。
　　水野重雄、大島仁の人物評

個人の資格

中国侵略のおわび（賠償・経済協力）
　　　　　受入れ体制
ベトナム戦争の見とおし？
航空機相互乗入れ（日航）鉄鋼、肥料、造船
COCOM 广止（田中通産相談）通商代表部設置構想
名称、メンバー　開催日時、場所
日・中圣済合同委員会（假称）

「台湾問題の解釈は中国人にゆだねる。日台條約は北京と日本政府の間で、新しい平和取決めができたとき自然解消する」

—出口論

圣済協力会議の提唱—北京の反応
政治三原則
賠償より経済建設協力へ！

う呼びかけに読める。

次の「江口ライン　佐藤訪中企画」という言葉も重要である。黄志文たちは、江鬮と交渉中の、極秘のはずの佐藤の訪中計画も、奥田に明かしていたことになる。

中国側は、佐藤退任の噂が出るなかで、田中側にも交渉先を広げつつあったのである。

手帖の見開きの右の頁は一九八頁の通りである。

「ポスト佐藤―田中政権―接しょくの手がかりを求めている。」というくだりは、田中政権での交渉を期待していることを繰り返している。そして、「「台湾問題の解釈は中国人にゆだねる。日台條約は北京と日本政府の間で、新しい平和取決めができたとき自然解消する」―出口論」と、はっきりと出口論を打ち出している。また、「賠償より経済建設協力へ！」は、中国側が具体的に日本に求めていることだろう。

この会談の五日後、田中角栄は公然と佐藤栄作に反旗を翻した。佐藤派の議員一〇二人中、八一名を引き連れて、田中派の旗揚げを行ったのである。田中が旗揚げをする一つの要素として、中国側からの働きかけも考える必要があるかもしれない。中国側は、佐藤が退陣しても次に田中と交渉を進めるべく、周到に手を打っていたのである。

第九章　極秘交渉の結末

来日していた萬熙、江徳昌——佐藤から福田へ移行準備

佐藤も最後の粘りを見せていた。五月二四日の佐藤の日記には、萬熙（まんき）、江徳昌（こうとくしょう）が来訪したことが記されている。日記には、「引続き来日中の万熙さんや黄さんと江鬮真比古君と約一時間話する」とあるが、西垣氏の記憶では、「黄さん」ではなく「江さん」の誤記ではないかということだった。

同じ日の「西垣昭日記」では、

> 九時から約一時間半、江鬮氏、江徳昌氏、萬熙氏に会われた。特に新らしい話が出た訳ではないが、北京も総理の眞意をよく理解しており、復交を願っていること、また、直接会って総理の誠意がよくわかったし、米ソの間で日本は独立国として自らの道を進もうとしていることもわかったと、江将軍の語っていたのが印象的であった。

江徳昌とは、『宝石』の江鬮の手記では「江」としか書かれていないが、交渉が終わった後の六月二九日付の「江鬮報告」では、「一貫して萬煕、江徳昌両氏が協力」とあり、萬煕とともに江鬮の交渉に協力してきた人物だとわかる。黎鳳慧氏によれば、黎蒙と並んで萬煕に協力した、人民解放軍建軍の父といわれる朱徳と親族関係にある江俊龍の一族の中心人物である。「西垣メモ」の一九七一年一二月二八日にも、わずかに「コートクショー」との記述があり、それまでの江鬮の報告にも出てきた人物なのだろう。

しかし、江徳昌についてはわからないことが多い。一九七二年二月一六日の「西垣メモ」には、ペニンシュラホテルで萬煕や竹内昇とともに江鬮が食事をした人物として登場し、そのときの写真にも姿が写っていた。「江将軍」と西垣氏が書くように、がっちりした体格で、かつては軍人だったのかもしれない。

その三日後、萬熙と江徳昌は別の人物にも会っていた。それが、竹内昇の長男・彪衛氏の元から出てきた写真（二〇二頁）でわかったのである。

左から四番目、ほぼ中央にいるのは福田赳夫である。その左にいるのは竹内昇と江鬮である。福田の右には、萬熙、江徳昌もいる。右端にいるのは法眼晋作外務次官（この月に審議官から次官になった）である。写真の裏に書かれたメモから、五月二七日、ホテル・オークラの一室で撮影されたものだとわかる［★1］。

佐藤に会った萬熙と江徳昌が、福田にも会い、そこに法眼次官がいたということは、佐藤による中国側との江鬮の交渉は、外務省も含めて福田に引き継がれる体制となっていたと思われる。佐藤は、まず自分が訪中して毛沢東、周恩来と大枠の話をし、その後は福田と外務省に事務レベルの交渉を任せようとしていたのである。国交正常化にとどまらず、日中平和条約までを時間をかけて進める考えだった。

★1　写真の裏には、「福田外相・法眼次官・萬熙・江徳昌・鄭万青　江鬮・竹内」と書いてあった。鄭万青とは「西垣メモ」四月二〇日、四月二四日に登場する鄭観成と関連する人物かもしれないが、鄭観成は当時他界しているので、比較的年の若い親族かもしれない。配席から考えると、江徳昌の右に座る人物か。あるいは、鄭成功の末裔とされる鄭万青のことかもしれない（「郑成功第十代孙很想自由行去台湾看家庙」『都市快报』二〇一二年二月一二日）。

五月二九日、西垣氏は佐藤の了解を得て、再び江鬮宛の私信の形で、今回のミッションについて、総理から命を受けていることの「確認書」を書いた〔★2〕。恐らく江鬮から請われ、四月九日の親書の〝だめ押し〟が欲しいということだったのだろう。恵比寿の中国貿易事務所の安全確保についても言及しており、佐藤の訪中に向けた準備会談のために、要人が来日した際の安全を保証するという意味と思われる。

五月三一日、萬熙と江徳昌は香港に向けて出発した。江鬮も六月三日に出発することになったが、佐藤からは餞別として二〇〇万円を渡すよう西垣氏に指示があり、さらに佐藤は、黄志文（こうしぶん）、葉桐春（ようとうしゅん）に加え、溫德華（おんとくか）という人物に向けて、名刺に「請安」と書いた〔★3〕。「請安」とは、「くれぐれもよろしく」という、中国語の挨拶である。西垣氏は餞別と一緒に、翌日、江鬮に届けた。

「既におそし」

香港に戻った江鬮は、佐藤の親書に対する中国側の回答を待ちながら、次々と情勢を報告していた。

〔六月六日の報告〕

――先方は、総理の親書を広州にて受け取ることを決定。北京行については、北京からの使者の到着待ち。

〔六月八日の報告〕

一両日中に広州に行く予定だが、場合によっては、黄志文、葉桐春と北京からの計3人が、公式に日本に来ることになるかも知れない。いずれにせよ、この2〜3日が山である。〔★4〕

六月一三日、西垣氏の日記には、この時期、辞任が取りざたされていた佐藤の姿を書き留めている〔★5〕。

総理の部屋に入ったら姿が見えない。トイレでもない。ふと気が付いたら、一人でバルコニーに出て、タイルの間から出て来た雑草の芽をむしっておられる。何とも孤独な姿に見えた。

この日、佐藤の地元・山口へ〝国帰り〟の車中、西垣氏は、事態の好転を伝える江鬮の連絡を佐

★2　「西垣メモ別冊」一九七二年五月二九日。
★3　「西垣昭日記」一九七二年六月一日。
★4　「西垣メモ別冊」一九七二年六月七日、八日。
★5　「西垣昭日記」一九七二年六月一三日。

藤に報告したところ、意外な打診をされたという。

江匾氏からはうまく行っているとの報告のほか詳細がわからないと申しあげたところ、うまく行ったらもうけものだと云っておられた。また、今井がノイローゼになったそうだな、江匾と人間が違うから、と。また、君に北京に行ってもらうかと云われるので、えっと耳をすましたところ、誰にも云ってはいけないがキッシンジャーも行くよと云っておられた。急ぐことはないとも繰り返しておられたが、時間の余裕もない。

今井博がノイローゼになるほど、香港での交渉は厳しいということや、この時期、キッシンジャーが内密に再び北京に行くことを佐藤に伝えていること（キッシンジャーが来日し、六月一〇日に佐藤と会談を行っている）など興味深いが、なかでも西垣氏に北京行きを打診するところは、佐藤の本心をどう見るべきか。「急ぐことはない」といいながらも、自分の在任中に進めたい希望もにじませている。

一五日には、二〜三日中には、先方で新聞発表の可能性もあるという江匾の報告があり、西垣氏は佐藤に伝えたところ、江匾の協力者である小金義照議員が来て、小金のところへは、難航しており、西垣氏を応援に派遣するようにいって来ているという話だった。西垣氏は、「私はお役に立つことなら何処へでも行く」と伝えたが、佐藤はもう少し様子を見ようと語ったという［★6］。

ここから先の交渉の結末については、まず江匾の手記を見てみる。

昭和四十七年六月十七日――その日、香港（ホンコン）はひどくムシ暑かった。

この日にかぎって、私と、「対日邦交恢復香港小組」との会談は、めずらしく早朝九時から始まった。いつもは、夜十時あるいは、深夜十二時ごろから開かれ、延々、翌朝まで続くのが、常だったのに……。

〈中略〉

われわれ四人は、これまで、前後四回にわたる佐藤総理から、周恩来総理へあてた『親書』と付帯文書の検討、そして、「香港小組」から出された170項目にもわたる質問に対する返答を検討のすえ、ある一つの〝合意点〟を見いだしているのだった。

合意点――すなわち「佐藤総理の八月訪中実現」である。くわしくは、①佐藤総理は、昭和四十七年八月一日、中国建軍記念日に北京を訪問、共同声明を発表する。②共同声明の発表後、三カ月～六カ月以内に、政府間交渉によって「平和条約」を締結する――という大綱であった。

――会談は、昼食を抜き、もう四時間近くもつづき、午後一時を大きくまわっていた。四人は、訪中スケジュール表を具体的に作成していたのである。……と、その瞬間、一枚のメモがとどけられた。「小組」側委員の一人は、なに気なく、メモを読み、硬い表情をつくると、あ

★6　「西垣昭日記」一九七二年六月一六日。

わただしく他の二人に、メモを読むようにうながした。一瞬の沈黙が部屋を支配した。不吉な予感が私の背筋を走った。メモは、私の目のまえに示されていた。

佐藤総理、本日、引退を表明——と、乱れた文字で書かれていた。新華社からの〝至急連絡〟であった。

〈中略〉

会談は、小休止した。〈中略〉私たち四人は、日本側の事態を相互確認するまで中断しようということになり、話題は、もっぱら、非公式の〝ポスト佐藤〟問題に終始した。

西垣昭秘書官から宿舎のネイザンホテルへ国際電話を受けたのは、その日の午後八時半だった。

「佐藤の八月訪中」で合意しようとした矢先に、佐藤の引退表明のニュースが飛び込んだというのである。実際、何が起きたのか。西垣氏の日記を元にその経緯を見てみる。

6月16日

香港から江鬮さんが早朝に電話。総理親書はすでに呈上、北京は九、十の会議で決定、十六〜十八には、返書を渡すと云っている。北京になったら、体が弱っているので一緒に行って呉れないかとのこと。総理への報告も今日中に日本に到着するというので、最後のところには触れず要点を総理に報告する。

佐藤の親書はすでに北京に渡り、九日と一〇日の会議で返書について決定、一八日までに渡すという中国側の連絡があったという。江鬮が待ち続けた中国側の返書が、ついに届くという連絡だった。

西垣氏の翌日の日記によれば、江鬮から佐藤宛の手紙も届き、その内容は昨日電話で聞いたものと同じだった。また、翌朝にも江鬮から電話があったため、西垣氏は佐藤のいる公邸の部屋に向かった。しかし、前日に通常国会が閉会していたこの日、佐藤は決意を固めていた。

6月17日

九時過ぎ着変えの最中に私室に入って報告したら、既におそしだった。すでに決心されていた総理は、残念ながらもう時間がない、こ、まで来れば自分でなくてもやれるだろうと、むしろ自分に云い聞かせておられるようだった。

佐藤はこの日、退任を表明した。これ以上、長く総理の地位に留まると、さらに求心力が低下し、福田に後を継がせられなくなる。中国との交渉は後に譲るという、佐藤の決断だった。西垣氏の日記に、そのときの模様が記されている。

十一時からの両院議員総会での総理の挨拶は、淡々と辞任の決心と党の将来について述べられたものだが、まことに立派だった。およそ半分以上の議員が涙を浮べているように思えた。引き続き、官邸での立食会、その後ＴＶで、直接国民に別りの挨拶をされたが、こゝで記者団との間でハプニングがあったのは残念だった。殊に、この機会だけは、別りの感傷を持っていたと思われるだけに残念に思う。

佐藤の退任会見と浅利慶太

最後の「ハプニング」とは、佐藤が退任会見の際、自分はテレビカメラを通じて直接国民に語りかけるから、記者に会場から出て行けといったあの騒動である。あと一歩のところまで来ていた中国との極秘交渉が挫折したことへの西垣氏の感傷とは裏腹に、その後の多くの人々が抱く佐藤のイメージ——〝最後はドタバタのうちに退陣していった、頑迷固陋な総理大臣〟——を決定づけてしまった、インパクトのある〝事件〟だった。

このときのことを、佐藤の演説指導を担当していた浅利慶太氏は、「あの事件は実は佐藤さんに責任がない。責めを負うべきは。五〇％が私、五〇％が当時の官房長官竹下登さんである」と書いたのみで、理由を語ってこなかった［★7］。どういうことか浅利氏に直接尋ねたところ、その理由を初めて明かしてくれた。望遠レンズのテレビカメラで撮っていることを、佐藤に誰も伝えなかったことが原因だという。離れたところから望遠レンズで佐藤の顔をアップで撮っているから、カメラに向かって話せば、国民に向かって直接語りかけることになるということを、浅利氏か竹下のどちらかがいえばよかったのに、浅利氏自身は撮影のリハーサルまで立ち会ったものの、当日は劇団四季の全国公演で、東京にいなかった。

僕もだから中継で見てて泡食っちゃった（笑）。竹下さん、何やってんだ、コラっていって。竹下さん、知らなかったんですね。だから、僕が悪いんでしょう。僕がこうですからっていえばいいのを、何でもしょい込んで僕がやっちゃってたもんだから、〔竹下さんとしては〕「浅利君に任せておけば〔大丈夫〕」だったんでしょう。〔でも〕僕、いなかったの、その場に。［★8］

浅利氏は、退任前の佐藤と二人きりのときの話が印象に残っているという。

★7　浅利慶太『時の光のなかで――劇団四季主宰者の戦後史』文藝春秋、二〇〇四年。初出は、「第四回　佐藤栄作の日中秘密交渉」『文藝春秋』二〇〇三年七月号。
★8　浅利慶太氏へのインタビュー（二〇一五年五月二四日）。

退任が決まったときに、もう偉過ぎて佐藤さんのところへ行ってプライベートで話する人なんていないんですよ。で、僕はもうそうじゃありませんから、それで自分は近々引くってはっきりおっしゃったときに、どうしてですかってね、申し上げたら、中国との関係も大事にしなければならないと。台湾に移っているけれども蔣介石との関係も大事なんだと。で、私が引けば、北京は次の日本の政権とコミュニケーションとって仲よくやるだろうと、このまま私がい続けないほうがいいんだと。私も長くやったし、ここでやっぱり私が引いて、次の日本の政権に、新しい北京とのコミュニケーションを持つようにつなげたいんだというふうにおっしゃったんですね。それは佐藤さんが政権を引かれる一番大きな理由だったと思います、あの時期に、もう随分長くやられましたけどね。かなり権威主義的に一本調子な人だって世間に思われてますけども、かなりデリケートな発想を持った方でしたね、佐藤栄作っていう方は。［★9］

交渉の結末

佐藤の退任表明を受けて、江鬮の交渉は、最後はどうなったのか。江鬮の手記を見てみる。

――翌十八日午後十時、「小組」との会談が再開された。

冒頭、佐藤総理にと言って一通の手紙が渡された。裏書きを見ると周総理からで、佐藤総理があてた『親書』に対する『返書』であった。

〈中略〉

周恩来総理から、佐藤総理へあてた『返書』は正、副二通であった。

〈中略〉

事態の変更があったので、正書は北京に持ち帰り、副書を佐藤総理にとどけるよう指示があり、私には口頭で、周恩来『返書』の内容が伝達された。

もちろん内容は、あまりにも非情ともいうべきことではあったが、佐藤総理と北京で会い、日中問題について話しあう――というものであった。

〈中略〉

この日、私たちの会談は夜半を過ぎても続けられた。主に、これまでの合意事項の再確認と、〝ポスト佐藤〟政権が、これらのものを引き継ぐこと。そしてそれらを前提として最後のレールの整備であった。

★9　同前。浅利慶太氏によれば総理官邸から公邸に向かう廊下の途中に、蔣介石の手による「以徳報怨」の額が飾られていたという。一九四五年八月一五日、蔣介石の「対日抗戦勝利」のラジオ放送にはこの言葉は実は使われておらず、一九五二年、日華平和条約締結の際には、日本に対し、賠償請求権を放棄するとした蔣介石の判断には、早期締結を望むアメリカからの圧力があったことが知られている。しかし蔣介石はその後、日本に恩義の印象を与えるためたびたびこの言葉を使い、日本の保守政治家をつなぎとめることにつながった。佐藤のなかに台湾に対する義理の感情があったことも否定できない。

会談は、翌十九日、二十日と続き、私が佐藤総理の六年七カ月にわたるささやかな努力の回答である一通の『返書』とともに帰国したのは六月二十一日であった。

翌二十二日早朝、私は、佐藤総理を公邸にたずねた。西垣秘書官が同席した。

香港からの『返書』が入っている密封した書類入れを渡すと、

「すまなかった……。待てるところまで待ったのだが……。が、わしがやめなければ自民党が分裂するんだよ……」

「…………」

「でもよかったではないか。われわれの努力は無駄にならないわけだから……。決まってから（日中国交回復が）話そうじゃないか」

と、佐藤総理は『返書』の入った封筒を静かに感慨ぶかげに見入っていた。

江鬮は、一八日、周恩来から佐藤への返書のうち、副書のほうを渡されたという。そして、二二日に公邸を訪ね、佐藤に副書の入った封筒を渡したという。しかし、佐藤の日記によれば、二二日に佐藤は郷里の山口に戻っており、江鬮と公邸で会うことはできない。西垣氏の日記にも、二二日に江鬮についての記述はない。

西垣氏の日記に江鬮が出て来るのは、二五日である。

6月25日
江䦨さんを鎌倉に呼ぶという話については、総理の熱が冷めてしまった。たゞ、返書が香港まで来て、彼は現物を見ていること、たゞ、十七日前の起草になるものだったため持ち帰られ、更めて総理のところへ使者が来ることになっており、総理の支持を受けた後継総理と復交交渉を行なう予定であることを報告したら、そうなれば自分が行ってもよいと云っておられた。

山口から帰郷した佐藤は、二四日から鎌倉の別荘に行っており、当初はここに江䦨を呼んで会うつもりだったらしいが、佐藤の「熱が冷めてしまった」という。江䦨は返書の現物を見ていると西垣氏に伝えていたこともわかる。ただ、それは持ち帰られ、改めて佐藤の元へ使者が来るというのである。後継総理が決まった後も、佐藤は特使として北京に行く気はあったらしい。翌二六日にも、中国から使者が来たらすぐにでも会うが、急ぐことはあるまいといっている［★10］。

二九日に、西垣氏は江䦨を訪ねている。

6月29日
江䦨さんを訪ね、なか〳〵会ってもらうチャンスがないのでリポートを書いてもらうよう依頼、

★10　「西垣昭日記」一九七二年六月二六日。

――このことを報告したら、江鬮の手紙が山のようになった、彼はよくやったと云っておられた。

佐藤はこの時点でも、「彼はよくやった」と江鬮のことを評価している。西垣氏が依頼したリポートとは、二九日付「江鬮報告」でその概要を知ることができる（巻末資料五五～五六頁参照）。三〇日、西垣氏はこれを公邸に届けたというから、原本は佐藤の元にあるのだろう［★11］。しかし、こうした一連の記録のなかに、周恩来からの返書について言及はないのである。

西垣氏は、その後も江鬮と会っている。しかし、返書のことはわからなかったという。結局、江鬮が見たというだけで、それ以上話すことはその後なかったらしい。

九ヶ月余りに及ぶ江鬮の交渉は、ここに終わりを告げたのである。

田中角栄によって日中国交正常化が実現

七月五日、自民党の臨時党大会で、総裁選が行われ、決選投票の結果、田中角栄・二八二票、福田赳夫・一九〇票となった。佐藤が後継を託そうとした福田を破り、田中角栄が自由民主党総裁に選ばれ、二日後の七月七日、田中内閣が発足する。

新内閣発足から二ヶ月余りが経った一九七二年九月二五日、総理大臣として戦後初めてとなる田中角栄の訪中が実現した。その模様は、ＮＨＫによって中継で放送された。政府専用機のタラップを降りる田中を最初に迎えたのは、周恩来国務院総理。その後に続いたのは、葉剣英軍事委員会副主席。そして、廖承志中日友好協会会長。廖はこのとき、〝外交部顧問〟という肩書きで発表された。いずれも、江鬮の密使外交の向こう側にいた大物幹部たちだった。

この日の西垣氏の日記には、田中訪中の光景を複雑な思いで見守る胸中が綴られている。

9月25日
田中総理訪中。感慨無量。見たくないという氣持ちもあったが、ニクソンと同様の演出の空港歓迎ぶりから、ほとんどの生中継を見た。昼頃江鬮氏から電話があったということで、午後電話したら自宅へ帰ったとのこと、彼もたまらなかったのだろうと想像する。

西垣氏は、その後の会談の推移も追っている。

9月27日
田中総理の訪中は順調に進んでいる模様。今日は毛沢東主席との会談も実現している。佐藤さんに行ってもらいたかった。私も行きたかった。

★11　「西垣昭日記」一九七二年六月三〇日。

9月29日
田中訪中の成果として共同声明が発表され、国交回復と、台湾との外交関係断絶が決定された。テレビで見る北京空港の歓送ぶりも凄まじく、時代の転換ということを強く感じさせられ、肌のひきしまる思いがした。

結局、日中国交正常化の共同声明が発表されると同時に、台湾との間で結ばれた日華平和条約は自動的に失効するということが、大平外相の会見で発表された。江鬮の極秘交渉のなかで最後まで懸案だった、日華平和条約の破棄については、江鬮が中国側から引き出した「交渉開始の条件ではなく、交渉の過程で破棄する」という〝出口論〟で田中も交渉を進め、実現に至ったのである。
佐藤の日記には、共同声明が発表される前日の九月二八日、「江鬮真比古君が久しぶりに来る。中国問題等話合ふ」とだけ記されている。

田中内閣発足時に来日していた？ 黄志文

日中国交正常化は、結果として、中国側が望んだ田中角栄との間で実現するに至った。その中国側の期待を裏書きするような動きが、田中内閣発足の七月七日にあった。

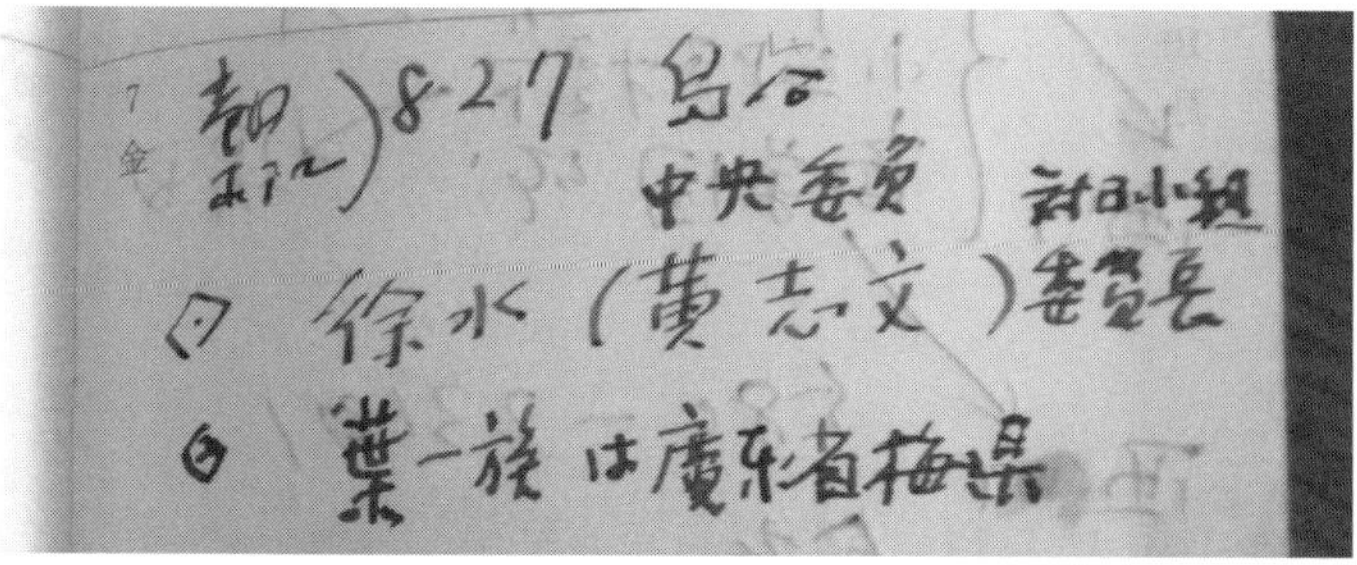

奥田敬和氏の衆議院手帖（昭和47年、奥田建氏所蔵）

田中派の奥田敬和議員の衆議院手帖の同日の記録に、そのことがうかがえる。

帝国ホテル）８２７　島＊〔蓉ないし莞か〕
中央委員　対日小組
◇徐水（黄志文）　委員長
◇葉一族は廣東省梅県

メモにはこれだけしかないが、８２７は部屋番号であり、そこに中国側の関係者がいたことをうかがわせる。冒頭の「島」のように見える文字とその隣に「谷」の下の部分だけのような文字は書き損じに見える。うっすらとその上にくさかんむりが書いてあるので、字がわからずに途中で書くのを止めたように見える。これは「莞」の字を途中でやめたものであり〔「蓉」の字に似た「莞」を混同しながら書いたか〕、「島」を「トウ」と読むとすると、「東莞」という、香港と広州の間の都市のことではないかという推理もできる。東莞出身の共産党中央委員であり、対日小組委員長である徐水、別名・黄志文がこの部屋に来ていたというメモなのではないか。

しかし、共産党中央委員に「徐水」あるいは「黄志文」という名の人物はいない。黄志文は、自らの経歴を偽って奥田に会っている可能性がある。「葉一族は広東省梅県」という記述は、葉桐春のことだろう。葉剣英と同郷であれば、広東省梅県に一族は住んでいる。五月に奥田に会った黄志文と葉桐春が、この部屋で再び奥田に会ったということか。

奥田の『北國新聞』の手記によれば、奥田は黄志文、葉桐春から北京入りを招請されていた。しかし、その後のことを次のように書いている。

> しかし七月五日の自民党総裁選で田中総裁が誕生、まもなく田中訪中が党議決定事項となり、田中総理自らが日中国交正常化に不退転の決意で臨むと声明。日中正常化は政府の公式ベースに乗ることとなった。同月十八日、四たび香港に渡った私は、北京招請を丁重に辞退する旨伝えた。［★12］

奥田のパスポートには、七月一七日に香港入国、一九日に香港出国の記録があり、確かに香港に行っている。これまで水面下で中国側と交渉を行ってきたが、もはや交渉は外務省の公式ベースとなった今、自分が北京に行くこともないと、断りに行ったのだろう。そうだとすると、七月七日の帝国ホテルでは、田中内閣発足を見届けに来た黄志文、葉桐春が、奥田の北京入りについて話し合うために、奥田と会っていたのかもしれない。ほかに記録は残されていないため、これ以上のことはわからない。

周恩来の石井一氏への言葉

国交正常化の翌年、自民党の訪中団が結成され、奥田敬和とともに香港で葉桐春、黄志文らに会った石井一氏も参加した。そのとき、周恩来に会う機会があったが、石井氏は香港で極秘交渉に自分が携わった話をしたという。

その団体での話のなかでね、私は葉剣英一族の人々と事前に香港でお会いしたりしたという話をしましたよ。それ、周恩来さんは非常に多としてね。向こうの言葉で、「老朋友（ラオポンチュウ）」とかいうて、古い友人、井戸を掘った人の恩を忘れるななんていうことわざがあるでしょう。中国人というのは古い友人の恩はいつまでも忘れないというようなことをいうんですか、そういうことをいわれましたよ。あなたは古い中国の友人だなんていわれてね。だから、それは当初は反逆児のやることなんですが、そのうちに時代が変わってくると、反逆児が正統

★12　奥田敬和「ホノルルから北京へ」『北國新聞』一九七二年九月二二日。

派に変わってしまうというようなことでしたけれども。周恩来総理は、私と直接話をしたときに、実に手をかたく握りしめてね、親密の情をあふれんばかりに示して、「謝謝、謝謝」って、感謝の言葉をいわれましたですよね。[★13]

周恩来が石井氏に対して、〃老朋友〃と呼んだのは、江鬮のルートが周恩来につながっていたことを示すもう一つの証左といえるかもしれない。文革の混乱期のなかで、香港で水面下の交渉に努力を払った石井氏の労を多としたということか。一方で、中国側が望む田中派との交渉が実現したことへの感謝の気持ちも含まれていると考えると、このときの感謝の言葉は、少し意味が変わってくるかもしれない。

★13　石井一氏へのインタビュー（二〇一七年二月九日）。

終章　残された疑問

江鬮に関わった人たちのその後――萬熙と中川太郎

日中国交正常化の後、江鬮とその周辺にいた人物たちはどうなったのかを書き留めておきたい。

まず、江鬮に中国人脈を紹介した萬熙と、萬熙を戦前から支え続けた元特務機関・中川太郎について。中川は、日中国交正常化の頃に長年住んでいた東京から長崎に戻り、五年後の一九七七年に亡くなった。「もう俺のできることは終わった」といっていたという。

「俺のできること」とは、何だったのか。中川太郎の死の直前に、萬熙とともに反共活動を行っていた江俊龍の父・江勃森（こうぼっしん）から、中川宛に書が贈られていた。中川の晩年までも江俊龍たちの宿願は、中国共産党から中国を奪還することだったのではなかったかと思う。

萬熙の息子・藤野里雄氏は、「親父は中川と腐れ縁だった」と語っていたが、そのことを偲ばせる手紙も残されていた。中川が亡くなった際、当時香港にいた萬熙から、中川の息子・輝茂宛に送られてきたお悔やみの手紙である。そこには、「東京で楽い會談に種々事業を計画実施するようと

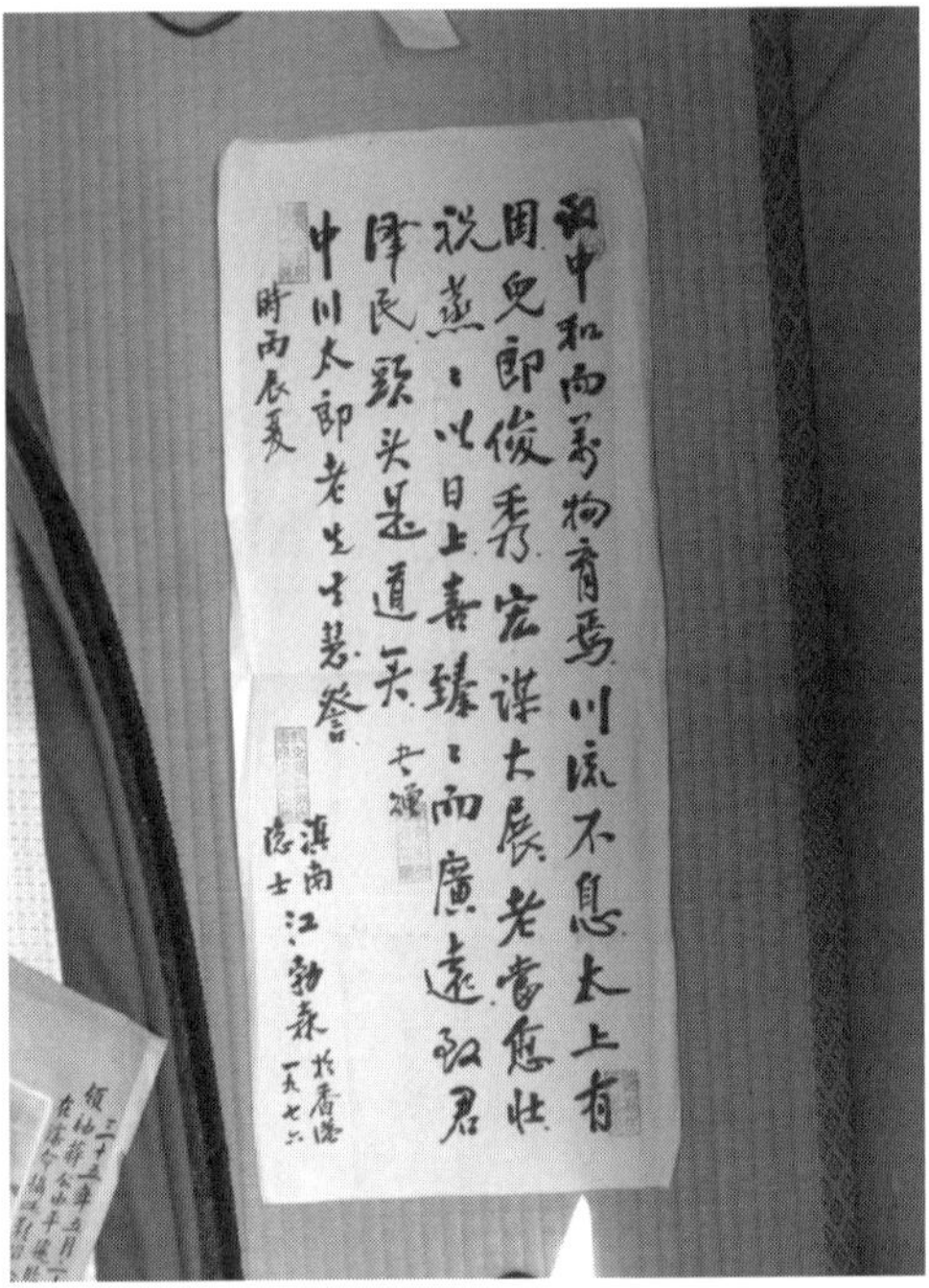
中川太郎に贈られた江俊龍の父・江勃森からの書（中川茂郎氏所蔵）

思って居りましたから実に終生遺憾でした。どうか今後世兄の御父さんの遺志を完成して努力して下さい」という文章がある。「御父さんの遺志」とは何か。そこにも反共活動、あるいは本来の中国を取り戻そうという考えがあるように思える。

萬熙との交流があり、北京の中枢とのパイプもあったと見られる黎蒙は、日中国交正常化を見る

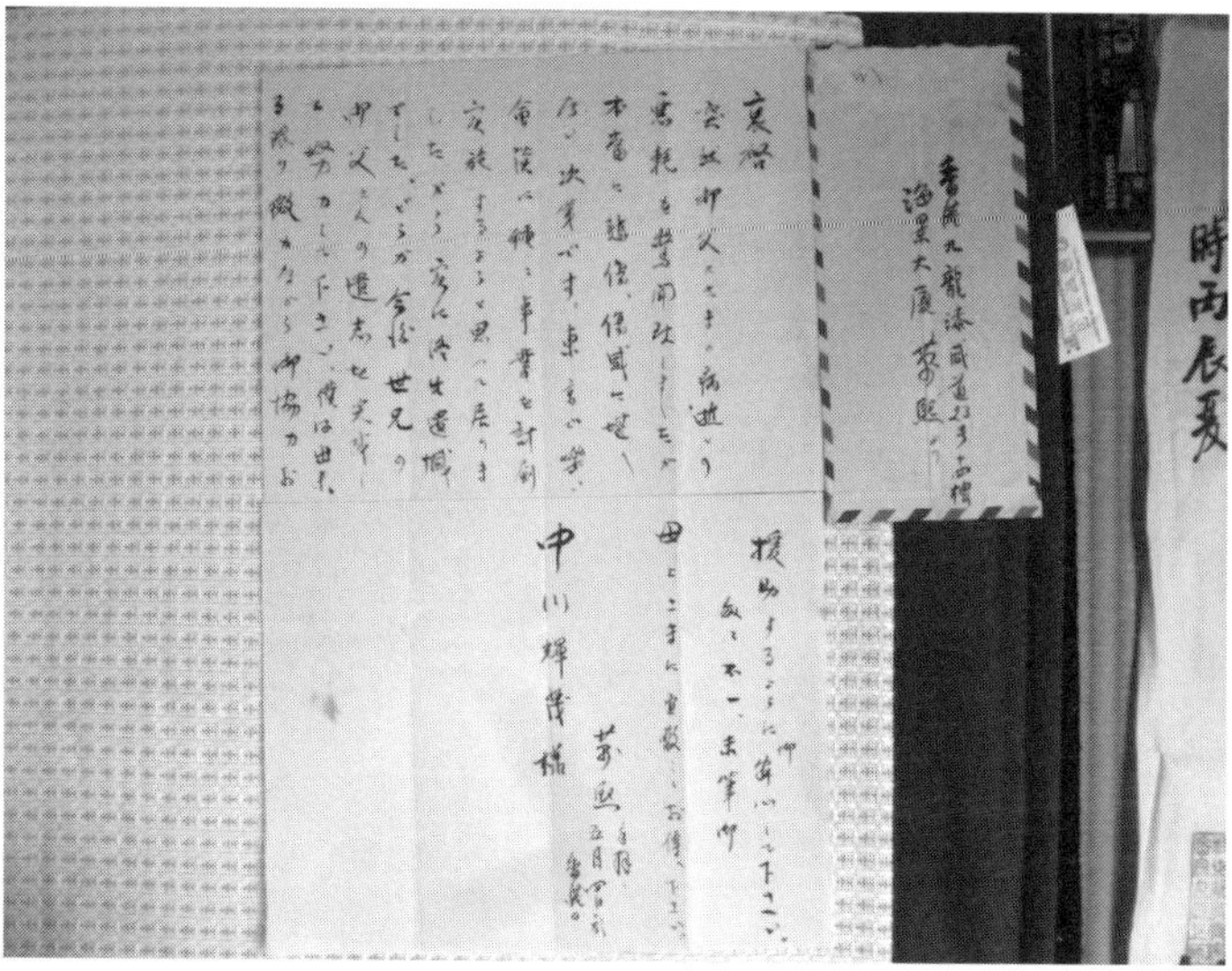

中川太郎の死を悔やむ萬煕からの手紙（中川茂郎氏所蔵）

ことなく、一九七一年一〇月に亡くなっていた。萬煕自身は、一九八六年、七六歳で亡くなったと思われる。

萬煕については、わからないことが多い。藤野幸子と出会って、里雄氏が生まれる前に、中国で別の女性とすでに結婚しており、里雄氏よりも年上の腹違いの兄がいた。萬元根といい、現在は江西省新余に住んでいる。母は龔年銑といい、二二歳のときに萬煕との間に萬元根が生まれた後、萬煕は日本に留学してしまったという。三、四年して、夏休みのときに一時帰国したことはあったらしい。日本で藤野幸子と結婚したのは、将来、日本のシンパを中国側に増やそうという、中川たち日本側の思惑だったのかもしれない。萬元根が一一歳か一二歳の頃、まだ小さい藤野里雄氏に会ったことがあるというが、それ以来連絡はない。萬元根が知る限りでは、萬熙には全部で四人の妻がいて、萬熙は故郷を離れた後、台湾に行ったのだという。しかし、萬熙は藤野里雄氏に、「台湾に行ったら牢獄に入れられてしまう」といっていたそうなので、真相は不明である［★1］。

萬元根は、その後、広大な土地を持つ地主の祖父の元に行った。藤野氏によれば、萬熙の家は大地主で、北海道ほどの土地を持っていたという。しかし、共産政権の中華人民共和国が成立して、土地は国に没収され、その後、萬元根は軍隊に入って生計を立てた。一方で萬熙は、一九八六年に心臓病を患い、恐らく香港で亡くなるまで、故郷の土地を踏むことはなかったという。一九八四年に、香港にいる萬熙の息子・萬邦傑が故郷の土地を見に来たことはあったらしい。萬熙は恐らく、故郷に帰って、置き去りにした妻・龔年銑や萬元根に会いたかったのではないか。しかし、「漢奸」のレッテルを貼られた萬熙が帰国することはかなわなかった。龔年銑は九〇歳を越えて二〇〇二年に失意のうちに亡くなったという。萬元根自身は、「漢奸」である父親のことを理由に、文化大革命のさなか、つるし上げられたこともあった。だから、萬熙とのわずかなやりとりの手紙も、燃やしてしまったという。

萬熙の香港での足取りは、萬邦傑が知っているはずだが、その所在は今もわからない。

北京に帰りたかった？　萬熙――ロスチャイルドと佐藤の会話から

萬熙についてわからないことは多いが、とくに気になるのは、「西垣メモ」一九七二年三月二日の記録である。西垣氏によれば、普通の字体が江鬮、斜体に変えた部分は佐藤の発言ということである（実際のメモでは赤字）。

- 萬氏北京復帰の条件

佐藤政権との国交回復…東京から出す。

林彪は死んでいないのか。

英・仏の一部でいろいろいうが、死んでいる。

上海華僑で銀行をやっている偉い人　ロスチャイルドが会ったそうだ。

北京に帰る人。

★1　萬熙は、いわゆる「漢奸」とみなされていたため、台湾には行けなかったのかもしれない。

「萬氏」とは、萬熙のことだろう。国交正常化が成立したら、萬熙を東京から北京に〝復帰〟させるように読める。戦前、日本軍に協力して南昌の市長となったことで、「漢奸」とみなされた萬熙が、国交正常化後には中国本土に戻りたいと希望していたということか。なぜ〝北京復帰〟なのかはわからない。

続いて、前年の九月にクーデタ未遂で死亡した林彪について、「死んでいないのか」と佐藤が尋ねている。まだ生きているのではないかという噂が、佐藤の耳に入ったのだろう。この時点では、中国政府の公式発表はまだなく、国内の情勢は外部からはうかがい知れない。江巓は、「死んでいる」と、前年一〇月に佐藤に報告したときと同じく断言している。

問題はその後である。佐藤が「ロスチャイルド」というのは、イギリスの銀行家、エドモンド・ド・ロスチャイルド（Edmund Leopold de Rothschild　一九一六〜二〇〇九）である。前年、訪中するというロスチャイルドに、佐藤はかねてから野村證券社長の奥村綱雄（一九〇三〜一九七二）を通じて、中共をどう見るかさしつかえない範囲で知らせてくれと伝えていた。そして、ロスチャイルドの手紙が、二月一二日に届いていた［★2］。その内容は、佐藤の首席秘書官・楠田實の資料からうかがえるが［★3］、その後、三月一日朝九時にもロスチャイルドを公邸に招き、共産党の様子を聞いている［★4］。その翌日に、佐藤は江巓に、ロスチャイルドが「上海華僑で銀行をやっている偉い人」に会ったと伝えているのである［★5］。

萬熙や林彪の話題とのつながりはわからないが、北京に帰りたがっている萬熙から、佐藤が似たような境遇の人物を想起したということだろうか。この上海華僑の銀行家は、ロスチャイルドと会ったのだから、恐らく中国の国外に住んでおり、次の江鬮の「北京に帰る人」という発言からも、国交正常化後には北京に戻ることを期待していた人だったかもしれない。

そもそも、ロスチャイルドがなぜ、日中国交正常化の動きのなかで登場するのだろうか。奇妙な符号だが、江鬮の関係者とロスチャイルドとの共通項がある。一九七七年、外務省の認可を受けて設立された財団法人「世界和平連合会」である。理事の一人は江鬮に協力していた今井博、資金を動かしていたのは牛場信彦（一九〇九～一九八四　国交正常化交渉時、駐米大使）だったといわれる。目的は、反共活動の支援と見られており、東京プリンスホテルでの発会式に立ち会った、ロスチャイルドの写真が残されている［★6］。江鬮の周辺には、中川や萬熙らといい、常に反共グループに属

★2　『佐藤榮作日記』一九七二年二月一二日。

★3　「ロスチャイルド氏の奥村綱雄宛書簡」『楠田實資料』G-1-68。このなかでロスチャイルドは佐藤に、「前進と後退の中間という威厳のある、しかし困難なアプローチ」を中国に対して取るよう、勧めている。拙速な交渉に注意を促しつつ、次期政権に委ねるのが良策としている。

★4　『佐藤榮作日記』一九七二年三月一日、『楠田實資料』M-1-3。

★5　エドマンド・デ・ロスチャイルド『ロスチャイルド自伝』中央公論社、一九九九年、二八九頁と二九七頁に、佐藤宛の書簡や来日の経緯について書かれているが、上海華僑の銀行家については言及がない。

★6　高野孟『M資金――知られざる地下金融の世界』日本経済新聞社、二〇〇三年。

する人物たちがおり、そのルートをたどると中国共産党にもつながっていくという、不思議な相関図が浮かび上がる。

黄志文とは何者だったのか

佐藤の親書を託され、田中内閣発足の日に来日していたと思われる黄志文とは、何者だったのか。いくつか推論をしてみる。

江鬮の報告には、中国国営の通信社である香港新華社の社長・祁烽（一九五七〜一九五九年に代理社長）の名前がたびたび登場する［★7］。新華社は通常のメディアではもちろんなく、中国共産党の情報機関としての機能を果たす。その周辺に、黄志文との関連が疑われる人物が浮かぶ。

李菊生（一九一二〜二〇〇二）。新華社の副社長を務め、文革前にインドネシア大使館の参事官も務めたことのある人物である。葉剣英の故郷、広東省梅県の出身でもある。佐藤が交渉の最終盤、名刺に「請安」と書いたのは、黄志文、葉桐春、溫德華宛だったと前述したが、その溫德華の息子・溫剣達氏が梅県の丙村に今も住んでいることがわかった。溫剣達氏によると、李菊生も丙村の出身であり、二人は親しかったという。ただ、溫德華は香港と北京の間の連絡役を務めていたらしいということまでしかわからない。「単線連絡」といい、特定の上司にしか報告しないのが、情報関係の人間のあり方ということである［★8］。家に帰って、溫剣達氏に会うことも滅多になかったため、

左から祁烽、李菊生、梁威林（『岁月留香——梁威林图片选集』中共党史出版社、2008年より）

それ以上のことはわからない［★9］。

ただ、李菊生が一九七一年から七二年の間に香港にいたという記録は見つかっていない。黄志文が李菊生を名乗っていた場合、李＝黄の拠点は広州など大陸中国にあり、交渉のときだけ香港に行くこともあったと考えれば、「西垣メモ」との整合性もつくが、わからない。

梁威林（りょういりん）。やはり新華社の社長を務め、戦前、日本に留学したこともある。香港・マカオの工作活動に従事していた。広州で晩年の梁威林氏に仕えた秘書に会うことができた。そこでさらに香港時代の秘書を紹介されたものの、電話をすると、妻が電話に出て、本人はいないと言う。妻も長年香港マカオ工作委員会に務めただけに、守秘の意識が非常に強い人のようだった［★10］。

香港での情報活動を担当していた新華社の幹部たちであれば、比較的自由に来日することができたと思われる。佐藤の親書を託された「黄志文」とは、これらの情報関係に携わる人物たちが使っていた、偽名の可能性も考えられる。三人は、香港がイギリスから中国に返還された一九九七年、その情報活動の功績を称えられ、式典に招かれていた。

また、「元インドネシア大使」という江鬮の手記から、実際にインドネシア大使を務め、その後、キッシンジャーの中国訪問を水面下で準備したフランス大使・黄鎮（こうちん）の可能性も考えた。パリと北京の間を何度も往復するなかで、香港を経由した可能性や、米中会談に関わった立場から、日中の交渉にも関与した可能性もないとはいい切れない。

しかし、黄鎮の親族に問いあわせたが、「〝黄志文〟という別名は使ったことがない」ということである。

石井一議員の手記では、黄志文の別名は「除水」、奥田敬和議員のメモでは「徐水」とあった。「除」という字は姓に使われないため、「徐」が正しく、また、名前に「水」という字を使うこともあまりないので、最も近い名前は「徐冰（じょひょう）」と考えることもできる。徐冰は中国共産党の統一戦線部長であり、周恩来に近く、広西派など、当初、共産党にも国民党にもつこうとしないグループを共産党側に取り込む活動をしていた。しかし、徐冰は、記録によれば、一九七二年三月に死去しており、五月に奥田と石井に会うことはできない。

〝葉桐春の兄弟〟＝「葉飛卿」は別人の工作員だった

江鬮の交渉相手について、さらにわかったことがあった。「西垣メモ」では、〝葉剣英の従兄弟〟

とも、あるいは〝葉桐春の兄弟〟とも記録のあった「葉飛卿」と名乗る人物がいた。実は、別人がその名を騙っていた。

この人物の長女、王依夏氏という女性に会うことができた［★11］。王氏は、江鬮、葉桐春の間に座る葉飛卿と思われる人物の写真（二三四頁）を見て、「父です」と答えた。父親は、香港に派遣された、王紀元（一九一〇～二〇〇二）という大物工作員だった。

★7　「西垣メモ」一九七二年一〇月二九日、一二月二八日。祁烽の息子に電話取材も試みたが、電話に出た人物は「番号違いだ、自分はそんなことを知らない」と取材を固く断った。

★8　梅州市共産党委員会党史研究室の元主任（室長）・廖金龍氏によれば、晩年の温徳華に聞き取り調査を行い、温氏の名義で党史研究の専門誌に記事を発表した。その内容は一九二〇年代の活動に関するものであり、六〇年代以降の香港での活動については、温氏のみならず、その時代の関係者は絶対に口にしないので、聞かなかったという。ほかにも、廖安祥（一九〇七～一九九七）という丙村出身の幹部がいて、「粤海国貨」という会社を経営しながら、外交方面の窓口を務めていたようだとの情報があった。李菊生との関連もあったらしい。廖金龍氏よると、地下活動家は単線連絡（特定の上司にしか報告せず）を徹底し、家族にも仕事の話をしないし、退職した後も、この手の話は一切口にしなかったという。

★9　広州にいる李菊生の甥・温基氏に取材したところ、黄志文、葉桐春らの名前は聞いたことがあるとのこと。しかし、李菊生の息子・李於穂氏に電話取材したところ、全面否定された。

★10　梁威林は岡田晃香港総領事が中国側の意向を探るために連絡を取った、林国才（孫文の妻・宋慶齢の外孫と名乗る人物）が語る話のなかに現れる。梁威林は林国才に、福田外相が訪中の希望を持っているということ、一九七二年一月には北京で周総理など上層部と会い、日本との国交回復の条件を聞いてきたと語ったという。真偽は定かでないが、岡田に対する揺さぶりをかけているようにも見える。岡田晃『水鳥外交秘話』一六六頁、一七〇頁。

★11　以下の内容は、王依夏氏へのインタビュー（二〇一七年九月一八日）に基づく。

江鬮（左）と葉桐春（右）の間の「葉飛卿」と名乗る人物は王紀元だった

王依夏氏にたどり着いたのは、黄志文が「元インドネシア大使」という江鬮の手記から、インドネシアとの関係を探っていたからだった。インドネシア華僑の新聞記者が、王紀元がインドネシアと関係が深いことを語っていたことから、その親族が北京にいることを知り、連絡を試みたところ、二〇一七年九月に返答があった。王依夏氏は当時、中日友好病院だった病院に入院中だったが、医師の許可が下り、面会することができた。竹内昇が持っていた写真を見せたところ、「葉飛卿」と思われていた人物を指さして、「父です」と答えたのである。「葉飛卿」という名前はまったく聞いたことがないという。ただ、竹内と江鬮が葉家で食事をしたときに撮影したと思われる同じ写真を持っているという。

父は廖承志の指示で派遣されました。き

っと交渉に参加したのでしょう。香港で他の名前を使っていたかは知りません。口の固い人でした。

王紀元は、一九二六年に共産主義青年団に参加した後、メディア関係の仕事を歴任する。戦後、インドネシアに渡り、『生活報』という新聞を創設して社長になった後、一九五一年に帰国、中国新聞社副社長、一九六三年より香港中国新聞社社長などを通じて、工作活動も行っていたと見られている。廖承志（りょうしょうし）は文革中は軟禁状態に置かれており、一九七一年後半から徐々に復帰したといわれるが、王紀元が今回の江鬮との交渉をどのように指示されたかはわからない。しかし、廖承志に直結する位置にいた人物であることは間違いない。

江鬮によると、周恩来宛の親書を葉飛卿たちに渡したということだがと尋ねると、王依夏氏は「親書のことはわかりません」とだけ答えていた。

入院中だったので、質問は最低限にとどめ、詳細は後日に尋ねる約束だったが、その後突然、取材拒否となってしまった。何があったのかわからない。

対日政策の責任者、廖承志につながっていた王紀元。江鬮は、中国共産党の中枢と交渉していたことが裏づけられたのである。

見過ごされてきた〝香港ライン〟

では、なぜこの香港を通じた江爴の交渉ラインはこれまで見過ごされてきたのだろうか。中国側の資料が開示されなければわからないが、一つは、表の外交を担当する中国外交部のラインがこうした香港ラインをまったく知らされていなかった可能性があるのではないかと思う。その一つの証拠と思われるのが、当時、『北京日報』の記者として日本で活動していた王泰平（一九四一〜）氏による証言だ。王氏は実際は中国政府の外交部から派遣され、日本の政府や自民党の動向を探る任務を担っていた。王氏は一九七二年五月一七日の日記のなかで、中曽根康弘氏の秘書・依田実から聞いた話として、江爴について言及している。

依田によれば、三月以来、江闇真彦（ママ）なる人物が何回も佐藤栄作と中曽根康弘に会いたいと会見を求めた。「私と李先念は同級生で、彼が日本に留学した時に知り合った。だからこの昔のコネを使って総理の密使として北京に行ってもいい」というのだ。〈中略〉「北京に行って、李先念副総理と会って、佐藤総理宛の直筆の手紙ももらってきた」と言った。〈中略〉李副総理の直筆の手紙は、今まだ佐藤のところにあって、私もそのコピーを見た。手紙には、我々は民社党代表団と三木武夫にぜひ北京を訪問して頂きたいと招待したが、しかし彼らでは日中関係を解決することはできないし、また彼らを敵に回すわけにもいかない、と書いてあった。さらに、中曽根先生が佐藤総理の特使として北京に来て、佐藤総理の訪中問題を相談することを歓迎する、ともあった。

中曽根と佐藤は、「李副総理の手紙」を見て、すごく喜んだ。佐藤は本当に自分が招待されたと思い込んで、すぐに中曽根に訪中団を結成させ北京に行く準備もした。この訪中団のメンバーは、小金義照・佐藤総理の息子の佐藤信二・日本曹達社長の今井博、それに中曽根のもう一人の秘書だった。当時佐藤信二（日本鋼管冷感圧延鋼板課の課長）は、ちょうど広州交易会に参加していたので、中曽根はすぐに人を通じて、彼に広州で待機するように伝えた。〈中略〉どうも疑問が多いと思って調べてみた。その結果、李副総理は日本に留学したことなど全くないことがわかった。〈中略〉その後、江鬮が持ってきた手紙は偽物だということがはっきりした。佐藤は非常にがっかりして、今後このルートはもう使うなと言った。［★12］

この記述には、いくつか疑問がある。まず、「西垣メモ」には、これに対応する記述はない。李先念（りせんねん）については、交渉ラインの北京側の責任者として、「西垣メモ」に名前は出ているものの、「日本に留学中に江鬮と同級生」という説明を、江鬮は佐藤や西垣氏に対してはしていない。そもそも、

★12　王泰平『「日中国交回復」日記――外交部の「特派員」が見た日本』勉誠出版、二〇一二年、四五二―四五三頁。

李先念が日本に留学したことなどないことは、自明のことであり、なぜそのような見え透いた嘘の説明がなされていたのかわからない。

もちろん、「李先念からの佐藤宛の手紙」というものも、「西垣メモ」には記録がない。江𩕳が、西垣氏に知られないように佐藤に手紙を渡したとは考えにくい。「中曽根が佐藤の特使として北京に来る」という話も「西垣メモ」にはない。佐藤は、七二年四月八日の日記によれば、中曽根氏が江𩕳を知っていたことに驚き、なぜ江𩕳の話が洩れていたのかと、訝しんでいる。佐藤が中曽根氏に自分から江𩕳の交渉について話すことはなかったはずだ。

がっかりした佐藤が、「今後このルートはもう使うな」といったというが、江𩕳の交渉は佐藤が退陣表明する六月一七日まで続いており、その後も江𩕳と佐藤のやりとりはしばらく続いていたことが佐藤の日記からもうかがえる。本当に佐藤がこの言葉を口にしたか、疑わしい。

なぜ王泰平氏は、このように明らかに嘘とわかる話を、中曽根氏の秘書である依田実から聞かされたのか。そもそも、依田実は江𩕳の交渉について知りうる立場にあったのか。依田はとくに中国通ではなかったらしく、中国についての情報元があるとすれば、新宿にあった「東京大飯店」の経営者・李合珠（一九二〇〜一九八六）だったといわれるが、李は台湾系の人脈に通じた人物であり、江𩕳の交渉について詳細に知ることはできなかったと思われる。本当に依田実が、このような話を語っていたのかすら、疑問である。

こうしたいくつかの疑問があるため、二〇一五年秋、来日した王泰平氏にお会いし、直接尋ねてみた。しかし、詳細はわからなかった。王氏は最初から江鬮は偽物だと決めつけており、自分が外交部の資料をほぼすべて見た一九九〇年にも、江鬮の記述はなかったという。全体の話からの印象だが、当時、王泰平氏が本当にこのような日記を書いたのか疑問に感じた。

逆に、江鬮のラインはデタラメであり、佐藤は相手にすべきではないということを盛んに喧伝するのが王泰平氏の目的だったのではないかと感じた。その根拠として考えられるのが、一九七二年四月一九日の「西垣メモ」である。「王国権氏ら日本の野党に近い筋からの突き上げが強く、周総理は目下断を下しかねている模様である」「このような北京の情勢変化に、香港グループは激怒し、従来の工作は昨年一〇月の毛沢東主席の方針決定に基づいて進めて来たものであるとして、毛主席に直訴している」。当時、北京中枢の内部には、日本の自民党左派、あるいは野党を相手として、佐藤政権より先に国交正常化交渉を進めるべきだと唱える動きがあったといわれる。それを主導していたのが王国権らだとするならば、やはり佐藤政権よりもその反対グループや野党幹部と積極的に接触していた王泰平氏は、王国権たちの意を汲んで動いていたといえる。もしかしたら、そうした「自民党左派・野党」との交渉を支持する外交部中心のルートと、佐藤総理との直接交渉を支持する香港グループとの間に、対立があったのかもしれない。王泰平氏は、香港グループの動きを潰すために、江鬮の交渉はデタラメだということを、依田実から聞いた話として各方面に話していたという可能性は考えられないだろうか。

ただそのことをわざわざ王氏が日記に書く理由がわからない。あるいは、中曽根氏も周恩来に親書を送ったことが佐藤の日記からもうかがえるため、その間に立った人間が、江鬮の交渉を潰そうと依田にデマ情報を伝え、中曽根氏の交渉を成就させたい依田が王氏にそのことを伝えたということか。

そこまで〝陰謀説〟に立たなくても、当時の文革のさなかに、〝反動的〟とされる佐藤との交渉について、前向きに報じる訳にはいかないという事情もあったかもしれない（純粋に個人的な日記というより、本国への報告記録としての側面が強い）。元々、佐藤に対してバイアスをかけて見る姿勢だったとも考えられる。当時の状況を考えれば、それが限界だったかもしれない。

江俊龍、江勃森、江徳昌——共産政権との関係

江俊龍（一九三一〜二〇〇〇）は、その親族のリーダーに江徳昌という人物がいて、江鬮の交渉を協力し、萬熙とともに佐藤栄作と福田赳夫を訪れたこともあることはすでに述べた。その父・江勃森（一八八二〜一九五三?）については、「西垣メモ」のなかに、「コーボッシン　父が四川の主席、毛蔣周の師　万先生の師、国共合作」と書かれている[★13]。江勃森の父は雲南の著名な軍人である江映枢（こうえいすう）といい、人民解放軍の建軍の父・朱德と義兄弟の関係にある[★14]。江勃森は一九七三年一二月、江鬮と萬熙を通じて、西垣氏にその業績を称える書と手紙を送っている。江鬮の交渉を支えたことについて、感謝の意を表したものと思われる。

江勃森と江鬮の関係をうかがわせる雑誌の記事がある。江鬮が手記を載せた『宝石』に、「中国紅卍字会の大予言　江勃森」と題する記事が掲載されており（一九七四年二月）、執筆したのは、江鬮の手記の冒頭に「解説」を書いたフリーライターの佐藤朝泰である。同じ号には、江鬮の論文「〝アラブ支持〟外交こそ危険だ」も入っている。この雑誌に江鬮の論文と江勃森についての記事が同時に掲載されたことは、偶然ではないだろう。恐らく江鬮が佐藤に、江勃森のことを書かせたのである。

江俊龍のことを今も知る人物がいる。総合商社兼松で、長年中国との交易に携わった鈴木正信氏は、江俊龍とともに事業をおこそうとしたことがあったという。鄧小平や楊尚昆国家主席とも食事ができる人物であり、アメリカ側にもパイプを持つ、謎の多い人物だったという［★15］。

また、黎鳳慧氏の証言を元にたどると、江俊龍の妻は日本人・植地隆子氏であることがわかり、今も東京都内に健在であることがわかった。植地氏に鈴木氏の証言について確かめると、確かに鄧

★13　「西垣メモ」一九七二年三月二日。
★14　中国人民政治協商会议昆明市委员会文史资料研究委员会编『昆明文史资料选辑』第一二辑、一九八八年、一一〇頁。
★15　鈴木正信氏によれば、江俊龍は、北京の楊尚昆の自宅で昼食や夕食を共にし、そこに鄧小平が時々現れたという。また、江俊龍は、交際する政治家の子弟で、注目すべき次世代のリーダー候補として三人の名前をあげた。一人は鄧小平の長男、鄧樸方。もう一人は、胡耀邦の長男、胡徳平。そして、三人目は、習仲勳の長男、習近平だったという。習近平は二〇一三年から国家主席となり、江俊龍の予言は的中したことになる。

小平や楊尚昆とも話ができる関係にあったらしい。自宅には、鄧小平、楊尚昆に宛てた手紙の草案が残されていた。江俊龍の住所録には、楊尚昆とその一族や関連会社の電話番号も記されていた。

江俊龍の交流は共産党側だけでなく、日本側にも幅広かった。住所録を見ると、江鬮や萬熙のほかに、岸信介、福田赳夫、賀屋興宣（一八八九〜一九七七）、安岡正篤（一八九八〜一九八三）の名前があった。いずれも、戦前の中国と深い関係のある人々である。福田赳夫の元を一九六五年二月二五日一一時に訪れた記録もあった。岸、福田に連なる自民党の千葉三郎（一八九四〜一九七九）議員の名前もあった。

住所録には、日中戦争に関わる旧陸軍の関係者もいた。第二三軍司令官として広東方面を担当していた今村均（一八八六〜一九六八）、中国で謀略活動にあたり、中野学校校長も務めた田中隆吉（一八九三〜一九七二）、中野学校教官を務め、バンコクで特務機関「F機関」を作った藤原岩市（一九〇八〜一九八六）の名前もあった。戦前の中国に長く滞在した、農本主義者の長野朗（あきら）や、長野と共に全国郷村会議の事務局長を務めた武井毅一の名前もある。

中国人の名前のなかには、日中戦争で国民党軍を指揮し、広西派の李宗仁（りそうじん）に協力し、蔣介石が復権すると香港に逃れた張発奎（ちょうはっけい）（一八九六〜一九八〇）がいた。日中戦争を食い止めようと和平工作に携わった岩淵辰雄（一八九二〜一九七五）の名前もある。後述するが、日中戦争末期に行われた繆斌（一八九九〜一九四六）による和平工作について記録［★16］を残した蔣君輝からは、手紙も残されていた。日中戦争の謀略活動や諜報活動に関わりのある人物が、江俊龍とどのような関係を結んでいたのか。

謎の多い江俊龍だが、植地氏宅で二〇一九年八月に見つかった、江俊龍の祖父で雲南の実力者、江映枢が残したと思われる英文のエッセイが、謎を解く一つのカギになると思われる。それは、戦時中、アメリカの戦略事務局ＯＳＳ（Office of Strategic Services　現在の中央情報局ＣＩＡの前身にあたる）のメンバーに、無線基地として邸宅を貸したことが、アメリカの諜報との関係を築くきっかけになったと記す文章である［★17］。雲南は、アメリカなどが蒋介石を支援する〝援蒋ルート〟を断とうと、日本軍が攻撃を仕掛けていた地域である。雲南で、江俊龍はアメリカの諜報組織と関係を築き、戦後は、敵対する関係だったはずの日本の旧陸軍軍人とも関係を築いていた。反共という一致した目的があったからだと思われる。しかし一方で、朱徳につながる親族関係も踏まえて、共産党中枢との関係も維持していた。江俊龍のような、一見、敵対する関係のように見える日米中のどの立場ともパイプを持ち、水面下で橋渡しをする人物は、戦後四半世紀経った当時でも、複数存在したようである。

★16　蔣君輝『扶桑七十年の夢』紀伊國屋書店、一九七四年。
★17　“My Personal Relation and Friendship with the OSS of U.S. Force in China”（植地隆子氏所蔵）。

エピローグ

江韜眞比古とは何者だったのか

中国との国交正常化が実現した後、江韜は何をしていたのか。そもそも江韜真比古とは何者だったのか。残された資料からうかがえることを、最後に書き留めておきたい。

江韜が西垣氏に託した未完の論文「日中復交に思う」

江韜は、国交正常化の後、西垣氏に長い論文を送っている。「日中復交に思う」と題し、日付は国交正常化から一ヶ月余りが経った一一月三日になっている。「極秘」という判子に、「江韜眞比古」という落款も押されており、A４原稿で四九枚にも及ぶものである。田中の日中国交正常化に接して、憤懣やるかたない江韜の胸中がうかがえる文章である。

中国は対日復交に当って目的を持っている。日本に於ては、対中復交に抽象的な目的らしい言葉はあったが、明確な何ものもなかった。

目的ではなく、方法としての日中復交であった事を眞の日中復交を願い努力していたものには残念がある。

〈中略〉

佐藤内閣に於ても冷たい批判を受けながらも復交え〔ママ〕の準備は進めていた。佐藤総理の呼びかけに対して中国側は真剣な応答を示し、全国書記会議を七二年六月に開き、対日復交を討議し、佐藤内閣と対日復交を決定したのは十七日、佐藤総理に対する応答は十八日であった。歴史の一瞬は佐藤総理の引退表明によって消え、後継者田中総理に凡ては委ねられたのである。

〈中略〉

日中復交は台湾の問題であり米国の問題である。そして又、朝鮮の問題でもある。ソ連の出方を見守りつつ、対中復交と日ソ平和条約え〔ママ〕の外交展開を進めつつ、米国のベトナム戦乱の終結、大統領選挙を想定しつつ米国の対日経済圧力を最小限度に喰め、朝鮮南北の動向に中ソ両国の介入せざる様に配慮しつつ、台湾の中国との平和解決の道を考えてその工作を二年余進めていた。

〈中略〉

日中復交は日中両国間の問題ではなく、米ソ両国、アジア全体の問題として浮上して来る。

〈中略〉

然し世論は冷え易く浮気である。復交のための共同声明で凡てが終わったかの様な自己満足に陥る錯覚をもつ世論である。

〈中略〉

日本が中国との復交を政治的に生かす唯一の外交の突破口を何の様に何時作るか。然し、現在の日本の政治はそこまでは手は打てない。長い間米国の世界政策の中に動いて来た未熟は、独立え〔ママ〕の飛躍は難しい。日中復交をお祭気分で騒いでいる日本の政治はパンダの姿を見て喜ぶ子供同様の幼稚さであろうか。

〈中略〉

日中米三国が敵を仮想せず、平和に共同する太平洋体制を示し、日中復交、日米安保条約後のアジア平和計画の想定を日本の外交は先づ米国に示すべきである。

復交と安保条約は両立するものではなく、この矛盾に泣くのは日本であり、日本が矛盾の克服を如何にするかを中国も米国も冷たく見る立場である。

〈中略〉

中国は核戦力をもつ国であり、その軍事力は決して過小評価する事は出来ない。

日本が日中復交の眞の意義と使命を実行するためには、日本の政治が中国の核戦力と軍事力行使を説得し得るだけの平和主義に徹せねばならぬし、核兵器に対する反対をその平和理想に基く政治に於て主張せねばならない。

江鬮の主張がわかるところを抜き出してみたが、この文章は田中の外交に対する憤りが前面に出ているせいか、論旨が飛び、理解しにくい。それでも、中国との国交正常化を単なるイベントに終わらせず、アメリカとの安保条約の見直しも視野に入れた、今後の日本の外交の理念を語ろうとする文章となっている[★1]。しかし、まとめることができなかったのか、最後の頁は、「未完」の文字で終わっている。

江鬮眞比古、手記を発表

江鬮は国交正常化後も、西垣氏と複数回食事を行い、まだ佐藤の訪中について諦めていない様子だった[★2]。一九七三年八月には、徐向前元帥の弟という徐誠という人物が来日していると西垣氏に伝え、今井博や法眼晋作も招くパーティーを開いている。しかし、『毎日新聞』と地方紙の記者を集めた場で、あるいはパーティーの場で、極秘交渉について口にするようになり、関係した法眼晋作や佐藤一郎からは疎まれるようになっていた[★3]。極秘であるはずの交渉について、誰からも認められない鬱積があったのか、沈黙を守り通すことができなくなったようである。

佐藤は八月一六日の日記に、「小生は江鬮真比古君と中国人の二名と会ふ。北京訪問を進められたが何処まで本気か。相手にしなかった」と書いており、恐らく佐藤が会った中国人の一人は徐誠ではないかと思われる。しかし、佐藤に北京訪問の意思はなく、江鬮の訪中の勧めを疎む記述が見られる。そして一〇月一二日に、今井博から江鬮の職の斡旋について意見を求められ、「この方は断る」という記述を最後に、江鬮は佐藤の日記に現れなくなった。

そのおよそ一ヶ月後、江鬮は『宝石』（一九七三年一二月号）に、極秘交渉についての手記を掲載した。公表した理由は、佐藤との関係が切れてしまったせいなのかはわからない。発売日である一一月五日の『朝日新聞』や『読売新聞』には、紙面の半分近くを占める大きな広告が掲載され、センセーショナルな宣伝が行われたものの、手記に反応した記事はその後見あたらなかった。結局、江鬮の一方的な告白に終わったものと思われる。佐藤の日記にも、この記事についての言及はない。西垣氏の日記では、『宝石』が発売された日に、「ずい分気を使ってくれていることはわかるのだが、写真と私の名前が数が所にのっているのには閉口」と書いていた。これを最後に、西垣氏も江鬮について日記に書くことはなくなった［★4］。その後も西垣氏は、佐藤にいわれた通り、江鬮の交渉について口外することはなかった。

★1　江鬮と同様の、日中国交正常化後の安保再定義の議論は、当時の政府内部でも行われていた。例えば、『楠田實資料』G-1-81「日中関係正常化後の日本外交（試論）」。作者は不明。台湾条項の空洞化は在日米軍基地の否定につながり、アメリカの反発が予想されることから、「日米関係の意義の再発見」を説く。

★2　「西垣昭日記」一九七三年二月一日、八月三日。

★3　「西垣昭日記」一九七三年八月二一日、九月一九日。

★4　西垣氏と江鬮の交流はその後も続き、一九八八年、西垣氏の大蔵次官就任を祝う手紙が江鬮から届いている。上海の中国文化院副院長が彫ったという判子を添えていた。

江뾇が手記を発表するにあたり、手記の冒頭にあるように「構成・解説」を担当したのは、佐藤朝泰である。佐藤の肩書きは「ジャーナリスト」となっている。経済関係の取材をよく手がけていたフリーのルポライターであり、晩年は『門閥――旧華族階層の復権』『閨閥――日本のニュー・エスタブリッシュメント』（いずれも立風書房、一九八七年）などの本を書くなど、政官財の裏事情にも通じた人物だったようである。しかし、残念なことに二〇〇九年に亡くなっており、神奈川県湯河原の自宅を訪ねたが、親族に行きあたることはできなかった。佐藤と江뾇は、そもそもどういう関係だったのか、江뾇の手記がなぜ公表されたのか、その理由はわからない。

江뾇の手記は、日本ではほとんど黙殺された形になったが、翌一九七四年、台湾で全文が翻訳され、雑誌に掲載された（『中華雑誌』一九七四年二月号、翻訳・許良雄、論評・木下彪）。日本よりも台湾のほうが、江뾇の交渉について切実に捉えていたと思われる。

江뾇本人が発表した論文

ほかに、江뾇自身が書いたものは、国会図書館に二つ見つけることができる。一九七〇年四月の『政治公論』という雑誌に寄稿していた「政想断片」というエッセイと、一九七四年二月のやはり『宝石』にあった「〝アラブ支持〟外交こそ危険だ」という論文である。

「政想断片」では、江뾇は「法学博士　香港大学教授」との肩書きが記されている。科学によっ

て拓かれた二〇世紀が混乱の時代であることを嘆く、一見政治とは関係のない文章から始まるが、やがて、「中国の若い指導者Ｌ氏と私は再三に亘って会談する機会があり、遠くに歩む中国の考えを聞く事が出来た。Ｌ氏は中国の将来を荷負う指導者の一人である」と、中国の若き指導者〝Ｌ氏〟と自分が親しい間柄であることをほのめかしている。Ｌ氏とは誰なのかは不明である。そして、米ソ両国が世界を二分してそれぞれの陣営を指導している有様を、核兵器という「科学の力の弾圧」と呼び、アメリカに抵抗する北ベトナム、ソ連に制約されるチェコの状況にシンパシーを持ちながら、日本は沖縄をアメリカに、北方領土をソ連に奪われている現状を憂えている。また、「中国が文化革命を進め、新しい国家基本を打出しているが、文化革命の断行によってマルクス・レーニン思想に立つ共産革命の脱皮を図り、中国がアジアを自覚したと云う決意に於て新しい世紀に向かっての姿勢を固めている」と、文革を進める中国に期待を寄せている。

もう一つは、前述したように、佐藤朝泰が『宝石』一九七四年二月号に江勃森についての記事を書いたとき、同じ号に掲載された「〝アラブ支持〟外交こそ危険だ」という、一見、中国とは関係のなさそうな論文である。ここでの江闖の肩書きは、「佐藤前総理・外交参与」と記されている。

内閣発足から一年足らずの田中角栄による外交を、「田中総理は、一体、「外交とは何か」を知っているのだろうか」と批判し、「少なくも日本の外交には、まだ基本原則としての何ものもなく、風にそよぐ洗濯物のようなものであり、一貫する日本の信念としての外交の力ができていないのである」と切り捨てる。そして、次第に話題は中国に移っていく。中東の戦争には、〝中国問題〟が絡んでいることを指摘し、かつて中国がアメリカのダレス構想によって、包囲工作を受けていたとき、突破口をソ連ではなくインドネシアに求め、「回教路線を経て、中近東、アフリカの回教圏諸国に道を開き、危機の脱出を図った」とする。「中国は、レバノンを中心に、リビア始めアラブ各国に打つ手は打ち、長年宿敵とするユダヤにさえ、フランスを通じて手を打ち始めている。同時に中国外交は、フランスを通して、対ソ反撃にでようとするようである」とし、米ソ両国による中近東解決と中国包囲がソ連のイニシアチブによって進められることを想定して、中国が中近東・アフリカ諸国を味方にしようとしていることを指摘している。そして、「日本は、中国に対して、この一年余、日中復交を図りながら、具体的な実務努力をしただろうか。外交は、ただ、でかけていって喋ってくればよいものではない」と、中国との国交正常化から一年余り経った田中政権の対中外交を、暗に批判している。

この二つの論文からうかがえるのは、一九七〇年頃、江鬮は「香港大学教授」という肩書きを名乗り、中国の若い指導者L氏と親しい関係にあったこと、中国がインドネシアを通じてイスラム教諸国との関係が深いという点に着目する、独自の視点を持つ人物であったことなどである。しかし、香港大学に江鬮という人物が教授であった記録は見つからなかった。

江䦨の手記からもう一つ浮かび上がる関係者は、角田忠志（かくだただし）である［★5］。『宝石』の手記の冒頭に掲載された佐藤総理、江䦨、西垣氏の写真の下に、「撮影・角田忠志」とある。この人物についてもまったく不明である。西垣氏によれば、年齢は当時、四〇代半ばだった西垣氏よりも若く、江䦨のいわば〝鞄持ち〟だったという。江䦨が中国にいる間に、江䦨から伝えられたことを西垣氏に伝達する連絡役にもなっていた。この人物を探し出せば、江䦨の行動をかなり詳しく知ることができると感じたが、この手がかりだけでは難しい。西垣氏のほかに、角田を記憶していたのは、佐藤の秘書として、公邸に住み込んでいた城文雄氏だけだった。城氏によれば、角田忠志は足が少し悪かったという。〝足が悪い〟とは、戦争によるものだったのか。江䦨や角田は、極秘で公邸を訪れていたのだから、西垣氏と城氏以外に角田氏を知る者はおらず、これ以上の手がかりはわからなかった。

竹内昇の次男・隼雄氏のメモに、角田の名前があった。一九七二年五月四日のメモに、

18：00～23：00
赤坂　田川
田坂副社長

★5　西垣氏の記憶では、「かくだ・ただし」と読む。

法眼次官
江鬮真比古
角田氏
竹内昇
竹内隼雄

とあった。田坂副社長とは、田坂輝敬(てるよし)新日鉄副社長である。江鬮や法眼晋作も交えて、国交正常化後の中国の製鉄所建設など経済支援について話しあったのか。その場に角田もいたことがわかったが、竹内隼雄氏に、角田の記憶はもはやなかった。

これまでの江鬮眞比古についての公刊資料

『宝石』の江鬮の手記は、これまで日本の外交史研究者の間で話題に上ることはあったが、裏づけとなる情報もなく、真偽について検証されることはなかった。しかし、その後、江鬮の交渉について語られたことがまったくなかったわけではない。わずかだが、先行して語られたものについて書いておきたい。

まずその告白に光を当てたのが、衞藤瀋吉『佐藤榮作』（時事通信社、一九八七年）である。東京大学名誉教授の衞藤は、かつて楠田實秘書官を通じて佐藤に中国情報を伝えるほか、萬熙が北京中枢へのパイプとして頼ったと見られる黎蒙の娘・黎鳳慧を留学生として研究室に迎えるなど、江䦆の周辺の関係者にきわめて近かった。この著書には、『宝石』の江䦆の手記以上のことは書かれていないが、江䦆自身にも「教えを乞うた」という。そして、「筆者が調査した限りこの江䦆密使はまちがいない。〈中略〉香港小組が対日謀略機関にすぎなかったのか、あるいは真に日中のコミュニケーション・ルートであったのか、真実は後代の研究に待つべきであろう」としている。

次に、中曽根康弘元総理による『政治と人生──中曽根康弘回顧録』（講談社、一九九二年）である。このなかに江䦆のことが記されている。しかし、これもおおむね『宝石』の江䦆の手記の内容を出るものではなかった。その後出版された『天地有情』（文藝春秋、一九九六年）、『自省録──歴史法廷の被告として』（新潮社、二〇〇四年）にも江䦆の記述はあるが、大略同じ内容である。ただし、日中国交正常化から二〇年が経ち、ほぼ忘れられた存在だった江䦆の活動について、改めて注意を喚起した意義は大きい。

すでに述べたが、中曽根氏はこの回顧録を書くにあたり、あのときの江䦆の活動とは何だったのか、その真相を知るため、当時存命だった江䦆を呼び出そうとした。しかし、代わりに江䦆の秘書・石川昭治という人物がやってきて、『宝石』のコピーと関係資料を残し、若干の解説をして帰って行ったという。

その後、江䦆に言及したのは『戦後史開封──昭和40年代編』（産経新聞社、一九九五年）だ。このなかに江闓についての記述がある。江闓の年齢がこの時点で七九歳であること（一九九四年の記述なら正しい）、昭和一三年に外務省に入省したものの、辞めて吉田茂の元を出入りしていたことなど、独自の情報も若干あるが、ほぼ『宝石』の江闓の手記と同じ内容である。当時七九歳の江闓に、実際にどこまで取材ができたのか、疑問がある。もし直接会って話を聞けたのなら、江闓の交渉をめぐる最大の疑問である、周恩来からの佐藤栄作宛の返書について必ず本人に聞くはずだが、まったく触れていない。

その二年後、江闓についてもう一つ重要な資料が公開された。『佐藤榮作日記』（朝日新聞社、一九九七年）である。江闓についての記述は、第四巻に六ヶ所、第五巻に二五ヶ所ある。年代でいえば、一九七一年九月から、一九七三年一〇月までである。この日記の刊行によって、江闓の活動が、初めて第三者によって詳細に確認されたことになる。浅利慶太氏によれば、この日記が出たおかげで、白土吾夫とともに進めた極秘の北京とのやりとりまで明かされてしまったので、慌てて白土に連絡を取ったそうである。しかし、出てしまった以上、どうすることもできないと二人で諦めたという。江闓はこの年に亡くなっている。

その後は、井上正也成蹊大学教授の『日中国交正常化の政治史』（名古屋大学出版会、二〇一〇年）に、これまで公になっている資料が整理された形で記述されている。そのほかは、江闓について書かれたものは、管見の限り出版されていない。

その後の江闖の足取り

「西垣メモ」のなかに、

○小原＝伊達政之。　松平ビル401号室。
　新聞記者で停年で止めた。

という記述がある［★6］。松平ビルとは、港区赤坂にある外堀通りに面した赤坂松平ビルと思われる。現在は中国銀行東京支店の建物となっている。江俊龍の妻・植地隆子氏が持っていた江闖の名刺によれば、江闖は亜光株式会社の会長でもあり、オフィスは赤坂松平ビル八階の802号室にあった［★7］。

そして、同じビルの四階の401には「アスパ通信社」のオフィスがあった。小原良二という元共同通信政治部記者が運営する、中国や中東情勢専門のリサーチ会社で、「ASPA news」という分

★6　「西垣メモ」一九七二年三月二日。
★7　名刺は英語表記で、「MAHIKO EGUCHI Dr. CHAIRMAN BOARD OF DIRECTOR」とあった。亜光の事務所は当時のゼンリン住宅地図で確認できる。隣の801号室は、国際勝共連合の部屋となっている。国際勝共連合の名誉会長は、江闖と同様、日本紅卍字会に所属する笹川良一である。802号室は、のちに世界反共連盟（WACL）事務局となっている。

析レポートを出していた。

「伊達政之」とは、香港の日本語学校の草分けである香港第一日文専科学校の校長であり、父は大陸浪人として知られる伊達順之助（一八九二～一九四八）である。小原と伊達が、このオフィスで会っていたのだろうが、江鬮も同じビルの802号室をしばらく事務所として使い、小原や伊達からも情報を得ていたのかもしれない。

江鬮は、赤坂松平ビルにほど近い、ホテルニュージャパンにも事務所のような部屋を持っていたという。林出賢次郎を何度も食事に招いたのもこのホテルであり、少なくとも西垣氏の日記によれば、一九七三年八月からは、別にあった事務所（亜光株式会社の事務所と思われる）をたたんで、ホテルの七二二号室に移転したようだ［★8］。かつてホテルを所有していた藤山愛一郎の息子が勉強会を開くとき、江鬮は講師として招かれ、「先生」と呼ばれていたらしい。

しかし、ホテルニュージャパンは一九八二年、火事で焼失する。江鬮にとって足がかりとなる事務所がなくなるとともに、この頃から、後ろ盾となる政界との関係も次第に薄くなっていったのではないかと思われる。その後は、政治団体「新世紀平和研究所」（代表者・江鬮眞比古、会社責任者・石川昭治）を一九八五年に設立している［★9］。

その後、江鬮は脳血栓を患い、三年間、療養生活を続けていた。立ち上がることもできなかったが、次第に回復し、一人で再び中国に行くようになったと、当時の西垣氏宛の手紙に書いている［★10］。このなかで、周恩来の未亡人がトップを務めるという「康老会」の仕事を始めたこと、中国のレアメタル輸出許可をもらったことなどが書かれている。周恩来の未亡人とは、鄧穎超（とうえいちょう）（一九〇四〜一九九二）のことだが、「康老会」という団体に鄧が関わっていたのか、なぜ江鬮がそこで仕事をすることになったのかはわからない。

江鬮は晩年、東京赤坂にあるテレビ制作会社「泉放送制作」のオフィスに、自分の事務所を構えていた。一九九〇年には、「日本康老会」という政治団体として届け出ているが［★11］、一九九二年、〝日中国交正常化二十周年記念〟として「現代中国書画名作展」を開く名目だったという。展覧会には東京放送が後援の形で出資しており、その傘下にある泉放送制作のなかに事務所を間借りしていたらしいが、当時を知る関係者も亡くなり、詳しい理由はわからない。この頃の江鬮は、活動資金に困り、展覧会は資金を捻出するための苦肉の策だった側面もあったようである。一九八九年にも、張玉亭（ちょうぎょくてい）という画家を中国から招いて、展覧会を日本で開いたようだが［★12］、その他の活動はわからない。「日本康老会」は一九九二年には解散している［★13］。一九九四年には、「新世紀平和

★8　「西垣メモ別冊」一九七三年八月三日。
★9　「官報」一九八六年三月八日。
★10　西垣昭宛、江鬮真比古書簡（一九八八年六月五日消印）。
★11　「官報」一九九〇年一一月二九日。
★12　https://baike.baidu.com/item// 张玉亭 /13839899
★13　「官報」一九九二年七月二九日。

研究所」も活動報告の届け出がないために活動停止となっている［★14］。

大阪にいた江鬮のもう一人の親戚――残された最後の言葉

福島にいる江鬮芳治氏の紹介で、もう一人、大阪に在住の親戚がいることがわかった。江鬮栄樹（ひでき）氏といい、江鬮眞比古の長兄・榮夫の長男であり、眞比古から見れば甥にあたる。年齢的には芳治氏よりも眞比古に近かったが、「章おじさん」との思い出はわずかだった。若いとき、眞比古が懇意にしていたホテルニュージャパンのレストランの店主のところで、飼犬に子犬が生まれ、飼うなら譲ろうというので引き取りに行ったことがあるという。レストランの名前は「ざくろ」であり、眞比古が林出賢次郎をたびたび接待に使っていた店だ。芳治氏同様、栄樹氏も、江鬮が何をしていたのかまったく知るよしもなかったが、自宅にゆかりのものがわずかに残されていた。

一つは、江鬮が卒業した高校のOB名簿。高校は、旧制双葉中学（現・福島県立双葉高校）であり、一九三三（昭和八）年に卒業している。卒業生名簿は、一九八六（昭和六一）年に作られたものだが、その時点で江鬮の勤め先は「天星交易」となっていた。また、江鬮の長兄・榮夫の同期に堀川静という外務省に行った人物がいる。堀川は、双葉中学を一九二八（昭和三）年卒業後、上海の東亜同文書院を一九三二（昭和七）年に卒業、外務省文化事業部第一課に配属されている［★15］。江鬮が一九三九（昭和一四）年に配属された部署である。一九三八年、満洲国錦州で領事館事務代理［★16］、一九四〇年には北京で勤務［★17］した記録が残っている。栄樹氏は、堀川の関係で眞比古が外務省に行ったかどうかはわからないという。

「天星交易」について登記を調べてみると、昭和三七年五月一五日に設立された株式会社であり、取締役には江藺のほかに、今井博の名前があった。これは、江藺の交渉に協力した、元通産官僚の今井博だろう。「会社の目的」の欄には、「製鉄用原材料、鉄鋼製品、繊維類、穀物及び油脂肥料、木材類、薬品類、日用品雑貨類、皮革原料及び製品の販売並に輸出入」など多岐にわたるが、これらは中国との交易を思わせる内容である。今井は一貫して、江藺のパトロン的な、後見人の役割を果たしていたのではないかと思われる。昭和五二年に、東京都新宿区戸塚二丁目一四〇番地から、港区新橋二丁目一六番一号に本店を移転しているが、ここは新橋駅前に今もある「ニュー新橋ビル」の住所である。しかし、登記上はすでに閉鎖されており、関係がありそうなオフィスも見あたらなかった。

江藺栄樹氏が持っていた資料のもう一つは、眞比古からもらったという掛け軸だった。そこには、次の文章が書かれていた（句読点は適宜補った）。

★14　「官報」一九九四年八月二九日。
★15　外務省外交史料館所蔵「昭和七年度選定（イ）第三種 浅野修外十一名」。
★16　外務省外交史料館所蔵「一般及雑」。
★17　外務省外交史料館所蔵「外務省報」第四百四十八号（昭和十五年八月一日）。

君子居其室、出其言、善則千里之外應之、況其邇者乎、居其室、出其言不善、則千里之外違之、況其邇者乎、言出乎身、加乎民、行發乎邇、見乎遠。言行乃君子之樞機、樞機之發、榮辱之主也。言行、君子之所以動天地也、可不慎乎　江鬮真比古博士撰孔子句

己巳夏余斯清書于榕

最後の文章からは、孔子の言葉を江鬮が選んだことがうかがえる。これは『易経』の一節で、「君子の言葉はたとえ部屋のなかで話したことでも、良いことでも悪いことでも、千里よりも遠くまで人々に影響を与えるのだから、言葉を慎まずにはおられない」といった内容である。書いたのは「余斯清」という人物。「己巳夏」は、一九八九年夏ということになる。「榕」とは、福建省福州市を指す。調べてみると、福州市に高名な書家で余斯清という人物がいたことがわかった。一九八九年夏に、なぜこの書を江鬮のために書いたのか、由来を知るために余斯清を探したが、残念ながら家族に連絡が取れた直前に亡くなっており、その理由はわからなかった。江鬮が一九八九年の時点でも、福州市の高名な書家に書を頼むことができる立場にあった、ということは言えそうである。

江鬮栄樹氏が持っていたもう一つの江鬮眞比古ゆかりのものは、栄樹氏宛に送られた手紙である。絵はがきであり、表の上半分が住所、下半分が文章というわずかなスペースのなかに、次の文章が

記されていた。

今年も少くなりました
皆様お元気でせうか、私は病床で青意気吐意気です
御才暮お送り下され有難うございました
厚くお礼申上げます
字も書けなくなりました、まもなくめされるでせう
若い間に働けるだけ働き
決して私の様な晩年をすごさぬ様。
先づは右お礼まで　早々

栄樹氏から贈られたお歳暮への礼状のなかで、自分は病床に伏せていること、余命がもう長くはないことを伝えている。それにしても、何という気弱な内容の文章だろうか。消印を見ると、一九九六年一二月一六日に投函されていた。亡くなる前に、甥に宛てて自らの半生を振り返った、江躙の絶筆に近い文章だと思われる。

絵はがきの裏には、江躙が事務所代わりに使ったというホテルニュージャパンの全景写真が印刷されていた。ホテルニュージャパンは一九八二年に火災で焼失しており、この葉書が送られた一九

九六年にはすでにないのである。また、葉書には「第二〇回アジア開発銀行年次総会記念」という記念切手が貼ってあるのだが、調べてみると一九八七年のものであり、やはり葉書が送られるよりも大分前のものである。恐らく偶然ではなく、江藺はある意図を持って、わざわざこの古い葉書に、古い切手を貼ったと思われる。

それはどんな意図か。ホテルニュージャパンには、かつて事務所代わりに使っていた思い入れが込められているのではないか[★18]。そう考えると、アジア開発銀行についても、『宝石』の手記にヒントがあるように思われる。手記には、戦後、吉田茂や岸信介が中心となって、「アジア経済協力機構」というものが計画され、江藺は手伝いをしたと記されているが、それは「現在の「輸銀」「開銀」それに「海外協力事業団」が一緒になったような構想だった」と書いている。「開銀」＝アジア開発銀行も、江藺が戦後間もなく手がけた、思い入れのある仕事だったのではないか。ホテルニュージャパンと開銀という、自らが最も仕事に力を入れていたときの思いを、甥への葉書に込めながら、最後の言葉を伝えようとしたのではないだろうか。

様々なことを語らないまま、江藺は翌年の一九九七年一月一日、この世を去った。

江藺眞比古とは何者だったのか

江藺とは、そもそも何者だったのか。ここからは残された手がかりを基に、大胆な推論をしてみたい。江鬮の手記には、なぜこの人物との関わりがあるのだろうかと考えさせられる記録が多い。まず気になるのが、戦後最初の総理を務めた東久邇宮稔彦との関係である。手記には、東久邇宮との親密な関係がほのめかされている。

私が人生の師として久しく私淑していた東久邇宮が、ある日、「日本の本当の平和は中国抜きで考えることができない。一度、私人として中国を訪問し、周恩来総理と会ってみたい」との真情を打ち明けられたのである。

私は、若干、中国については知識もあり、中国人の知人もいたことから、東久邇宮の相談相手になり、それではと、東久邇宮の名前で周恩来に手紙を出した。〈中略〉

まだ日本が占領下にあった昭和二十五年から二十六年にかけての時期である。

なぜ江鬮が東久邇宮の中国についての相談相手になれるのか。どうして占領下の日本で、周恩来宛に手紙を出せるのか。この疑問に関連して、気になる人物がいる。

奥田敬和が黄志文と会ったときに書いたと思われるメモに、ある日本人の名前が記されている。

★18　江俊龍の妻・植地隆子氏の所蔵する江俊龍の遺品のなかには、江鬮と萬熙の名刺が残されており、ともにホテルニュージャパンの五八五号室を事務所としていた。

水野重雄という人物である。

〈衆議院手帖　昭和四七年〉

〈前略〉

※江口ライン　佐藤訪中企画

※木村武雄　〃　企画─┬水野
　　　　　　　　　　└黄、邱

〈中略〉

今後も連絡可能か。その方法。（情報㊙）

信頼出来るアンテナ。

水野重雄、大島仁　の人物評

〈後略〉

〈奥田敬和の日誌　昭和四七年五月四日〉

香港に出発。森垣同行。大島？

見送る。水野？　葉桐春なるものの正体みたし。〔傍線は筆者〕

奥田は、一九七二年五月四日に葉桐春と黄志文に会ったと思われるから、その会合に関係していたのが水野重雄と大島仁という人物なのだろう。水野とは、奥田敬和に葉桐春、黄志文を引き合わせた人間ではないかと推測している。水野重雄についてはしばらくこれ以上の情報がなかったのだが、あるとき、一冊の本のなかにその名前が記されていたことがわかった。『自衛隊秘密諜報機関青桐の戦士と呼ばれて』（講談社、二〇〇九年）という、元陸上自衛隊員で中国での諜報活動に携わっていたという、阿尾博政（一九三〇〜）氏の回顧録である。そのなかに、次の文章があった。

一九七八年一一月二六日から一二月三日まで、香港に出張した際、私は水野重雄という人物に会っている。そして、彼と知り合えたことが、私の大陸工作の大きな力になるのである。

〈中略〉

日本でこの水野をよく知る人物は、今ではほとんどいないだろう。しかし、諜報の世界では彼は有名な男だった。彼の人生は、本当に数奇の一語に尽きる。

太平洋戦争中に関東軍の密命を受けた水野は、当時の共産党八路軍と接触して、周恩来のもとで工作活動をしていた。当然、関東軍の人間であることは隠して接触していたが、水野のように身分を偽り、周恩来のもとで工作活動をする日本人は、じつはたくさんいた。周恩来が日本人を使っても別段メリットはなさそうだが、恐らく彼も水野たちから日本軍の情報などを聞き出そうとしたのだろう。

〈中略〉

やがて終戦を迎えると、周恩来から「水野先生、敗戦後の日本に帰っても駄目でしょう。こちらに残ったほうがよい」と諭される。周恩来から劉少奇へ、劉少奇から鄧小平へとつながる人脈を伝って仕事を続けた彼は、引退後、香港で悠々自適の楽隠居生活を送るようになったというわけだ。

水野重雄とは、戦前、関東軍から周恩来の元に送り込まれた元工作員で、戦後も周恩来の説得を受けて中国に留まり、劉少奇、鄧小平にも仕えた人物だという。本当にそのような人物がいたのだろうか。にわかには信じがたい話だが、もし本当だとしたら、香港で葉桐春、黄志文を奥田敬和に引きあわせることができるのは、この水野重雄しかいないだろう。

知られざる戦前からの人脈

現在は台湾に住んでいる阿尾博政氏に、日本帰国中に数度、台湾で一度面会した。水野重雄について尋ねたところ、自分の中国での諜報活動の師にあたる人物だったという。阿尾氏は一九三〇年生まれ、一九五五年、陸上自衛隊幹部候補生学校に入学、習志野の第一空挺団を経て、一九六三年、幕僚監部第二部（諜報部門）に勤務、一九六五年に表向き除隊の形を取って、その後も諜報活動を続けた。改革開放政策を始めたばかりの中国政府の内情を知るべく、阿尾氏は香港の近くの海南島の開発にビジネスマンとして携わったが、その間、水野の手引きで中国政府の人間を紹介され、海南島や北京に行ったという。北京に行った際は、鄧小平の秘書にも会ったということである。

阿尾氏によれば、水野重雄をそもそも阿尾氏に紹介したのは、岡田芳政（一九〇三～一九九五）という支那派遣軍の諜報担当の参謀（最終階級は大佐）だった。そこで、水野のことをもっと知ろうと、岡田の遺族を探した。長男の岡田泰聿氏が、かつて岡田芳政が住んでいた杉並の家で今も健在だった。水野という人物について何か心あたりはないか尋ねたところ、ただ一つだけ、父親が書き残した文章のなかに水野の名前を見つけたと教えてくれた。一九八五年、かつてのシベリア抑留者たちの会合に呼ばれたときの講演録である。

鄧小平一派は周〔恩来〕先生の言ったとおり日本と手をにぎっていかなくてはいかんという考えで、三年前に私の方に連絡者を派遣して来ました。この連絡者（日本人）は私の先輩が終戦まぎわにその頃、北支にいた劉少奇に連絡をとったときに使った浪人です。このルートがまだ生きておった訳で、そのルートから私の方に連絡があったのです。〈中略〉

平時においても表向きの外交ルートの外に人脈による陰のルートを通じて、お互いに本音を話し合うということは重大なことです。この意味で毛沢東時代の六団体が厳然としているから、民間の話し合いもこの六団体を通じてやればいいということになりますが、この六団体の北京側の人は殆ど毛沢東の系統で占められており、鄧小平としては万事やり難い。どうしても自派の直系のルートが欲しいというのは当然のことといえます。前に述べました水野という人物の経歴から見て鄧小平系のルートを新しく作るために派遣されたものと思います。［★19］

岡田は、一九三九（昭和一四）年に参謀本部第八課（謀略課）に配属、上海で「松」機関を作って偽札造幣工作を行うなど、一貫して謀略・諜報活動に携わった人物である。岡田は、戦後も密かに〝情報活動〟を続けていたと手記に記している［★20］。その岡田が、水野のことをこのように書いていた。阿尾博政氏の記憶と一致しており、記述の信憑性は高いと思われる。

水野について、阿尾氏が記憶しているのは、その妻は戦時中、小磯国昭（一八八〇～一九五〇）内閣の情報局総裁を務め、戦後は吉田内閣の副総理も務めた緒方竹虎（一八八八～一九五六）の秘書だったということである。このため、水野は中国だけでなく、日本の政界にもパイプを持つ立場にあったという。このことは、岡田芳政の手記にも符合する記述がある。

前述のように中国自身はソ連に対し、心から信頼してないわけですね。特に周恩来という人はソ連を信頼していません。この周恩来が終戦直後、緒方竹虎さんのところへ連絡者を派遣してきています。これは、中国としてはこれから復興するにしても、何にしても、日本と手を握っていかなくてはならんということを、痛感していたからです。しかし、終戦直後の日本はまだ復興の途中ですから大したことはできませんが、それでも周恩来は、「日本と手を握っていかなくてはならん」ということを真剣に考え、緒方竹虎のところへ連絡をしてきたという次第です。この時の周恩来の気持は緒方と二人で中国と日本だけではなく、アジアの復興をやりましょうというものでした。

「終戦直後」という具体的な時期がわからないが、緒方は一九五六年に亡くなっているから、終戦から一一年の間に周恩来から緒方竹虎に向けて連絡者が来たということになる。水野の妻が緒方の秘書であった関係から、このようなことが実現したのだろうか。

江麗の手記によれば、江麗は東久邇宮の中国関連での相談相手を務め、東久邇宮の名前で周恩来宛に手紙を出した。そして、東久邇宮内閣の内閣書記官長（現在の官房長官にあたる）を務めたのが緒方竹虎だった。周恩来から緒方に向けた連絡者として水野が送られたのならば、その水野に江麗は東久邇宮の名前で手紙を託したとは考えられないだろうか。

★19　岡田芳政「中国の昔と今」（マルシャンスクの集い、一九八五年）。

★20　一九七四年から七六年頃に書かれたと思われる岡田芳政「情報寸言」に、以下の記述がある。「戦后私は、旧陸軍の残した情報網と新らしく開拓した情報網をもって情報機関を作った。情報機関というのは、〝研究所〟ではない。〝情報活動〟を行うところである」「私は敗戦後、一日と雖も、シナおよび東南アジアの情報から離れたことはなく、旧陸軍の情報的遺産を守り続けてきたことを誇りに思っている」。

周恩来↓水野重雄↓緒方竹虎
→　　　　—
江鬮真比古↑東久邇宮稔彦

水野と江鬮が、この時代から知りあっていたとすれば、一九七二年の時点で、香港で水野は奥田に対してしたように、葉桐春や黄志文につなぐ役割を、江鬮に対してもしていたかもしれない。

もう一つ気になることがある。江鬮の手記によれば、東久邇宮の中国接近の考え方は、吉田茂に受け継がれているといい、江鬮は「吉田茂総理からは、ことあるたびに、「中国は大切だ。国交回復は、まだまだ先だろうが、今のうちに勉強しておいてくれ」という示唆というか、要請を受けていた」という。江鬮がなぜ、東久邇宮のみならず、吉田茂とも交流を持つことができたのか、この点から江鬮の属性をうかがい知ることはできないかと思った。

東久邇宮と吉田の接点は、東久邇宮内閣時代に吉田が外相だったという関係がある。元々、重光葵が外相だったが、内閣書記官長の緒方竹虎と対立したため、重光が退陣。後任の外相として緒方が推したのが吉田だったという[★21]。

江鬮が緒方に近い関係の人物だったと仮定すれば、東久邇宮や吉田とも関係があったことは自然と説明がつく。

あるいは、緒方ではなく、木村武雄（一九〇二～一九八三）との関係が近くても、同じ推理が成り立つかもしれない。木村は戦前からの代議士だが、石原莞爾の思想に共鳴して、一九三九年、東亜聯盟協会を設立した。木村も東久邇宮とは近く、重光の後任の外相に吉田を吹き込んだともいう［★22］。もし、江鬮が木村武雄の設立した東亜聯盟協会の関係者であれば、こうした推理も説明がつく。

木村武雄については、奥田敬和が黄志文と会ったときに記したと思われるメモのなかで、江鬮と並んで、

木村武雄　佐藤訪中企画──水野
　　　　　　　　　　　　└黄、邱

という記述があり、木村は江鬮とは別に、水野を通じて中国側にアプローチしていたと思われる［★23］。

★21　嘉治隆一『緒方竹虎』時事通信社、一九六二年、二一五頁。
★22　石川正俊『政治なき政治──木村武雄・評伝』時事通信社、一九六三年。
★23　樋泉克夫愛知県立大学名誉教授によれば、一九七二年当時、留学先の香港で木村武雄に誘われ、国交回復の関連で中国側の要人に会う話があったという。

繆斌工作との関連

これらの人々に共通するのは、皆、汪兆銘率いる南京国民政府の高官・繆斌（みょうひん）を通じた日中和平工作の関係者たちだったということである。繆斌は、汪兆銘が袂を分かった重慶政府の蔣介石と連絡が取れるとして、日本政府との間の仲介役を買って出ようとした。これを主導したのは緒方竹虎であり、東久邇宮が協力した。繆斌が信を置き同志と呼んだのは木村武雄だった。岡田芳政の上官・今井武夫（一八九八〜一九八二）少将は、その著書のなかで繆斌工作に何度も疑問を呈しているが、岡田は「重慶政府が本当に取り組んだ和平工作は、トラウトマン工作と繆斌工作だけだった」と、繆斌を高く評価する言葉を残している。繆斌と木村の関係の近さから考えて、木村と岡田も近く、岡田が知る水野についても、木村は当時から知っていたかもしれない。

水野の存在を考えるうえで、一つ気になる証言がある。八路軍に従軍したソ連の従軍記者ピョートル・P・ウラジミロフの『延安日記』（П. П. Владимиров "Особый район Китая. 1942—1945"）だ。このなかで、ウラジミロフが、中国共産党が日本軍と連絡を取りあっていたことに気づくくだりがある［★24］。このときは、江蘇省塩城に司令部を置く「新四軍」が、日本軍から派遣された工作員を通じて連絡を取っていたというものである。「新四軍」とは、主に華中で活動した中国共産党系の軍隊で、当初は国民党との妥協の下に組織されたが、蔣介石から解散を命じられると、共産党主導で塩城に拠点を置く部隊が新たに作られた。その政治委員は劉少奇（一八九八〜一九六九）である。岡田の記述では、水野のことを「北支にいた劉少奇に連絡を取るときに使った浪人」と書いており、「北支にいた劉少奇」という部分がウラジミロフの証言と一致しないものの、新たな「新四軍」を作るために北支から江蘇省塩城に南下した劉少奇のことだと解釈すれば、ウラジミロフが指摘した日本の工作員とは、水野のことだったのではないかという推論もできる。

こうした推論を重ねると、そもそもなぜ日本軍は、敵である中国共産党と連絡を取っていたのかという疑問が出てくる。繆斌工作について研究を重ねた横山銕三は興味深い推論を行っている［★25］。岡田芳政の上官・今井武夫は、繆斌を通じた和平工作について懐疑的であり、この交渉を潰そうと秘かに共産党に情報を流したのではないかと指摘している。その根拠は、江蘇省塩城との情報交換は、南京の総軍司令部が直接担当するであろうこと、それは謀略担当の総軍参謀副長である今井しかいないこと、今井自身の著書に、一九四四年一一月頃、繆斌工作の風説が南京にまで伝わっていた、と記されていたことをあげている。今井の動機としては、「国・共離間、ソ連懐柔支援のための延安抱き込み、中・米疎隔の一石二鳥であろうか」と記している。

横山は、アメリカの外交官ジョン・エマーソン（John Kenneth Emmerson　一九〇八〜一九八四）が、

★24　ピョートル・P・ウラジミロフ『延安日記――ソ連記者が見ていた中国革命』下巻、高橋正：訳、サイマル出版会、一九九〇年、四六六―四六七頁。

★25　横山銕三『「繆斌工作」成ラズ――蔣介石、大戦終結への秘策とその史実』展転社、一九九二年。

「国民政府がひそかに日本側との協定を交渉している」ことを知ったという証言も重視している[★26]。一九四四年夏、エマーソンは、共産党の根拠地・延安に滞在するアメリカ顧問団（〝デキシー・ミッション〟と呼ばれる）の一員であり、同僚の情報将校エヴァンズ大尉から、共産党から伝えられたというその極秘情報を教えられた。エマーソンは、共産党がなぜそのような情報をアメリカ側に明らかにしたのか、その動機について分析した。アメリカの対重慶援助が増大するのを見て、重慶の信用を落とすためにであり、蔣介石が日本の御機嫌を取ろうとしている、ということをアメリカに信用させれば、共産側に対するアメリカの援助を引き出せるだろう、などという理由を挙げている。こうして、繆斌工作は、共産党経由でアメリカにも筒抜けになったと横山はいうのである。

もし今井が本当に水野を使って、繆斌工作を劉少奇に漏らしていたとしたら、それは今井たちがソ連を通じた和平工作をあまりにも信用しすぎたということだろうか。あるいは蔣介石への不信から来るものなのか。

真相は闇――すべては中央档案館のなかに

東久邇宮と緒方は、日中戦争を止めるために、汪兆銘率いる南京国民政府の繆斌を通じた和平工作でも協力している。江뼈の東久邇宮との付き合いは、この頃からだったのではないか。そうでなければ、戦後になぜ、東久邇宮の相談相手になることができるのか。

江闓にまつわる謎は、戦中戦後の混乱期に、日本、中国、台湾、アメリカの間でどのような力学が働き、戦後の秩序が作られたのか、今もまだ明らかにされない謎とも密接に関わっている可能性がある。

それをひもとくには、日本の資料や、台湾側の資料だけでは十分ではない。共産党の視点から当時の情勢を見た、中国側の資料も開示されなければ、真相はわからない。中国の建国期の資料や、文革期以降の重要資料は、北京郊外にある中央档案館（国立公文書館にあたる）に収められていると言われているが、一般に公開されることはない。

市内から五〇キロも離れた山奥にあり、高い塀と高電圧のかかる鉄条網に囲まれ、建物の看板もない巨大な建物である。現場の警備が厳しく、入り口には武装警察が目を光らせている。

戦中・戦後の日、中、台、米の歴史と深く結びついている江闓の交渉についての資料も、存在するとすれば、ここに保管されているだろうと言われている。中国側は、佐藤の親書をどう受け止めたのか。どんな返書を用意したのか。日本の政局が動くなかで、どのような思惑で交渉していたのか。疑問に答える資料は今も公開されることはなく、真相は闇に包まれたままである。

★26　ジョン・K・エマーソン『嵐のなかの外交官――ジョン・エマーソン回想録』宮地健次郎：訳、朝日新聞社、一九七九年、一七四―一七六頁。

あとがき

西垣昭氏の元で保管されていた新たな資料を基に、江鬮眞比古の極秘交渉を調べるなかで、筆者は様々な専門家の協力を仰いだ。とりわけ、戦前・戦後の中国現代史を専門とする中村元哉東京大学准教授（取材当時は津田塾大学教授）には、関係者捜し、資料の分析などあらゆる面で多大なご協力を頂いた。中村氏の中国要人やその人脈についての該博な知識に加え、インターネットを通じての探索が、大きな武器となった。江鬮の交渉相手の関係者は、中国本土や香港にいるとは限らず、台湾、インドネシア、アメリカと、調査が進むにつれ、取材対象となる地域は広がっていった。インターネット上に広がる、中国語の情報空間は膨大なものであり、それを丹念に検索しながら、文字通り、グローバルな〝人捜し〟となった。中村氏には、香港に二度、アメリカに一度、ご同行頂いた。ここに厚く御礼を申し上げたい。

また、本書の冒頭に書いたように、筆者は「楠田實資料研究会」で江鬮眞比古の存在を知った。楠田實の資料を本書で使用させて頂くことをご快諾頂いた和田純神田外語大学教授と、同じく研究会メンバーである中島琢磨九州大学准教授、井上正也成蹊大学教授にも、御礼を申し上げたい。研究会の場で、様々なアドバイスを頂かなければ、取材は視野の狭いものになっていたと思う。

取材の壁が高い中国本土では、これまでも番組制作で大きな力となった楊昭氏、元中国社会科学院研究者の農偉雄氏の協力を得た。砂漠で針を拾うような地道な人捜しを、粘り強く続けて頂いた。香港では孫徳慧氏に、アメリカでは柳原緑氏にご協力頂いた。さらに長年、番組制作で苦楽をともにしている野村宏カメラマン、杉本親是照明マン、西谷和家編集マン、西脇順一郎チーフ・プロデューサー、高田仁エグゼクティブ・プロデューサーの協力により、その成果は、NHK・BS1スペシャル「日中〝密使外交〟の全貌」として放送された（二〇一七年九月二四日、前・後編、一〇〇分）。ここに改めて感謝申し上げたい。そのほか、文中でご紹介した方々に加え、ご協力頂いたすべての方々のお名前を記すことはできないが、深い謝意を表したい。

西垣氏は後年、中国と関わる重要な仕事に携わった。一九八九年に次官を最後に大蔵省を退官された後、九〇年から九八年まで、海外経済協力基金の総裁を務め、ODAを供与する立場から、改革開放の道を突き進む中国の急激な変革を見続けてきた（巻末に略年譜を付けた）。その間、毎年中国を訪問し、政府高官や共産党幹部らと意見交換をしてきたという。そうした体験から、日中の関係は切っても切れないものであること、そして、両国が様々な問題を抱えていても、共存の道を行くしかないことを、たびたび語っておられた。今回、資料を公開するにあたり、両国の関係にマイナスになるようなことがあってはならないと、力説されていたのも印象深い。

もとより、西垣氏の資料を基に取材したことは、日本のなかの、あるいは中国のなかの偏狭なナショナリズムを煽ることが目的ではない。戦前の大陸での日本の工作活動による人的パイプが、戦後四半世紀経った一九七〇年当時の交渉にもまだ生きていたこと、それに対して北京の共産党側も、非公式ルートを通じて日本側の意思を確認しようとしていたこと、その舞台は、共産中国の建国により大陸から逃がれていった日本協力者のシェルターともいうべき、当時のイギリス領香港が、国交のない日中間を結ぶ〝グレーゾーン〟として活用されたということが、見過ごされてきた日中間の戦後史の一断面として実に興味深く、このまま歴史に埋もれさせてしまうのは惜しいという動機からである。

そして、日本のなかではポスト佐藤総理の座を狙う総裁選レースのなかで、野党のみならず自民党内の足の引っ張りあいが交渉を失速させたこと、同時に中国共産党のなかでも〝一枚岩〟で日本との交渉に臨んでいたわけではなく、文革が収まらないなか、激しい権力闘争につながる対立があったことなどは、当時の両国の状況がちょうど合わせ鏡のように見えて面白い。外交は、常に自国内の反対勢力をどう押さえ込むかが重要なカギとなるという、歴史的公理を示しているともいえる。

中国はそうした対立を抱えながらも、できれば自国に都合の良い日本の新政権との間で交渉を進める方針に、途中で切りかえていたらしいこともわかった。これは、最後は方針を一本化して日本との交渉に臨んだ中国に対して、総裁選レースで分裂したままの日本からは見えにくい風景である。

日中国交回復の歴史について、日本側の与党内分裂の危機をとらえた、中国の意思決定の動きがあったことが、日本側にはまだ十分見えていないのではないか。これについては、日本側で得られた資料を基に本書で語ったに過ぎず、詳細については、中国側からの資料開示が俟たれるところである。

日中の歴史について語ろうとすると、たちまちイデオロギー色を伴い、話者がどちらの〝陣営〟に肩入れするのかが問われがちである。しかし、そうした二分法の呪縛から解放され、歴史的事実に虚心で向き合い、戦前・戦後史をできるだけ平明なスタンスで語り、互いの認識を交換することが、今後も一層求められると思う。

そのために両国間で何より求められるのは、歴史的な行政文書の保存と公開である。今回は、西垣氏が当時の貴重なメモをそのままの形で個人的に保存していたお陰で、それを基に調べることができた。しかし、日本の昨今の状況下で、どれだけの行政文書が、後世の人間が検証できる形で残されているか、はなはだ心許ない。以前の担当者がどのようなプロセスで決定したのかがわからなければ、どうしてこれからの適切な判断ができるというのか。外国との交渉においても、相手国が把握しているプロセスを、自国が把握できていないという事態がないことを祈りたい。

では、中国側は実際、どのような認識の元に、当時の日本との交渉を進めていたのか。中央档案館、あるいは香港の重要記録が保管されているという広州の档案館が、将来公開され、日中の人々が両国間の歴史について、純粋な知的関心を基に自由で活発な議論ができる日が来ることを待ち望んでいる。

吉田書店の吉田真也氏には、この日中間の裏面史を記録として残す意義を理解して下さり、最後まで新たなことがわかるたびに行った原稿の改編にも辛抱強くお付き合い頂いた。また、関連年表や西垣氏の日記、メモを読みやすい形で整理して頂いたのは、吉田氏の尽力によるものである。最後に、深く感謝申し上げたい。

二〇一九年秋

宮川　徹志

追補

本書執筆中の二〇一九年一月、筆者は江鬮眞比古の娘と、孫の吉田佳世氏に初めてお目にかかることができた。それから数度にわたってお会いするなかで、いくつかの重要な証言をうかがい、関連資料を見せて頂く機会を得た。これまで調べてきたことを越える未知のことばかりで、正直、筆者自身がそれらの意味を十分理解できていない事柄も多い。しかし、それらは、これまで本書で取り上げてきた江鬮にまつわる疑問を解く手がかりになるかもしれない。以下に記録として留め、日中間の水面下の交渉についてご関心のある方の、今後の研究を俟ちたい。

佐藤の親書について

まず、佐藤栄作の親書の原本の一部が、ご家族の元に残されていたことである。一つは、初めて周恩来宛の親書を作成したものの、出すのをやめ、代わりに署名入りの写真三枚を交渉相手に渡すことになったというときのものと思われる。封筒の表には「中華人民共和国　總理　周恩来閣下」

とあるが、なかには便箋が一枚入っており、

黄志文先生
柯正仁先生
葉桐春先生

日中両国の国交正常化　永久平和のため御努力を感謝します
一層の御協力をお願い致します
訪日される様お待ちしています

一九七一年九月七日

佐藤榮作　印

と書かれていた。

署名も印も佐藤のものと思われるが、本文の筆跡は、他の親書と同じ人物のものに見える。九月七日という日付は、第一回の親書と同じ日付であり、親書と一緒に作成されたものだろう。西垣氏の日記によれば、九月一一日、西垣氏は周恩来宛の親書の代わりに、署名入りの写真三枚を渡した

とあるので、写真はこの手紙にある黄志文、柯正仁、葉桐春に向けたものだったのだろう。当初からこの三人が、江鬮の主要な交渉相手だったことになるが、黄志文と葉桐春の間に記された柯正仁が何者だったかはわからない。中曽根康弘氏が後年、江鬮の秘書・石川昭治から当時のことを聞いたときのメモでも、三人の名前をやはり同じ順番で記しており、柯正仁は黄志文に次ぐ存在だったと思われる。

　日付については気になることもある。封筒の裏には「副本として私が持参したもの、私が開封し

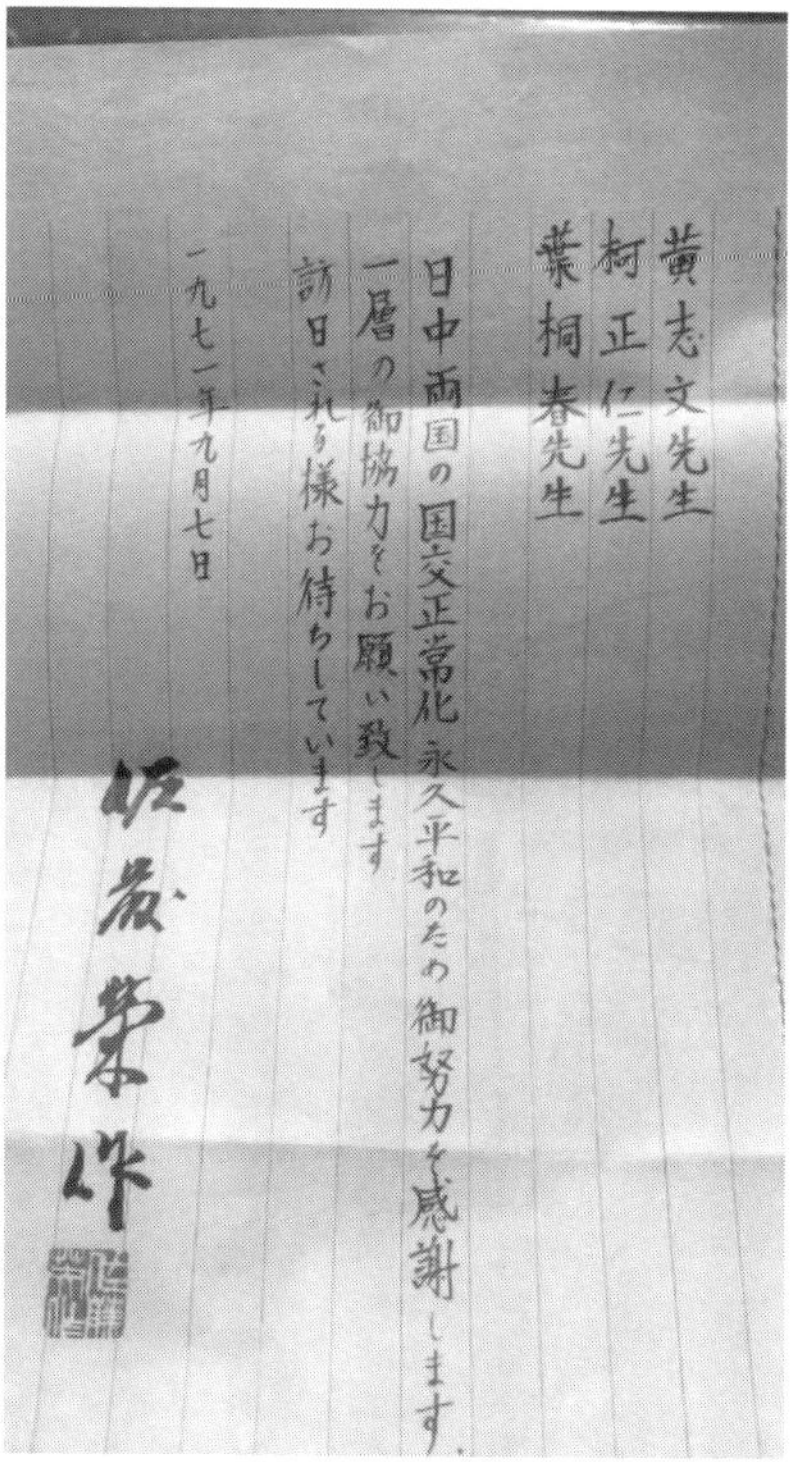
黄志文先生
柯正仁先生
葉桐春先生
日中両国の国交正常化永久平和のための御努力を感謝します
一層の御協力をお願い致します
訪日される様お待ちしています
一九七一年九月七日
佐藤榮作

佐藤の署名の入った1971年9月7日付けの書簡（江鬮家所蔵）

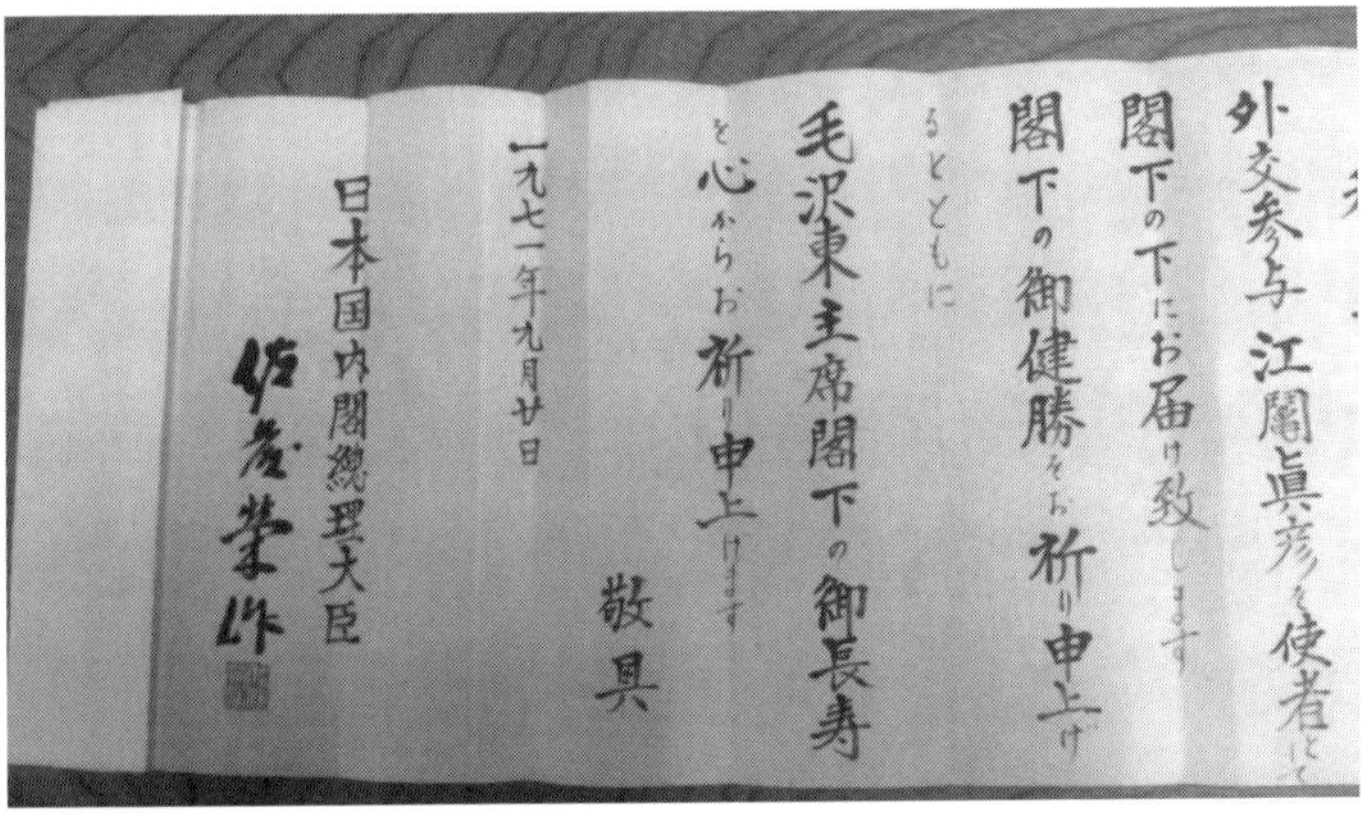
外交参与 江鬮眞彦を使者にて
閣下の下にお届け致します
閣下の御健勝をお祈り申上げ
るとともに
毛沢東主席閣下の御長寿
を心からお祈り申上げます
敬具
一九七一年九月廿日
日本国内閣総理大臣
佐藤栄作

第二回の親書の原本（日付は 1971 年 9 月 20 日　江鬮家所蔵）

ました　九月二十四日　江鬮眞彦」とあり、江鬮の捺印がある。九月二四日とは、第二回の親書を江鬮が西垣氏から預かった翌日で、江鬮が香港に到着した日であり、理由はわからないが、この手紙は第二回の親書を黄志文たちに渡す際、初めて開封されたものかもしれない。また、「副本」とあるため、江鬮はいつも正本と副本を用意した可能性がある。西垣氏の日記にも、第三回の親書について、佐藤が「さっさと正副二通の書簡に署名され」とある（「西垣昭日記」一九七二年四月六日）。

そして、ご家族の元にもう一つ残されていたのが、第二回の親書の原本である（日付は一九七一年九月二十日）。中曽根事務所に保管されているコピーと比べたところ、佐藤の署名と捺印、文章の内容、筆跡とも同じである。ただし、文章の行替えの区切りが微妙に異なっており、また、「頂きたく」が「頂き度く」と表記が異なる部分もあるなど、中曽根事務所のコピーとは別物である。つまり、第二回の親書は、二通作成されたことになる。黄志文たちに渡したとされる「正本」のコピーが、中曽根事務所にあるもので、残されたものは「副本」という可能性が考えられる。

通常、正本は周恩来向けに、副本は交渉人である黄志文たちが内容を確認できるために用意されたものと考えるのが普通だろう。しかし、こうして副本が手元にあるということは、どういうことなのか。他の親書の副本も、江鬮の手元に残されていたのだろうか。しかし、ご家族によれば、「これは大切に保管しなさい」といわれて渡されたものであり、他の親書については残されていないという。

そうであれば、もう一つ考えられるのは、江鬮の手記にあるように、第二回の親書が周恩来の元に届いておらず、「香港小組」に預かりのままになっていたことによるものである。一九七二年三月下旬までにそのことが判明し、第三回の親書の「再呈上」となったわけだが、その際、もはや必要なくなった第二回の親書の副書のほうを、江鬮が取り返したという推論もできる。

残された名刺と写真

ご家族の元には、これまで正体がわからなかったあの黄志文の名刺も残されていた。肩書きは、「新新國貨公司　義華國貨公司　總経理」とある。「新新國貨」とは、葉桐春の会社「国豊行」の共

黄志文の名刺（江䦨家所蔵）

同経営者たちが経営していた国貨＝中国本土の国産製品を扱う百貨店の一つである（二一九〜二二〇頁参照）。

この百貨店の存在は、実はすでにわかっていた。香港大学図書館に『旅港嘉属商會』（一九六〇年）というインドネシア華僑の経営による百貨店の一覧が記載されており、そこに新新國貨公司の経営者として「黄志文」の名前があったのである（香港在住の研究者・李培徳氏にご教示頂いた）。江䦨の手記によれば、黄志文は「元インドネシア大使」というが、そのような名前の大使は存在しない。しかし、インドネシアと深い関わりのある華僑の可能性はあると考え、また、国貨経営者であれば中国共産党に近いため、新新國貨の経営者を名乗るこの人物こそが、探している黄志文の可能性はあると見ていた。ただ、それ以上の裏づけとなる情報はなく、香港で新新國貨について記憶する人物は見つかっても、直接の関係者にはついに行き当たらなかったため、真相はわからず、同姓同名の別人の可能性も拭いきれなかった。この名刺が見つかったことで、黄志文はインドネシア華僑であり、百貨店経営舎としての肩書きを持ちながら、香港での情報活動を行っていた人物だったといえそうである。ちなみに『旅港嘉属商會』によれば、出身は葉剣英、葉桐春と同じ広東省梅州市梅県である。名刺の裏には英語表記もあり、「Wong Chie Bun」だった。これは広東語など南方系の読み方であり、少なくとも北京標準語圏の出身ではないことがわかる。

前述した柯正仁の名刺もあった。肩書きは「華豊貿易公司」とあった。黄志文同様、百貨店経営が本業ではなく、名前も偽名であろう。

残された名刺のなかには、江鬮の協力者である萬熙や江俊龍、その父・江勃森のものや、黎蒙の長女・黎鳳慧氏の、東大留学生時代の名刺もあった（七五〜八二頁参照）。注目したいのは、中国政府側のいわば〝表〟の要人にも、江鬮が会っていることである。一九七七年から八二年まで駐日大使を務めた符浩、国交回復前は廖承志の下で対日工作にあたり、その後、駐日大使館公使銜参賛を務めた王暁雲、同じく一等書記官の趙自瑞の名刺もあったのである。符浩の大使在任時の一九七八年、福田赳夫政権との間で日中平和友好条約が結ばれたため、江鬮は福田のルートを利用して彼らに会ったのかもしれない。符浩は、江鬮の交渉の最後期にあたる一九七二年五月から外交部副部長を務めている。また、「西垣メモ」（一九七一年一一月二八日）によれば、江鬮は王暁雲について、「王暁雲は日本人であり、満洲で親を失ったもの」という真偽不明の報告を佐藤に行っている（戦後の中国残留日本人孤児のなかには、中国人としてその後の人生を送った人は数多くいたのだから、このようなことがあってもおかしくない）。趙自瑞についても、「西垣メモ」（一九七一年一二月二八日）によれば、水面下の交渉が本格的に進展するなか、覚書貿易の東京事務所に帰任したことを佐藤に報告するなど、江鬮がその動静を注視していた人物である。江鬮は彼らと、どのような会話をしたのだろうか。

日本人の名刺にも、目を引くものがあった。旧皇族の賀陽恒憲（かやつねのり）（一九〇〇～一九七八）の名刺があったのである。ご家族のアルバムには、並んで立つ賀陽と江鬮の写真まであった。戦前、陸軍中将だった賀陽は、江鬮が外務省文化事業部にいた一九三九（昭和一四）年、中支那派遣軍参謀を務めているが、二人の関係がそのときから始まったのかどうかはわからない。戦後、賀陽からはしばしば江鬮の家に電話があったという。江鬮の手記によれば、江鬮は戦後、東久邇稔彦の相談役を務めたというし、「西垣メモ別冊」（一九七二年四月二〇日）には、江鬮は秩父宮妃（雍仁（やすひと）親王妃勢津子（せつこ）　一九〇九～一九九五）の紹介で、秩父宮とオックスフォード大学留学時代の同級生だったという香港の鄭観成と知己であり、この人物から北京情勢についての情報の裏づけを取ったとの報告が記されている。そのような皇族との関係が本当にあったのか、あったとすればなぜなのかは不明だが、少なくとも賀陽恒憲とは深いつながりがあったことは確かのようである。そのことが他の皇族とのつながりにも関係していたのか、詳細はわからない。

賀陽恒憲と江鬮（撮影年不明　江鬮家所蔵）

娘の記憶によれば、江鬮は手記にあるように、確か

江鬮と岸信介（1970 年　江鬮家所蔵）

に戦後、大磯の吉田茂邸にしばしば通っており、子供だった娘も連れて行ってもらったことがあったという。また、晩年、茅ヶ崎に住んでいた大島浩元駐ドイツ大使（一八八六～一九七五　東京裁判でA級戦犯として訴追され、一九五五年に保釈）とも交流があったという。アルバムのなかには、当時、自宅で写されたと見られる大島の写真が複数枚ある。

さらに、江鬮の支援者だった小金義照の勲一等瑞宝章（一九七〇年）の記念パーティーらしき場で、岸信介と談笑する江鬮の写真も複数枚ある。戦前の商工省で岸の後輩にあたる小金を通じて、江鬮は岸との関係を作っていたのだろうか。

江鬮の手記によれば、中国との交渉について報告するため、一九七二年三月六日、江鬮は小金義照と共に福田赳夫を訪ねたという。江鬮と福田赳夫が一緒に写っている写真をすでに紹介したが（一六五頁）、このときのものと思われる別の写真が複数枚、アルバムのなかにあった。江鬮の他、五人の人物が福田と共に部屋におり、そのなかには萬熙の姿もあ

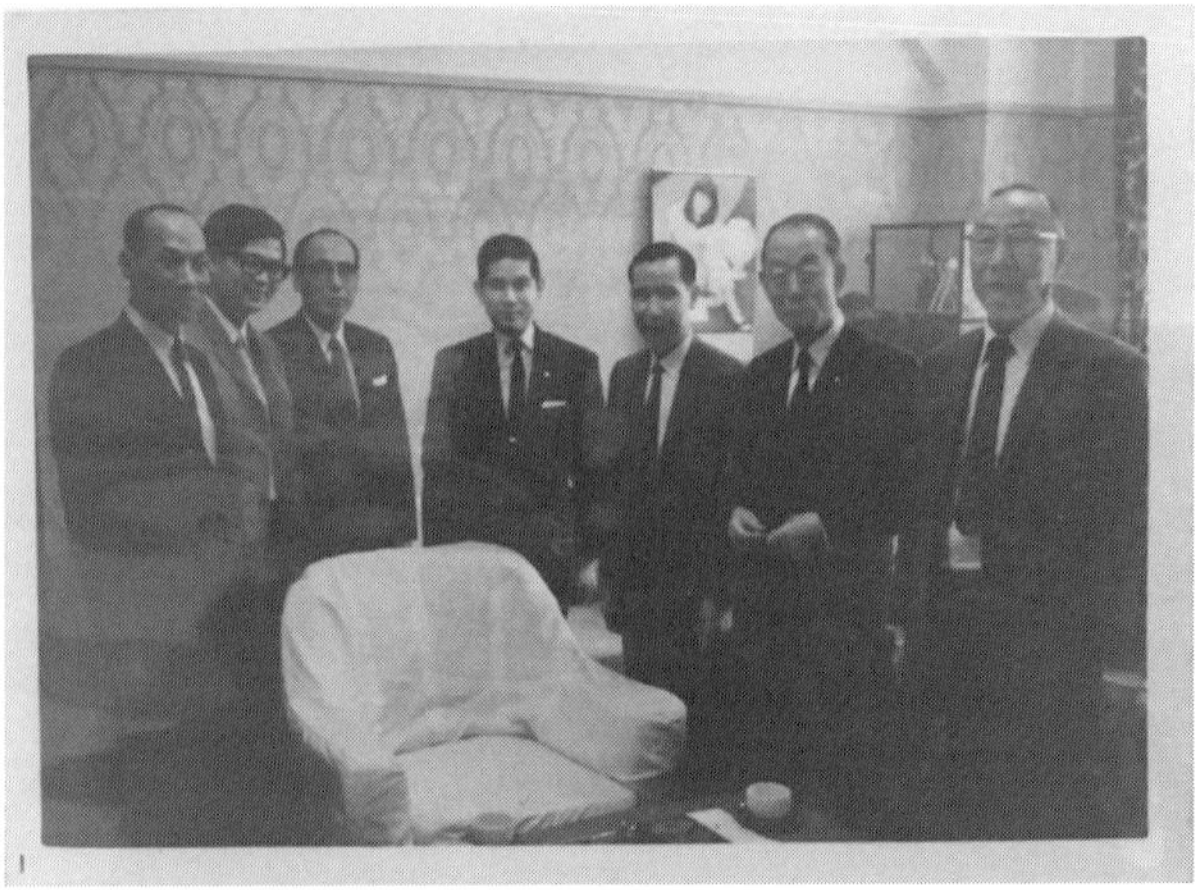

右から萬熙、福田赳夫。左から三番目が江鬮（1972 年 3 月 6 日？　江鬮家所蔵）

萬熙と握手をかわす福田赳夫。後ろにいるのは江鬮（1972 年 3 月 6 日？　江鬮家所蔵）

小金義照とゴルダ・メイア（1961年？　江鬮家所蔵）

った。萬熙は福田と握手までかわしている。萬熙以外の人物たちは何者かわからないが、恐らく香港で、江鬮と一緒に会合をしている様子が複数枚、写真に撮影された人々である。

ユダヤ人との関係

江鬮の娘からうかがったお話のなかで、最も不思議なエピソードがある。それは、子供の頃、後に首相となるイスラエルのゴルダ・メイア（Goldah Me'ir　一八九八〜一九七八　首相在任は一九六九〜一九七四）が、江鬮の元を訪れたというのである。三歳か四歳の頃だが、ゴルダ・メイアに頭を撫でられた記憶がかすかにあるという。当初、にわかには信じがたいと思えたが、アルバムのなかからは、小金義照と一緒に写っているゴルダ・メイアの写真も見つかった。『ゴルダ・メイア回想録』（"My Life" 一九八〇年）によれば、一九六一年、確かに来日したことが記されており、娘の記憶と年代が符合する。なぜ、ゴルダ・メイアがわざわざ江鬮の元を訪れたのだろうか。

この謎を解く一つのヒントになるかもしれない、江鬮の遺品も見つかった。江鬮の孫・吉田佳世氏によれば、江鬮は晩年、地元の知人に、大量の蔵書を引き取ってもらっており、その知人が今も保管しているという。吉田氏と共にその知人の元を訪ねると、優に三〇〇冊を越える江鬮の蔵書があった（地元の図書館に既に寄贈したものもあり、元々はもっと多かったという）。国内・国外を問わず、政治に関する本が多く、もちろん中国関連の本も多数あったが、とりわけ目立つのが、ユダヤ人に関する戦前の書物である。四天王延孝『猶太思想及運動』（一九四一年）、渡邉巳之次郎『猶太民族の世界的活動』（一九二二年）、武藤貞一『ユダヤ人の對日攻勢』（一九三八年）、國際政経學會調査部譯編『世界の猶太勢力と秘密結社の解剖』（一九四三年）、北上梅石『猶太禍』（一九二三年）、宇都宮希洋『猶太問題と日本』（一九三九年）などであった。

蔵書を引き取った知人も、江鬮とイスラエルとの関わりを示すエピソードを教えてくれた。一九七〇年頃、知人が大学を卒業して就職活動をしていたとき、江鬮は「就職前に一度、イスラエルのキブツで働いてみないか。私はダヤンを知っているから、現地に行けば面倒を見てくれるだろう」といったという。ダヤンとは、第一次、第二次中東戦争を戦った隻眼の司令官、モーシェ・ダヤン（Moshe Dayan　一九一五～一九八一）である。

戦前のユダヤ人に関する大量の蔵書。戦後のイスラエルの政治家や軍人とのつながり。江鬮は手記のなかで、戦後、「ユダヤ研究」を希望していたとつづっていたが、その背景には、何があったのだろうか。

一つの推論として、戦前、ヨーロッパで迫害を受けるユダヤ人を満洲に移住させ、その資本投下を促し、ひいては対米関係の改善をはかる計画、いわゆる〝河豚(ふぐ)計画〟に関係があったのではないかと考えられる。〝河豚計画〟は陸軍大佐安江仙弘(やすえのりひろ)、海軍大佐犬塚惟重(いぬづかこれしげ)らによって策定され、一九三四(昭和九)年から一九四〇(昭和一五)年にかけて検討された。江鬮の蔵書のなかには、安江仙弘『ユダヤの人々』(一九三七年)もあり、また、後年、この計画について初めて詳述したマーヴィン・トケイヤー(Marvin Tokayer　一九三六〜)『河豚計画』("The Fugu Plan"　一九七九年)もあった。いわゆる〝命のビザ〟を発給した杉原千畝(すぎはらちうね)(一九〇〇〜一九八六)は、〝河豚計画〟に沿う任務を実行したに過ぎないという指摘もあるが、現在もイスラエル政府から称えられていることを考え合わせると、江鬮もユダヤ人救済に何らかの貢献があったために、戦後のイスラエル高官とのつながりに発展した可能性も否定できない。

ちなみに、江鬮は福島の旧制双葉中学を一九三三年に卒業後、明治学院大学に進学していたらしく、さらに一時アメリカの大学(ペンシルベニア大学?)にも行っていたことがあるという。明治学院大学卒のヘブライ語研究者・小辻節三(こつじせつぞう)(一八九九〜一九七三)が一九三八年から二年間、南満洲鉄道調査部の顧問として〝河豚計画〟に協力しており、小辻と江鬮に何らかの関係が見出せないかと調べてみたが、裏づけるものは見つかっていない。

付録　佐藤親書

本書で述べたように、江鬮眞比古が手記（「私は、佐藤前首相の「北京政府」工作の密使だった」『宝石』一九七三年一二月号所収）のなかで触れた、佐藤栄作の署名の入った周恩来宛の親書の写しが、中曽根康弘事務所に保管されていた。合計三通あり、その全文を以下に掲載する。掲載にあたって、表記は基本的に原文通りとし、行替え、一字空けについても、なるべく忠実に行ったが、句読点が必ずしも明瞭に付いていないため、読みやすさを考え、文意に即して文章を詰め、あるいは空けた部分もある。

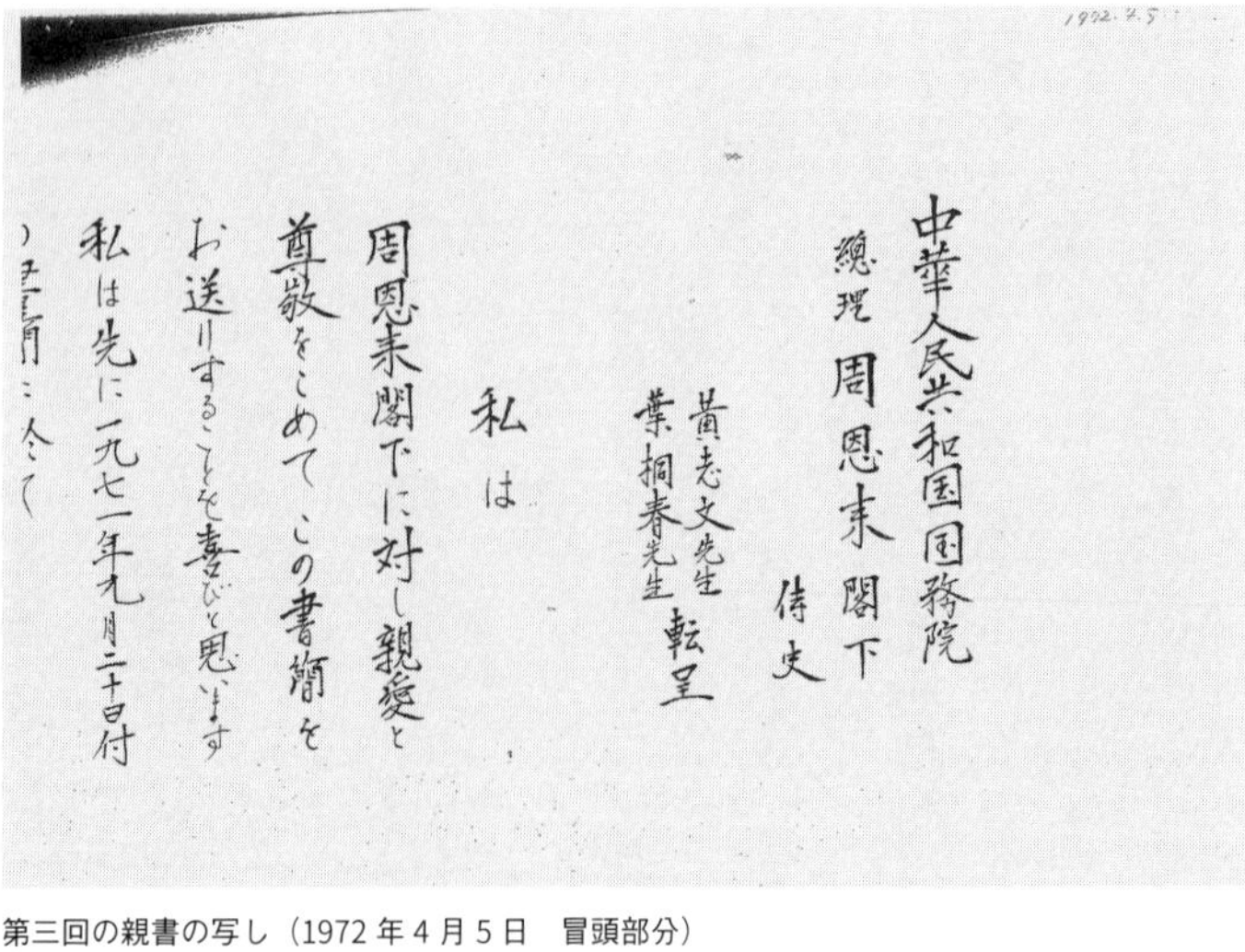
1972.4.5
中華人民共和国国務院
總理　周恩来　閣下
侍史
黄志文先生
葉桐春先生　転呈
私は
周恩来閣下に対し親愛と
尊敬をこめて、この書簡を
お送りすることを喜びと思います
私は先に一九七一年九月二十日付

第三回の親書の写し（1972 年 4 月 5 日　冒頭部分）

第一回（一九七一年九月七日）

中華人民共和国国務院
總理　周恩来　閣下
侍史

閣下に対し親愛と尊敬を表し心からの書簡をお送りすることを喜びと思います。

私は　日中両国間の現在と将来、アジアの平和を願い日中両国の国交正常化　永久平和の問題の解決のため北京に閣下を訪問し率直な意見の交換を致度　よって私に訪中の機会を何卒御配慮賜り度お願い申上げます。閣下をはじめ政府要路の方々に親しくお目にかかり御意見をお聞きするとともに日中両国の国交正常化　永久平和に対する私の決意と眞情を申上げたいと思います。

閣下の御好意と御配慮に依り速かに訪中の実現を図って頂度　重ねてお願い申上げます　尚　問題の重要という点で極秘のうちに進める必要から私の盟友であり吉田茂翁の同門である小金義照衆議院議員を私の外交顧問として交渉の責任に当らせ江鬮眞彦君を補佐とさせることを御了承下さい。

閣下の御健勝をお祈り申上げるとともに
毛沢東主席閣下の御長寿を心からお祈り申上げます。
敬具

一九七一年九月七日
日本国内閣總理大臣
佐藤榮作　※印なし

第二回（一九七一年九月二〇日）

中華人民共和国国務院
總理　周恩来　閣下
侍史

閣下に対し　親愛と尊敬を表し心からの親書をお送りすることを喜びと思います。

私は　日中両国の国交正常化　永久平和に就て閣下を北京にお訪ねして御意見をお聞きするとともにアジアの平和に対して協力のための意見を相互交換致し度く思います。私の政治的立場は日米関係国際関係が複雑微妙な現在に於ても　隣人友邦の平和精神を貫き信義を守り平和に徹する一念にあります。

閣下の主宰する中国政府は全中国人民を代表する政府であり台湾問題は内政問題であることを私は日本議会に於て宣明しましたが私の信念であります。又　如何なる変化があろうと戦争手段による解決は反対であり、平和のために　平和による解決に努力を考えています。

私は

閣下を北京にお訪ねし　日中両国の国交正常化　永久平和に就て

私の眞情を申上げるとともに

毛沢東主席閣下に領導されて偉大な発展を進めている中国の姿に接したいと願っています。

閣下の御好意と御配慮に依り速かに訪中の実現を図って頂きたくお願い申上げます。

私の親書を　私の外交参与　江鬮眞彦を使者として閣下の下にお届け致します。

閣下の御健勝をお祈り申上げるとともに

毛沢東主席閣下の御長寿を心からお祈り申上げます。

敬具

一九七一年九月廿日

日本国内閣總理大臣

佐藤栄作〈印〉

第三回（一九七二年四月五日）

中華人民共和国国務院

總理　周恩来　閣下

侍史

黄志文先生

葉桐春先生

転呈

私は

周恩来閣下に対し親愛と尊敬をこめて　この書簡をお送りすることを喜びと思います

私は先に一九七一年九月二十日付の書簡に於て

閣下並びに中国に対する私の眞意を申し述べましたが

その書簡は

閣下の信頼する同志諸君のもとに預りのまゝとなっていると聞いています。　然しながら　その後

閣下の信頼する同志諸君と私の使者江鬮眞彦が親しく接渉を重ねて参り慎重な討議検討の結果

閣下の信頼する同志諸君も私の眞意についての理解を深められ日中復交　日中永久平和への道が一歩一歩進められつゝあることを喜びと思います　私は江鬮眞彦

から
閣下の信頼する同志諸君との交渉討議の模様について
報告を受けておりますが　日中復交　日中永久平和確
立のための前提が台湾問題にあることは十分理解して
おり当然のことと考えております　私は
閣下が示された原則を私は誠意と努力に於て受け入れ
日中両国間に横たはる凡ての諸問題の解決に当る決意
をもっていることをお伝えします　私はこの決意と誠
意に於て閣下と会見し　日中国交正常化のための協議
を一日も早く実現することを心から望むものでありま
す。
閣下も御承知のようにこのような私の考え方に対する
批判勢力も国内にはありますが　日中復交を実現し
日中永久平和を確立し　アジアの平和に貢献したいと
いう私の決意には変りがありません　私はこの決意と
誠意に於て
閣下と私との間に於て復交のための会談をもつことを
要請したいと思います　私はできるだけ早く北京を訪
問し
閣下との会談に於て日中両国間の基本的な諸問題の解
決に努めたいと考えております
閣下の暖かい御返事をお待ちしております

　　私の眞意を
閣下より
毛沢東主席閣下にお伝えいただければ光栄と存じます
毛沢東主席閣下の天寿無窮を衷心よりお祈りするとと
もに
閣下の御健勝を心からお祈りいたします
　　尚
閣下の信頼する同志諸君の眞剣な御努力と江鬮眞彦に
与えられた御厚意に対し感謝を申上げます
敬具

一九七二年四月五日
日本国内閣總理大臣
佐藤榮作〈印〉

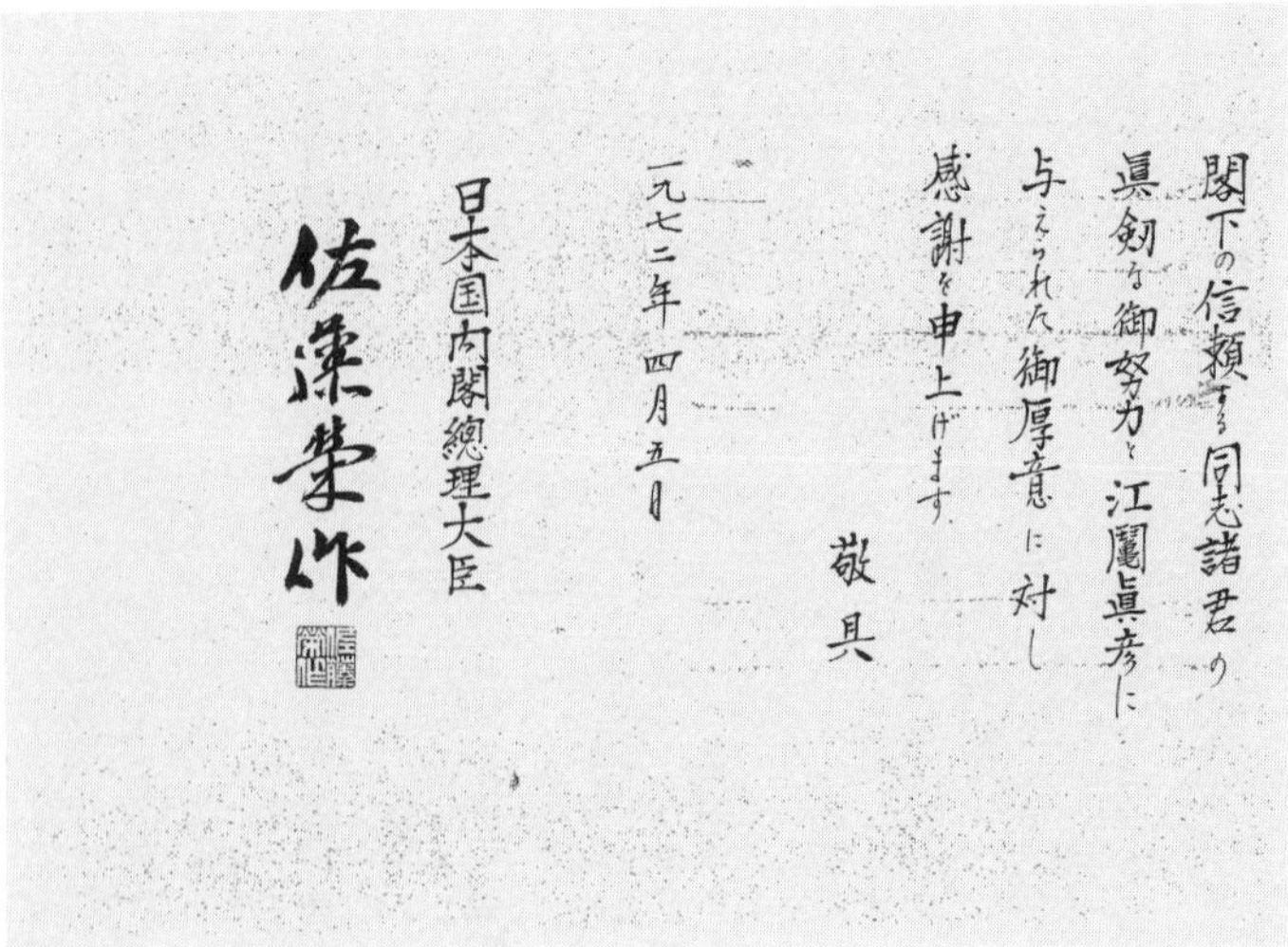

閣下の信頼する同志諸君の
眞剣な御努力と江鬮眞彦に
与えられた御厚意に対し
感謝を申上げます
敬具
一九七二年四月五日
日本国内閣総理大臣
佐藤榮作

第三回の親書の写し（末尾）

主要人名索引

※本書に頻出する江藺眞比古、佐藤栄作、および西垣昭氏については、索引の対象から除外した。
なお、斜体の数字は「江藺眞比古年表」「西垣昭日記」のページである。

【さ行】

【た行】

【な行】

【は行】

【ま行】

【や行】

【ら・わ行】

資料
江鬮眞比古　関連年表

これまでにわかった江鬮眞比古の活動や、その関係者に関する情報を、年表にまとめた。この中に、西垣氏が江鬮の報告を記録した42枚のカード「西垣メモ」記載の内容等も収録した。他に、当時の江鬮の活動をたどる手がかりとして、江鬮の手記（『宝石』1973年12月号所収）と、『佐藤榮作日記』からの抜粋も適宜織り込んだ（以下、「手記」「佐藤日記」と記す）。

	江鬮眞比古関連	周辺の出来事・補足説明
1905（明治38）年		**1月25日**　中川太郎、出生（長崎県北高来郡小長井村）。
1909（明治42）年		萬熙（萬象熙、萬變和）、江西省南昌市幽蘭鎮南湖に生まれる。
1915（大正4）年 **0歳**	**8月22日**　双葉町長塚鬼木にて出生。戸籍名は「江鬮章（あきら）」。江鬮栄治と遠藤トメノの間の5人兄弟の次男。	
1920（大正9）年 **5歳**		周恩来パリへ留学。
1924（大正13）年 **9歳**		周恩来パリから帰国。黄埔軍官学校の政治部副主任。
1924（大正14）年 **13歳**		中川太郎、長崎県師範学校卒業、長崎県野母小学校訓導（翌年トミと結婚）。
1929（昭和4）年 **14歳**		中川太郎、上京。日本大学高等師範部入学、警視庁の臨時雇としても勤務。

	江藺眞比古関連	周辺の出来事・補足説明
1929(昭和6)年 **16歳**		**9月18日**　満州事変。
1929(昭和7)年 **17歳**		**3月1日**　満州国建国。
1933(昭和8)年 **18歳**	旧制双葉中学卒業。	
1934(昭和9)年 **19歳**		萬煕、東大に留学（25歳？）。 中川太郎、日本大学高等師範地理歴史科卒業、東京川村女学院教諭。
1937(昭和12)年 **22歳**		**7月**　盧溝橋事件、日中戦争。
1938(昭和13)年 **23歳**		萬煕、藤野幸子と結婚（29歳？）。※中川太郎が仲人 **2月**　藤野里雄生まれる。 **3月**　防諜研究所（陸軍中野学校の前身）創設。 **9月4日**　佐藤栄作、鉄道省鉄道課長のまま上海へ（興亜院華中連絡部にて、華中鉄道建設のため。～1939. 6. 10）。 **12月**　興亜院設立。
1939(昭和14)年 **24歳**	**5月11日**　外務省文化事業部第一課嘱託。 （「私と中国、及び中国人とのかかわりあいは戦前、一外交官として、北京に赴任していたこともあるのだから、かれこれ三十有余年になる」という1973年の『宝石』での記述を考えると、この頃、北京にいた？） **11月30日**　嘱託職員を依願退職。	**3月**　岸信介、満州国総務庁次長。 萬煕、留学終わり？　文学博士（30歳?）。 **4月**　中川太郎、陸軍嘱託支那派遣軍特務部及び国民政府顧問。妻トミと共に南昌へ。 **7月**　日本軍は南昌市政府計画準備、萬煕は準備所長に。 **10月**　岸信介帰国、商工次官。

	江灩眞比古関連	周辺の出来事・補足説明
1940(昭和15)年 **25歳**		**3月** 汪兆銘の南京政府設立。今井博、興亜院連絡部事務官？ **6月** 古海忠之、満州国国務院経済部次長。 **10月？** 佐藤一郎、蒙疆連絡部（大平の後任）。
1941(昭和16)年 **26歳**		**8月1日** 萬熙、南昌市長に。 **12月8日** 真珠湾攻撃。
1942(昭和17)年 **27歳**		**9月** 萬熙、病気を理由に市長を辞職。
1943(昭和18)年 **28歳**	※江灩は佐藤栄作の自動車局長時代の前までに知り合っていた？	**6月** 藤野幸子、死去。 **11月** 佐藤栄作、自動車局長。
1944(昭和19)年 **29歳**		**春** 佐藤栄作、大阪鉄道局長。萬熙、遼寧省撫順市でガス会社。のち「萬義俊」と改名、日本降伏前に香港に逃れる。
1945(昭和20)年 **30歳**	「敗戦とともに、私は再び、中国の土をふむことはないと思い、また心にもきめ、以前から希望していた「ユダヤ問題」研究のため、学究の徒となった」。（手記）	**9月** 東久邇宮内閣で吉田茂が外相に就任。 中川太郎、外務省から進駐軍連絡委員（リエゾンコミティ）を拝命、長崎県諫早市小野の進駐軍本部に詰める。
1946(昭和21)年 **31歳**		**4月** 中川太郎、長崎県鎮西学院高等学校教諭。 **5月23日** 蔣介石が長春奪還、記念の写真撮影（本書87頁参照）。
1949(昭和24)年 **34歳**		**1月** 蔣介石が下野、李宗仁が中華民国総統代理に。

	江鬮眞比古関連	周辺の出来事・補足説明
1950（昭和25）年 **35歳**	「私が人生の師として久しく私淑していた」「東久邇宮の相談相手となり」、「東久邇宮の名前で周恩来に手紙を出した」。（手記）	
1954（昭和29）年 **39歳**	鳩山内閣成立後、「アジア経済協力機構」が吉田茂前総理、岸信介幹事長らが中心となって計画。「若干の手伝い」をする。（手記）	
1955（昭和30）年 **40歳**		**3月15日**　萬熙、香港紅卍字会に入会（45歳）。
1960（昭和35）年 **45歳**		**12月**　藤野里雄（22歳）が父・萬熙（51歳？）と香港で再会。
1962（昭和37）年 **47歳**	**5月15日**　天星交易株式会社を設立。	今井博、日本開発銀行理事に。 **10月28日**　日本紅卍字会設立（林出賢次郎名誉会長）。
1963（昭和38）年 **48歳**	**10月29日**　大嶋豊に勧誘され、日本紅卍字会に入会。	
1964（昭和39）年 **49歳**	**4月**　台湾震災義捐金を小金義照らと共に払う（金弐千円）。	**1月**　台湾地震。 **4月3日**　中川太郎、萬熙に招かれ香港で講演。 今井博、日本曹達社長に。
1965（昭和40）年 **50歳**		**9月30日**　インドネシアでスハルトによる反共クーデタ。
1967（昭和42）年 **52歳**	**7月15日**　国交回復のために中国へ。萬熙と出会う？	**6月7日**　香港で「六七暴動（反英左派暴動）」
1970（昭和45）年 **55歳**	**4月**　『政治公論』（政治公論社）に「政想断片」を発表、「法学博士香港大学教授」を名乗る。	**8月**　西園寺公一、12年7ヶ月ぶりに中国から帰国。文革による事実上の追放。

	江鬮眞比古関連	周辺の出来事・補足説明
1971（昭和46）年 **56歳**	**9月2日**　小金義照と共に佐藤訪問。佐藤日記「……江鬮眞比古君が小金義照君と一緒にきて詳細に香港を通じての中国問題をきく。周恩来と連絡とれるはづと連絡方を江鬮君がいって来た。だまされたと思って話にのる事にした。」 **9月9日**　小金と共に公邸で佐藤と面会、周恩来宛の書簡文案を作る。 **9月10日**　佐藤日記「江鬮眞比古君に書いて渡す手紙は一寸相手が判らないので書く事をやめた。」（9月7日付の1回目の親書が作成されたが、送付は見送られた） **9月11日**　西垣氏から写真3葉を受け取る。 **9月21日**　小金義照と共に佐藤訪問。佐藤日記「江鬮眞比古君がやって来る。この人も熱心なのに驚く。小金義照君と一緒に来る。」（2回目の親書　9月20日付） **9月23日**　西垣氏から親書を受け取る。（「西垣日記」） **9月24日**　香港入り。 **9月25日**　28日の周恩来面会予定が突然キャンセル。（手記）	**9月13日**　林彪事件。
		10月1日　国慶節中止。 **10月2日**　訪中した藤山愛一郎らの日中議連と中国側の中日友好協会との共同声明「中日国交回復基本四原則」（"日華条約"の無効を含む）。 **10月17日**　「対日邦交恢復小組」設置（北京側責任者：李先念、香港側責任者：黄志文）。 **10月24日**　黎蒙が死去（65歳）。 **10月25日**　国連で中華人民共和国の成立が決定。台湾は国

	江鬮眞比古関連	周辺の出来事・補足説明
	10月30日　夕方帰国。(「西垣メモ」) **10月31日**　佐藤と面会。佐藤日記「江鬮君が香港から帰国、朗報をもたらすが、尚期待するのは一寸早いか。更に模様を見る事とするが、近く彼は香港から北京へ。彼の話だと林彪が死去した事、同時に黄永勝参謀総長も姿をけしたらしい。李先念の首相説等中共の様子はなかなか「はあく」しにくい。」	連から脱退。
	(この間に中国に行っている？) **11月10日**　帰国。 **11月12日**　総理公邸へ。 佐藤日記「江鬮君と会ふ。和製キッシンジャー。色々と北京の様子等話してくれる。」 **11月17日**　香港へ発つ。(「西垣メモ)」 **11月21日**　手記によれば、今井博社長と香港へ。 **11月28日**　佐藤と面会。	**11月14日**　美濃部亮吉が香港で記者会見、「保利書簡」を暴露。
	12月28日　佐藤と面会。	
1972(昭和47)年 **57歳**	**1月14日**　佐藤と面会。佐藤日記「香港から江鬮眞比古君が帰国し、中国の模様を話して帰る。来月中には佐藤一郎君を使に出せそうに報告をうける。果たして然るか。」	
	2月6日　佐藤と面会。佐藤日記「……江鬮眞比古君と会ふ。この人とは会ふ度が重なると面白い人だ。会津の産との事。」この日は日曜日で公邸で西垣秘書官と3人で写真を撮影(本書13, 21, 141頁など参照)。 **2月9日**　田中角栄通産相に報告。	

江鬮眞比古関連	周辺の出来事・補足説明
今井博同席。（手記） **2月16日**　佐藤日記「江鬮眞比古君の使者が五千万円出してくれと云って来たが簡単にすぐ引きこめた、一寸解せないと云ふ。当方から、西園寺公一君に会ひ度い、然し内緒でと云ふ。その機会を作ると彼は云ふ。」	**2月21日**　ニクソン訪中。
3月2日　佐藤と面会。佐藤日記「江鬮眞比古君と会見、香港は好都合に進んでおる様子。西園寺公一君に会ふ事も話しておいた。数日たてば尚香港の様子は明となるらしい。」 **3月6日**　福田赳夫外相に報告、小金義照同行。（手記） **3月29日**　総理公邸へ。佐藤日記「江鬮眞比古君が内密に訪ねて来る。香港の方は至極順調にいっておるとの報告。勿論今迄の経過で特に説明を要する点も多々あるが、江鬮君の努力で問題なく経過し、北京亦政府間交渉を望んでおるとの事で、当然のことではあるが干係者の努力には頭が下がる。殊に江鬮君の努力は大したもの。」	
4月5日　中曽根康弘総務会長に報告。（手記） （※第3回の親書の日付はこの日） **4月6日**　佐藤と面会。佐藤日記「夜は江鬮眞比古君と会ふ。然し記者諸君には内緒。甘くいったらしいがこれで江鬮君が北京へ出かける事に果してなるや否や。これは結局かけか。」 **4月12日**　香港へ出発（〜22日）。 **4月20日**　佐藤日記「香港から今	

江藺眞比古関連	周辺の出来事・補足説明
井博君が帰国して様子を知らしてくれたが、仲々思ふに任せぬらしい。結局江藺君は帰国するらしい。北京の都合もある事で致方はない。あせらぬ事が肝要。」	
5月2日　佐藤と面会。佐藤日記「……閣議前に来客をとる。まづ第一は香港帰りの江藺眞比古君で、中国側の情報をとる。三木武夫君や藤山愛一郎君などが帰国したばかりで充分北京の様子は判って居るのだが、香港と北京では大分考へ方が違ふ。果して周恩来が、林［彪］氏なきあとが如何するのか。一寸この処面白い。」	
5月18日　佐藤と面会。佐藤日記「江藺眞比古君と日中干係の調整に入り、又北沢直吉君が台湾に行くのであいさつに来る。」	
5月24日　佐藤と面会。佐藤日記「引続き来日中の万熙さんや黄さんと江藺眞比古君と約一時間話する。」	
6月3日　出発。	
6月17日　9時から「小組」（3人）との会合。 13時過ぎ、「佐藤総理、本日、引退を表明」というメモが届く。会談小休止。 20時半　西垣秘書官から江藺の宿泊先のネイザンホテルに国際電話（手記）。	**6月17日**　10時、佐藤引退を表明。
6月18日　22時　「小組」との会談再開。（手記）	
6月21日　帰国。（手記）	
6月22日　早朝に官邸の佐藤を訪問。（手記）	※『宝石』には官邸訪問は「22日」とあるが、佐藤日記

	江闖眞比古関連	周辺の出来事・補足説明
		によれば、佐藤は山口にいる（6月20日東京出発、6月23日午前9時30分東京着）。
		7月6日　佐藤退陣。
1973（昭和48）年 **58歳**	**11月**　『宝石』1973年12月号に手記が掲載。	
1974（昭和49）年 **59歳**	『宝石』1974年2月号に「“アラブ支持”外交こそ危険だ」が掲載。	台湾の『中華雑誌』2月号で、江闖の『宝石』の手記紹介（翻訳・許良雄、論評・木下彪）。
1976（昭和51）年 **61歳**		**夏**　中川太郎、江勃森から書を送られる（本書224頁参照）。
1977（昭和52）年 **62歳**	**3月29日**　天星交易株式会社を東京都港区新橋に移転。	**4月21日**　中川太郎、死去（72歳）。
1982（昭和57）年 **69歳**	ホテルニュージャパン火災（事務所を失う？）。	
1984（昭和59）年 **71歳**		萬熙の息子・萬邦傑が南昌の実家を訪ねる。
1985（昭和60）年 **72歳**		萬熙が死去？（「76歳で死去」と藤野里雄氏）
1989（平成1）年 **74歳**	**夏**　書家の余斯清に『易経』の一節を書いてもらう（本書262頁参照）。 **12月3日**　天星交易解散。	
1996（平成8）年 **81歳**	**12月16日**　江闖栄樹宛の葉書。 ※葉書裏には、事務所代わりに使っていたというホテルニュージャパンの写真が印刷されていた。	
1997（平成9）年	1月1日、死去。	

「西垣昭日記」

「西垣昭日記」について

西垣昭氏のご厚意により、現在所蔵されている当時の日記を本書に収録させて頂いた。佐藤栄作の総理秘書官として内示を言い渡される1971（昭和46）年6月15日から、江鬮眞比古の手記が『宝石』に発表され、その時の印象を書き留めた1973（昭和48）年11月5日までを対象としている。この期間の日記は、いわゆる「三年日記」である博文館発行の『当用日記』2冊にまたがり、青いカバーで1970年から1972年までのものと、緑色のカバーで1973年から1975年までのものである。1頁に3年分の日記が、上・中・下段に分かれて書けるようになっており、ブルーのインクの万年筆で、極めて読みやすい字で書かれている。

収録にあたっての方針としては、私的な部分は除き、主に佐藤と江鬮に関する記述を中心にしたが、直接関係がなくても、当時の西垣氏の周辺の状況をうかがい知ることのできる記述は、あえて抜き出した。佐藤政権末期の官邸内部の様子を知る貴重な記録であり、『佐藤榮作日記』『楠田實日記』とあわせて読むことで、当時の政治状況についてより深く理解することができる。

また、日記の文中、「別冊」と記された部分が数カ所ある。これは、西垣氏が日記の紙幅に収まらない多くの出来事を記述するとき、代わりに書き留めた「別冊」と呼ぶルーズリーフである。本書ではこれを、「西垣メモ別冊」と呼んだが、日記とあわせて読むと理解しやすいため、一緒に収録した。罫線で囲んだものがそれに該当する。

これらに加え、西垣氏が江鬮の報告を記録した42枚の「西垣メモ」が存在する。これについては、左側に罫線を配し、ゴシック体での表記とした。

また文中における〔　〕内は筆者による補注である。読者の利便性を考え、姓のみ記された人物の名などを適宜補っている。なお、表記は基本的に原文通りとしたが、読みやすさを考えて、旧字体を新字体に、「まゝ」を「まま」などに改めたところがある。

1971年

6月15日(火)

- 主税局長髙木〔文雄〕さん、官房長竹内〔道雄〕さん等の発令。通産省も次官以下一挙動の大異動。
- 昼食、加藤〔隆司調査課長。発令前、大蔵省主計局調査課予算科学分析室長だった西垣氏の上司〕さんに御馳走になる。彼はチャンスだと云って激励して呉れる。
- 午後二時間ほど官邸で福島〔譲二。総理秘書官として西垣氏の前任。大蔵省から出向〕さんから引継ぎの講義、日程作成担当官として先づ、日程の作り方。総理の気心に通ずることが先決のように思う。

6月16日(水)

- 午前中福島さんから答弁の書き方等について。大蔵大臣秘書官と違い、実質的に答弁作成責任者となることを発見。

6月17日(木)

- 午前中、昼までかかって福島さんから引継ぎ。楠田〔實〕秘書官や、運転手にも引きあわされた。今日の発見、大統領特別補佐官的機能も持つということ。
- 早く引き上げて、テレビで沖ナワ返還協定調印式の模様を見る。新左翼系が大分暴れている。

6月22日(火)

- 十時一寸前に次官から出向辞令を、十一時頃、佐藤総理から任命辞令をいただいた。初対面だったが、うまく仕えられると思った。
- 午前中、総理府のビル、午後、大蔵省のビルに、福島さんと連れ立って挨拶まわりした。やはり、私については大抜擢という感じが強いようで親しい人は、大変だねと云って呉れる。
- 昼食は、総理、官房長官、木村〔俊夫〕副長官と秘書官がともにする慣わしで、早速本日から陪席したが、遊説の日程、医師会の保険医辞退問題が話題となっていた。特に、医師会問題は氣にしておられるようで、選挙後の記者会見で選挙も勝利、医師会もうまく話がついたと云いたいと半ば眞顔で話しておられた。

7月16日(金)

- 閣議の終る間際に、外ム省から電話連絡、その数分後にはテレビ放送でニクソンの訪中決定が発表された。画期的な出来事で、記者クラブは一日大さわぎになった。そんな中で、総理は淡々として、歓迎すべきことと落ち着いておられるのには感心した。

7月21日(水)

- 一日、予算委員会（衆）に詰めた。答弁作りがないという意味で委員会審議に入ると楽になるが、それでも一日政府委員席に座っているというのは、なかなか疲れることだ。
- 総理の答弁の中では、相手方が弾力的に対応しさえすれば、訪中するつもりありというのが、注目をひいたようだ。

7月24日(土)

- 国会の最終日で、日中国交回復決議の動き、黒住問題などで一日ごたごたしていたが、総理は総ム会出席のため登院されただけで、後は何もなかった。
- 午後ケネディー特使と二時間四十五分にわたって会談。先方が通訳を含めて三人来ているというのに一人だけ。これはちょっとした驚異だった。この後、福田〔赳夫〕大臣の見舞。

7月26日(月)

- 総理が鎌倉から帰られたのが午後二時頃。それだけに張群〔中華民国総統府秘書長。蔣介石の股肱の一人。陸軍士官学校出身〕氏との一時間半の会談を含めて午後の日程は忙しかった。

7月27日(火)

- 今日は「八項目」関係閣僚こん談会から始まった。総理の発言の中でケネディーを叱り、アメリカの現在の政策で大丈夫か、新しい世界政治情勢の中での彼のセンイ行脚の意味をどう考えるか等の批判を行ったということ。それに、物価には非常に関心が強い、然も、流通面の合理化等細かく考えられておられることである。

7月31日(土)

- 朝から慌しく、保利〔茂〕幹事長、マイヤー大使、官房長官、総ム長官が次々と来ては、出て行かれた。
- 昼食のときの総理の発言から。「最近はわからないことが多くなった。」「云いたいことが多いが、それを云えないので困る。」「ケネディーに、アメリカは昔のように独力でやれないのかと云ってやった。せんいも、約束を守っていないならとも角約束通りにしているのに、二か月もたたないうちに変えてくれといっても駄目だと云ってやった。今度はわかっただろう。これから台、韓に行ってせんいの話をしても、ニクソン訪中ニュースの後だけになぐられるよと云ってやった。」

8月1日(日)

- 私は当番で九時前から公邸へ。午前中は張群さんとの二時間にわたる会談。午後は今度の事故に関連して、増原〔恵吉〕防衛〔庁〕長官の現地報告と辞表提出、夕方になって丹羽〔喬四郎〕運輸大臣の現地報告と一日中ざわざわしていた。結局、昼、夜とも官邸で食べ、八時半頃帰宅。

9月2日(木)

- 夜、楠田、小杉〔照夫〕、村上〔健〕と口悦で一杯やり、その後田川で牛場〔信彦駐米〕大使と、歓談した。楠田さんはかなりつっこんだ話をするつもりだったようだが、お互に酒が入っていて、結局親睦会のようになってしまった。

9月4日(土)

- 今日も総理にとっては忙しい一日だった。昨日は、相手の一人一人が長話だっただけだと云っておられたが、今日は中国代表権問題を中心にかなり内容のある一日だったようだ。午前中は公邸で久野〔忠治〕・橋本〔登美三郎〕・中曽根〔康弘〕の三氏、昼は宮中で午さん、午後、〔水田三喜男〕大蔵大臣と通貨問題の打合せをされた後、〔福田赳夫〕外ム大臣、党三役と代表権問題。汽車に間に合わず、六時半頃、車で軽井沢へ。

9月8日(水)

- 夕方、小金〔義照〕、江鬮氏らのグループの夕食会、於ニュー・ジャパンに一寸顔を出す。蔣圣〔経〕国の子供が北京にいること、宋美令〔齢〕が今年

になってからでも数回訪北京していることなど、面白い話を聞いた。

9月9日

- 十一時半から約二時間にわたり自民党の顧問会議、三木〔武夫〕さんのアルバニア案には棄権せよという発言などもあり、議論は活発。沖縄国会の難かしさが、今から案じられる。
- 夕方、小金、江鬮両氏を極秘裡に総理に会わせる。公邸筋はインチキだと云うが、周恩来へ書簡を送る件。
- 帰宅七時、揃って食事後就寝、夜半に起きて机に向う。

9月10日(金)

別冊

> 昨夕、小金義照、江鬮眞彦両氏が秘かに公邸で総理に会われ、周恩来に出す書簡の文案まで作り、総理の署名・捺印をいただくべく、私のところへ清書を届けて来た。
>
> 総理は署名をして私に預けられたが、どうしようか迷っている。どうもはっきりしないところがある。信用して任せてもよいのだが、と云われ、結局署名入りの写真3葉を渡すだけで、もう少し考えてみようということになった。
>
> 私としては、参考になる意見も持ち合わせていないので、総理が迷っておられるなら、慎重にされた方がよい、もしもインチキだったら恥をかくことになるということのみ申し上げた。

9月11日(土)

別冊

> 江鬮氏には、10時半ごろ来てもらって、私から署名入りの写真3枚を渡し、これで最善を盡してもらうことにした。この朝、公邸から官邸への廊下で、この了解を得た時、総理は、どうもこの話は変だと、一日一日後退しておられるような感じだった。
>
> 今度の事件を通じて感じたのは、総理の孤独さということだ。今度の問題では、私は全くの門外漢で如何ともなし難いが、判断に悩まれるよ

うな時適切なアドバイスをしたり、必要な情報を提供したりということが出来るようになりたいと思う。

9月20日(月)

- 江鬮さん来訪。昨日帰国したが、総理書簡がなかったため難航しており、最後の手段として、私と北京まで同行したいという。総理にはノーコメントで、同氏の報告を提出。

9月21日(火)

- 党・政府最高首脳会議で、中国代表権問題の取扱は総理一任となった。今夜はゆっくり休んで、明日結論を出すと云っておられるが、共同提案国になるというものではなかろうか。今日昼の、内外情勢調査会への車中で、楠田さんに、「後の人に迷惑をかけられないからな」と云っておられたとのことである。
  結論が出ればすぐに記者会見ということで、円問題も含めて想定問答作りにかかり、帰宅十一時。
- 小金、江鬮両氏が総理のところへ来て、後の話では親書を送る話が実現する模様。

9月23日(木)

- 今日は当番だったが、忙しい一日だった。特に午前中は閣議、沖縄関係閣僚協議会と二つの会議の終った後、日商の総会に出席されたが、十一時二十分の予定が十二時になってしまった。私が準備した挨拶を読まれた後、質問に答えて、円問題、中小企業対策について話されたが、原稿なしの話の方が熱がこもって、聴衆の感激も大きかったように思う。
- 江鬮氏に親書を渡す。

10月29日

角田氏〔江鬮の秘書の角田忠志。江鬮が香港渡航中、西垣氏との間で連絡役となっていた〕

- すべてうまく行き、安心してほしいとお伝えしてくれとのこと。
- 30日夕方帰国、出来るだけ早く報告したい。
- 先方は総理を相手に国交の正常化を進めることを希望しており、後2年程度現

職を確保されることを希望している。
- 李先念が登場する可能性がある。
- 香港での交渉相手の一人は葉桐春（国豊行有限公司・副総理）、在香港機関員23人。
- 決定後、新華社の祁社長と発表の段取りを決める。

10月31日(日)

▪ 後、江闇氏を極秘裡に公邸に入れ、報告させる。

11月1日

角田氏より。
- 3日までに書類を作り、4日9時半に持参する。
- E〔江闇。以下、すべて「E」は江闇のこと〕氏によれば、
  10月8日中央政治委決議
  　　佐藤政権と国交回復。
  10月11日　E氏にその旨通報。
- 今後のスケジュール
  11/10～15　E氏出発
  　18～19　北京入り
  　20～23　新聞の同時発表
  　ニクソンより前に訪中。

11月5日

江口〔原文ママ。以下すべて「江口」は「江闇」のこと〕氏より
- 次回出発する時は、日本側の国交回復のための基本原則（巾広いもの）を持参する。
  　　10日までに江口私案→総理
  　　15日までに出発
- 対日邦交回復小委設置
  　北京：李先念
  　香港：黄子文〔ママ〕
- 10/8　中央政治委決定
  10/9　毛主席了承
  10/21　香港対日邦交回復小委設立

・おくれた理由
共同声明に署名したグループの反対。
10/8 ごろ、佐藤内閣を相手としない声明を出す計画があった。
・12/10 前後訪中

11月12日

江闇氏より（総理）
・保利書簡について。
①香港から日帰りでジョ（徐？）という人が来た。
先方は、「総理の意を提して」との文面から〔「保利書簡」には「総理の意を提して」という文章はない。江闇がなぜこのように言及しているのか不明〕、すでに北京、香港に正式機関で出来ているのに、総理の態度があいまいだと不満の模様
②香港には、総理の密使というのが 17 名いるほか、日本からいろいろなルートが中国に出ている。たとえば、三木さんの密使松井マツジ〔松次〕（アジア農業団体連合会）は、張眞橋〔張春橋・中央政治局委員の誤記か〕、コウセイイチ〔黄精一〕（もと十九路軍参謀長）とつながりがあり、E の工作も知れている。
③菅太郎氏（戦争中から内務省で情執にタッチ）、シラト〔白土吾夫〕氏（中島健蔵氏秘書）のルートもある。これらから三木氏では駄目という情勢が明らかになって来ている。
④また、先方で疑心を持っている点として、韓国情報として、富士 BK19 億円事件の半額が、岸氏、矢吹氏を通じて台湾独立運動に流れたという情報がある。
・林彪氏について
①柯正仁（毛沢東の姪の夫）〔毛沢東の姪とは王海容か〕から聞いた。このため、柯氏は解任された。
② 9/26〜28 のクーデタで林は死亡した〔林彪事件は 9 月 13 日なので、日付は誤り〕。
③これは周の指示で、黄永勝、呉ホーゲン〔呉法憲〕、リサク鵬〔李作鵬〕等が林を倒したもの。
④この後、周は姚文源〔姚文元〕、陳伯達、江青と結んで、黄を倒した。黄は南京で捕まり、一味 11 名は外蒙で墜落。
・日中邦交
①李先念（周に次いで来年 3 月総理になる。）、葉剣英、董明快〔董明会・中央委

員か〕(国務院、中央委、毛沢東直系、初代駐日大使候補)が推進。
②23日が日本の国会の山場〔「国会の山場」とは、沖縄返還協定の衆議院通過が24日なので、そのことを指すか〕とみて、それまでに進めるよう急いでいる。17日には来香を求めている。
③月曜〔11月15日〕にサインしてもらうための書類持参。
・台湾問題
①内政問題として処理してもらう。
②蔣介石は中国に帰る。
③周恩来—蔣経国の交渉は進んでいる。

11月17日

江鬮氏とtel.
・予定通り、今日香港へ発つ。
・香港に、保利書簡が回送されているので、その始末をつけ、出来たら北京へ行きたいと思っている。
・先方が条件を付けているといわれているのは誤まりで、話題として出されたものだ。
・要は、当方から誠意を示すことで、後は両総理間で話しあえばよい。
・出来たら、指示書を然るべく訂正していたゞき、使者に持たせてほしい。

11月18日(木)

▪江鬮氏は昨朝香港へ出発したが、中国事情を聞いておこうと、一時帰国中の姫野〔瑛一〕君を呼び、官邸で約一時間、その後香月でフグを食べながら約二時間。勉強になった。

11月24日(水)

▪佐藤(一)〔佐藤一郎・元経済企画庁長官〕、今井〔博・日本曹達社長〕両氏からの報告に、約一時間立ち会う。今井さんは昨夜香港から帰国されたところだが、その感触によれば、どうも江鬮さんは本物らしい。

佐藤、今井両氏→総理
・今井氏が昨夜香港から帰国、江鬮氏からのletterを伝達。
・江鬮氏は香港で努力しており、25・26両日広東で北京からの要人と会談するが単身で北京に行くのは得策ではないので、30日に一時帰国する。

- 佐藤政権では駄目だと云っているとの報道は誤り。
  今までのような政権ではいけないと云っているもの。
- 今度北京に入るときは、佐藤・今井も同行を希望している。

北京政府はたしかに全中国人民を代表する唯一の合法にして正統なる政府であると云ふ確認、又、台湾は中国の不可分の領土であると云ふ確認は世界政治の常識であり、国連に多数の歓迎を以って迎えられた理由でもある。〔斜体部分は西垣氏によれば佐藤の言葉。下線部分は赤鉛筆で下線が引かれている〕

11月28日(日)

- 夜、極秘裡に公邸に今日帰国した江鬮氏を招き報告聴取。私も同席する。
- 帰宅八時。

江鬮→総理
- マリク（イ・外相）〔アダム・マリクインドネシア外相〕と黄志文が近く香港で会い、黄から中・イ国交は回復しないことを話す。黄のことは、マリクに聞くとはっきりする。
- 保利書簡の日付が 10/15〔保利書簡の日付は 10 月 25 日なので誤り〕であったため、先方の疑念が生じ、苦労した。
- 中国側の分担は、
  日…李先念　米…葉剣英　台…姚文元
- 周－美濃部会談の眞相は、3h40m 待たされ、会談 7～8 分。待ち時間中の王国権等との話が周会談として伝えられている。
- 東京弁事処〔MT 貿易の中国側の事務所のこと〕は貿易のみで国交問題については権限なし。ただ、江鬮－黄志文が本物かどうかは確かめることができる。是非確かめて欲しい。
- 董副部長〔董必武副主席（当時は主席代理？）か。あるいは董明会か〕によれば、喬（新聞出身）〔喬冠華・香港新華社初代社長、初の国連代表団団長として 11 月 15 日から総会と安保理事会に参加〕の国連発言は、保利書簡と帖消し。今後はあのようなこと〔日本を非難した国連演説を指すか〕はしない。
- 中国事情
  ①国家主席には、周恩来か董必武がなろう。
  ②劉少奇は存命。

③林、呉健福は死亡
④陳伯達・康生は失脚
• 総理訪中後でないと、外交ルートは使えない。3〜6カ月。
• 王暁雲は日本人であり、満洲で親を失ったもの〔このことの真偽は確認できていない〕。

総理より
1. 佐藤(一)は引き受けるか。いずれにせよ1案を作って見よ。
2. ニクソン訪中がうまくいくかどうか疑問
3. 台湾の扱いについての見当がつくと楽
4. 会いたいと云って来たのは米から
• *第四次人民大会が47.1.10から。その前にやりたい。*〔「やりたい」とは総理訪中のことか。11月5日の「西垣メモ」では、「12/10前後訪中」〕

11月29日(月)

▪ 外ム省の山本〔晃　戦前、汪兆銘との通訳を務め、1960年には在タイ大使館で二等書記官。当時、同大使館には西垣氏も勤務していた〕さんをわずらわして、江鬮さんの持って来た手紙二通を解読。大した内容ではない。

12月28日

江鬮→総理
• 週刊現代の総理訪中記事について
①黄精一という人物は19路軍の参謀長だったオン氏〔温少渠か〕に確かめたところ該当者はいない由。
②あの記事は戸川氏〔戸川猪佐武か〕あたりから出たのではないか。
• 先方との連絡
①香港での話は、これを最後にしたい。
②先方には訪中前発言はなかなかむつかしい。訪中時の共同声明で明らかにしようと伝えたところ、その線で訪中準備を急ごうということになった。*鳩山訪ソ時の共同平和宣言のようなものがよい。*〔斜体部分は佐藤の発言〕
• 「えびす」〔MT貿易の中国側の東京事務所〕の事務所
①チョウジジュ〔趙自瑞の誤記〕が帰任したが、その上の人を送りこむというような強化はない。(トウ副部長〔11月28日メモの「董副部長」か〕より)

②総理訪中時、スペア機で、党軍の代表を送りこんで来る手筈になっているが、その運びになったとき、えびすの数の強化はある。

・商談

①雑穀輸入 2500 億円のうち 1000 億円を中国からという動きが宮脇氏〔宮脇朝男・農協中央会会長か〕の線である。

②蛍石（90°上海附近）3 千トン / 月輸入の話がある。

③①②で今井氏を田中（角）さんに会わせてほしい。

・台湾独立運動（総理より）

①絶対に独立運動に手をかしてはいけない。

②もし、独立するようなことがあれば、ソ連の勢力が出て来る惧れがある。

③中国が独立運動推進者としてあげているのは、谷正光〔谷正綱の誤記〕、カオーキン〔何応欽〕、張群の 3 人だがもっとも憎んでいるは谷のようだ。

〔以下、上記メモの元のメモと思われる〕

黄セイー、19 路軍

恩氏によればいない。

アジア農業＊＊ / 松田常任理事

戸川氏から出たか？

香港会議は今回で終りにしたい。

（ソ）〔以下、（ソ）は佐藤総理、（エ）は江鬮〕北京に行ったら、鳩→モスクワの共同宣言のようなものがよい。

（エ）今は物を云えない。

（ソ）台湾独立に手をかしてはいけない。

独→ソ連が出て来る。

3 月の総統選挙でどうなるのか。

コクセイコウがどうなるかだけ。

谷正光、カオーキン、張群

--- 北京がもっともにくんでいる。

台湾そだち

コートクショー〔江德昌か〕

#4. 葉剣英　葉一＊　温厚

20 オクドル　香港

姚文元

#5. 張眞卿
#8. 李先念

雑コク
　　2500 オクエン輸入
　　うち 1000 オクエンを中国から。
　　　宮脇
蛍石
　月々　3千トン　90°　上海附近から

以上書類を出せ。
今井→田中（角）氏

「毛沢東の詩と人生」〔武田泰淳・竹内実『毛沢東——その詩と人生』(1965) のことか〕

祈峯・・周系〔祁烽・香港新華社元社長代理のことか〕

（ソ）エビスの強化
　　チョウジジュ、帰って来た。
　　その上が来るかどうか。—（エ）来ない。
（エ）ソ訪中の時、スペアの飛行キ
　　党と軍の代表が、それで来る。
　　その際、エビスを通商部へ。
　　それまで、人数はふやしても、上にはのせない。
　　トウ副部長

（ソ）覚書交渉の評価
（エ）結局、松村氏の評価

1972年

1月1日(土)

▪ 十二時に秘書官全員が供をして党本部へ。ここで総理以下の挨拶と乾杯、万歳三唱等。一時前には公邸に戻られ、来客多数。公邸では、三つの応接室と、和室をお客用に解放し、大混雑。私も、この間、保利、田中の大物と握手したほか、多くの人達と年始の挨拶が出来た。

1月2日(日)

▪ ゆっくり休んで八時頃起床、それほど腹は空っていないが、警護の人達と

一緒にオセチと雑煮で祝った。

総理は十時半頃下りて来られて、朝食後、書初で色紙を書かれ、興が乗って約三時間、一二〇枚に及んだ。興味深いのは書き出しが「無」、次いで「忍」とか、日頃書いておられる文字。

書の後は裏山でゴルフ練習で、後マッサージでゆっくりすごされた。

1月8日（土）

- 昼は江闇さんとざくろで会食。北京から外相代理の徐以新が香港に来て江闇構想ＯＫということになり、二月には予定通り佐藤・今井の三人で北京入りする由。

1月14日（金）

- 朝、公邸に江闇氏に来てもらう。中国では総理が引続き政権担当されるよう希望しているとの話に対し、スタートさえ切ればという趣旨の答だった。

2月6日（日）

- 午後、一時間ほど江闇さんに公邸まで来てもらい、私も同席した。どうもかなり昔からの知己というのも嘘ではなさそうな感じがした。単身中国に入り、周恩来に会うということで、餞別を二百万円渡された。

2月7日

江闇→総理
1. 黄志文と２人で行く。早ければ早いほどよい。
2. (キ)〔キッシンジャーか〕—徐以新〔外交副部長〕
　ニクソン訪中、米中ソ合作。
3. 財界訪中団人選
　総理—堀田〔庄三・住友銀行会長〕間で決めて欲しい。
4. 広州交易会
　富士とコンピュータ契約、無能力だからNEC（住友系）へ話して欲しい。

　（中国と仲良くしたいときに、誤解を招くようなことはしていない。Ex.P.〔Petroleum か〕ライン）
5. ロシアの油田枯渇の問題
　法眼〔晋作〕さんも同意。
6. 谷岸敏行（香・総）〔当時、香港総領事館職員〕が介入。岡田〔晃・香港総領事〕は、

三木さんにのみ情報を流す
(岡田にはE氏のことは云っていない。)〔以下、カッコ内は佐藤の発言と思われる〕
(北京に行くことが必要だ。)
(渡辺弥栄司は最近変って信頼できないのではないか。大学が一緒で独身の友人が大喧嘩した。)
7. 先方が訪中歓迎したら特別声明して下さい。
(承知、ただ、4月以降になる。)

(ニクソンが出て行っても、直ちに米中国交回復するとは思えない。)
8. 台湾については、特別自治省―蔣経国主席―までは、ぎりぎり、みとめる。
9. ニクソン訪中の狙い
①選挙②米ソ③ヴィエトナム
(ニクソンが行くのだから悪口を云わないで結果を待とう。日本は米と違い、国連中心主義で行く。もう勝負はあった。)

(住友家と西園寺は近い。会って話は聞いているはず。)
10. S〔佐藤〕訪中の保証人は、東クニ〔東久邇稔彦〕さんとE、持って行ったのは遠藤三郎元航空総監。西オン寺氏〔西園寺公一〕は、文革中劉少奇と近かったため自発的帰国。その際、李先念からEに替りに来いとの話があった。
十河〔信二・元南満州鉄道理事、元国鉄総裁か〕
(古海〔忠之・元満州国総務次長か。戦後はシベリア抑留。その後帰国し、この頃は東京卸売センター社長〕が使えるかどうか。)
11. 年令しだい。―信用あり。
徐以新が来るんだからMOF〔大蔵省〕とかMITI〔通産省〕から人を出したら、よい。

(外ムには台ワン通はいても、中国通はいないかも知れない。)

(若手のMOF官僚で進んで行った立派な人物)。
12. 藤井丙二郎氏の話。
13. 1人で行って、発表して来ますから。

2月9日(水)

- 国会の審議中止情態は変らず、一日のんびり。ただ、楠田さんは政局への影響を考え、一人心配している。
- 私は総理に云われ、マンデスフランスが昨秋中国に行った時の記録を見せる。その中にある中国は、日本の安定政権と交渉を進める希望のあること、台湾=日華条約の破棄は交渉開始の条件ではなく、交渉の過程で解決出来

るという観測には、江闘氏も賛成の由。
▪ 夜、楠〔田〕さんの全快祝という名目で、秘書官だけで集まる。於大野。何となく、沈んだ会だった。

2月16日(水)
▪ 昼食に木村武雄先生が参加され、大分昔話に花が咲いた。中国問題が主で、総理が華中鉄道建設に行かれた頃の思い出話も出たが、刻明に人の名前まで覚えておられるのには驚いた。また、発令に絡んで人事課長に文句をつけたり、心臓も氣も強い人だったようだ。

竹内昇氏（日本電化工業、小松企業社長、北村・栗栖大臣秘書官　加治木〔俊道〕さんと同時）
- 14日昼
  葉兄弟が迎えに来て、昼、葉邸で家族とともに食事。夕方まで。
  〔本書128頁の写真参照〕
  夜11時　江闘→竹内
  　北京には行かないで、廣東 or 南京で会議
- 13日
  万キ、江徳昌、江、竹、4人で食事。ペニシュラ〔香港ペニンシュラホテル〕。
  〔本書130頁の写真参照〕
  予定、20日ごろ帰国

2月21日(月)
▪ ニクソン訪中の模様をテレビで見る。結果はどうかまだわからないが、中国側は最大の儀礼をつくしている模様。夜、短波で北京、モスクワを聞く。モスクワの攻撃が印象的。
2月24日(木)
▪ 昼食時、珍らしく、変な国会だねとため息を洩らしておられたほか、米中会談は内容が少しも出ないねなど、よく話をしておられた。

2月27日(日)
▪ ニクソン訪中の共同声明が出る。

2月28日(月)

- 衆議院予算委員会の審議が実質的に再開。今日の主要テーマはニクソン訪中の成果と、四次防の問題。総理が台湾の帰属問題について、実質的に極めて前向きの答弁をされ、福田外相の答弁とややニュアンスを異にしたのが印象的であった。
- 私は一日中予算委にお供。午後六時半頃終り、この後、明日の衆・本の中国問題についての緊急質問がとれるまでの時間を利用してYMCAへ。
- 浅間山荘事件落着、人質は無事だったが、警官の殉職二人。それに犯人の父親が一人自殺。

2月29日(火)

- 忙しい一日だった。まず、米中会談の報告のため、グリーン国務次官補が早朝に来訪、それから閣議、衆・予、これで午前が終り、午後は衆・本と衆・予。国会もこれでどうやら軌道に乗った感じがする。
- 夜、当番なので築地蜂竜までお送りする。車中色々と話があり、あっと思う間に着いた感じだが、反省して見ると事務的な報告・了解とりを急ぐあまり、総理の心の動きをつかまえて、それにリスポンドすることに欠けていないか。台湾問題について思い切って前向きの発言をされた後だけにこんな感じがした。

3月2日(木)

別冊

　衆議院の予算委員会は、楢崎〔弥之助〕議員がT-2練習機の単価に関連して、割掛け機数を追求し、紛糾したが、これは理事会預けとし、以後順調に質疑が進み、5時過ぎに終わる。
　この後、総理が理髪に行っておられる間に江鬮氏を秘かに公邸に招き(那須氏が同行したが別席)、約1時間半にわたり、先般の渡香のときの報告と今後の進め方について説明を受けた。(18.40～20.00)
　その大要は、

①香港小組との会談は、すでに役割を果した〔赤鉛筆で波線〕という認識の下に、今後国交正常化の交渉は、香港・北京・合同委との交渉に移す。

②さらに、総理の訪中を実現するため、総理から周総理にあて手紙を出し、佐藤政権と国交正常化交渉を行なうことについて先方の確認を求める。
③このため、江鬮が、3/15～20の間に、総理の手紙を持って北京に行く。北京には、黄志文が同行する。

であったが、総理は、これを了承され、この線で準備を進めるよう指示された。
なお、江鬮さんからは、このほか、
①米中会談では8項目が合意されたが、公表されたのは2項目のみであり、日本はツンボ桟敷におかれた。
②日中国交回復は、毛沢東主席のイニシヤチブで進められており、萬熙氏が北京復帰の条件として佐藤政権との国交正常化の推進を挙げたのにも承諾が与えられたこと。
などの報告があった。
総理は、確認書を求めて正常化を進めようと明言されたが、その考え方は、兎に角先ず先方と会って国交正常化を進めることをはっきりさせ、後は交渉で細目をつめて行くことにしたいということであり、ただ、その場合でも、台湾問題、特に日華条約の扱だけは決めておくことが必要だとの認識である。

最後に、人に知られないように〔江鬮が〕帰れるよう私が、官邸までチェックに行っている間に、総理から、俺ももう長くはないから急ぐようにとの話があった由。どう解釈すべきか。私としては、総理の抱負を実現するまで、頑張ってもらいたいと思う。

宵びなを祝う予定が、帰ったら子供達は食事で終っていた。それでも、おひな様の前で写真を撮ったりで、一応満足はしていたようだ。

3月2日

江鬮氏→総理
- 総理から周総理へ確認取付けの手紙
  江鬮と黄志文が北京へ行く。

• 毛・ニクソン会談は表に出ない。
使者を出せばよこす。
• 3/15〜20　江口が、総理の手紙を持って行く。
• 2/11, 12 会談メモ
残った条件…台湾

木村、小宮山、総領事館
香港＝北京合同委に移すことは O.K.

• 黄志文：最後の提案
眞意を質ねる書簡　3/10〜15 までに出して欲しい。
• 今後は政府間交渉　江が参加する

2/19　廣東会談。
• 米中：台湾放棄が前提
　　　Ho 対ソ配慮　何らかの妥協
• 佐藤政権と邦交回復を図るという最高方針に基づき努力して来た。
• 北京・香港合同委設置
佐→周　確認（？）書簡

2/21〜27　Tel
• 米中会談
300 億ドル基金
航空機、電子機器以外は不要。

米国は対台　年内断交
安保は 3 年以内破棄
米中ソ 3 国同盟　中国側拒否
日本・中国　軍国主義非難は北鮮のため。

• *確認とは何か。*〔以下、斜体は佐藤の言葉と思われる。原文では、「萬氏北京復帰の条件」から、江鬮とのやりとりが色分けされている〕
• *明日台湾についての統一見解、これで相手にもわかる。*
中国は一つ。

日華条約、当時としては正しかった。対中国交をするとき、放棄＋圣緯→台湾→中華人民共和国。国交正常化が出来れば、中国のものになるということがはっきりする。…米より進んでいる。

• 萬氏北京復帰の条件

　　佐藤政権との国交回復…東京から出す。

林彪は死んでいないのか。

　　英・仏の一部でいろいろいうが、死んでいる。

上海華僑で銀行をやっている偉い人　ロスチャイルドが会ったそうだ。

　　北京に帰る人。

西園寺公一には会った方がよいかどうか。内密で。

　　会った方がよい。日共を戻すのが彼の使命。それが不成功。

堀田氏に仲介を頼んでいる。

佐藤政権では駄目。

①皆の評価②南漢宸との話が実現していない。

• 昭和電工　タングステン　パール

　　住友経由

中ソをケン制していうようなヒキョウな行き方はよくない。

　　コーボツシン〔江勃森か。父は雲南の軍人・江映枢〕　父が四川の主席、毛蔣周の師

　　　　　万先生の師、国共合作

• チュメニより大慶油田

　　　30 百万バーレル

• 命により北方領土発言へ感謝する電報。

• 小原＝伊達政之　　松平ビル 401 号室。

　---- 新聞記者で停年で止めた。

確認書で行こう。

とに角まず会って、国交の正常化をやろうという話にし後のことは、交渉で行く。台湾と日華条約だけは決めなければならない。

3月4日(土)

- 予算委員会は中国問題についての政府統一見解で揉め、今日は審議に入れなかった。それでも午後になって、月曜日の午前中に理事会で統一見解の説明、午後一時から委員会の審議再開で、与野党の一致を見た模様。このため土曜日というのに、午後も外務大臣、官房長官、瀬戸山予算委員長、二階堂理事などが出入し、ざわざわしていた。

3月5日(日)

- 〔佐藤〕竜太郎さんが都合が悪く、ピンチ・ヒッターで、総理、信二さんと三人でプレイした。どうも総理は人見知りされるようで、最初はあまり乗り気でないようだったが、帰途車中でお礼を申し上げたら、及第しようと思って一生懸命やっていたね、一緒にやってよかったよと喜んでおられた。
- その車中で、台湾問題はむつかしいねと、もう物を云うのも嫌だという感じで話しておられたのが印象的だった。

3月6日(月)晴

- 午前中に衆・予・理事会で、中国問題についての統一見解を官房長官から説明し、午後になってやっと予算委員会が再開された。

別冊

- 5時半起床。読書、体操をすませ、爽快な氣持で登庁。
- 中国問題についての統一見解を10時からの理事会に示し、午後1時からこれと去る28日の総理答弁との食い違い問題を中心にして予算委員会が再開された。野党も前向きの総理答弁を攻撃して、政府が後退して発言自体を取り消されたのでは困るという考え方なので、この問題は一応一段落するものと思われる。
- 午後、角田氏が使いで、江鬮さん起草の周総理あて書簡案をとどけて来た。

  その骨子は、

①日中復交、日中永久平和の前提が、台湾問題にあることはよく理解出来る。

②ただ、台湾は中国に返還し、中国の領土であり、中国政府が内政問題

として処理解決されるべき問題である。
③現在、日本は台湾と国交を保っており、この矛盾の克服が日中復交の前提であるが、私はこの矛盾の解決に努める決意である。
④この解決の機会と方法について中国側と折衝するよう江鬮には指示しておいた。
⑤私の決意と実行に対する閣下の忌憚のない意見を聞かせてほしい。
⑥４月下旬、または５月上旬に訪中を希望しているが、これが受諾された時に、日中同時発表という形で発表したい。
⑦日中間に山積する諸問題は、閣下との会見において一挙に解決することとしたい。

3月9日(木)

- 二木会(にもくかい)〔佐藤を囲んで第二木曜をめどに開催された朝食会。経済金融政策をめぐる意見交換をした〕への車中、江鬮作文のままでは書簡を出すわけには行かないとの話があり、私の案を作ることになる。大変ではあるが信頼されていると思うと嬉しい。
- メキシコ大統領出迎えのため、総理は公邸へ、他の秘書官は砂場〔そば屋〕へ、昼食は竹下〔登〕、大津〔正〕、私の三人だけになった。その時の話では、札幌を転機として〔佐藤は札幌オリンピックに風邪をおして参加した後、体調を崩したという〕総理の威信が下り、党内はポスト佐藤に大童の模様。多少割り引くとしても、田中氏が強くなって来ているとのこと。

別冊

二木会への車中、総理から江鬮さんの作文はあれではぐあいが悪い。内容には入らないで敬意を表するにとどめる、また、過去の軍閥の暴挙に遺憾を表明するのはいかがとのコメントがあり、私のところで改訂するよう指示された。

3月10日(金)

- 昨夜坊やと一緒に九時に寝たのが、やはり氣になるのか、十二時半に目がさめ、総理に云われた仕事もあるので起きてしまった。江鬮氏の文章を私

一流のエッセンスだけの文章になおしてしまったのだが、総理は台湾＝中国の領土を五原則を謳う程度にしたらと迷っておられるほかは、おおむねよろしいとのことであった。

3月11日(土)

- 朝十時から、午後五時半まで、衆議院の物価連合審査、午前中は私は赤坂東急に作業に行き、午後の三時間ばかりをつとめたが、質疑は低調だった。
- 例の書簡は、台湾は中国の領土と明記する案と、平和五原則の尊重を謳うことにより言外に示す案の二つを作り、総理の手許に提出。

3月14日(火)

- 江鬮さんからは、十八日には出発しなければならない。総理の書簡がなければ、使命の達成は覚束ないので、急いでもらって欲しいと催促しきりであるが、総理も充分承知で、苦慮しておられるのに催促はいかがかと思ったり、間に立って困っている。

3月15日(水)

- 参・本での答弁はおおむね私の書いた通り。栗本〔和子〕さんが、今日は嬉しそうだと云ったが、やはり、甲斐があったという充足感がある。
- 沖縄の批准書交換。思いなしか、総理の目に涙が光っているようだった。
- 散髪への途中、書簡の話をしたら、今は出せない、もうすぐ辞めるものが出したりするのはどうか、江鬮が書簡なしで行くというなら、餞別を君から二百万円とどけておいてくれ。江鬮の立場が困らないように、君からよく話してくれとのことだった。残念ながら、日中復交に間に合わない程早く引退することを、この三～四日の間に決心された模様だ。
- 明日の本会議は連合赤軍の関係なので、私は早目に帰宅。久しぶりである。

3月16日(木)

- 午前中江鬮さんの事務所へ、昨日の総理の話を伝えるとともに、二百万円を届けた。彼は、総理の恩義に報いるためにも、総理がいろいろと悩んでおられることもわかるので、書簡なしに、全力を盡くして訪中の確認をとって来る。ただ、徒手空拳という訳にも行かないので、私の江鬮氏あての私信で、先方は総理と交渉する気があるのか、訪中を認めるのかの二点の確認を求めるよう依頼し、同時に、総理は周恩来氏との会談で、台湾問題

は中国の内政問題であるが、訪中時に解決するつもりであることも付云してくれとのことだった。

- 夜、宮本での吉瀬〔維哉。大蔵省主計局次長〕・長岡〔實〕・福島〔譲二。大蔵省主計局総務課長。総理秘書官として西垣氏の前任〕・金子〔知太郎〕氏達との宴に約一時間半出席。その後官邸に戻って、健保と工業再配置（衆・本）の答弁作り。各省の原案の出来が悪く、意外に手間どり、三時半頃になってしまった。

3月17日(金)

三時間半ほどの睡眠で登庁、浄書を終って総理の手許に差し出したのは十一時頃になっていた。総理のところには、来客が多く、ゆっくり目を通す閑もないようだったが、無事に本会議を終ったときはほっとした。それでも、税のときより、改められたところが多かったのは気になった。
昨日了解をとっておいたので、私の江闖氏あて私信で、総理の眞意を伝え、先方の確認を求めることにした。これが役に立つかどうか。

3月18日(土)

竹下さんが、どうも国会がしまらない。各派を集めて話し合ったが、大平派、三木派は、もし協力すると総理は十月まで保つと疑っていると、暗に総理の早期退陣を明らかにすることによりしめようというような話をしておられた。人の心の変り方というものは怖しいくらいだ。

3月21日(火)

- 夕方、心遊会（喜可久）から吉兆会へとお供。車中で、一昨日の香港からの電話の件を報告したら、「どうも台湾をはっきりさせて来いと云って来そうだ」とのお話だった。

3月24日(金)

- 昨日香港から帰って来た角田氏が江闖氏の手紙を持って来た。最善を盡くしているが、総理の手紙がないために苦労している。先方も疑っているという内容のもの。総理にお見せしたら、江闖に早く帰ってもらえ。このまま進ませたら気の毒という趣旨のことを云われた。
- 昼、五高9・10年会昼食会にお供。最近の新聞論調批判をしておられた。

3月27日(月)

▪ 昨日江鬮氏が帰国したが、思ったよりうまく行ったようですと報告をしたところ、佐藤は口先だけで駄目とは云わなかったかと笑っておられたが、本当にそう思っておられたのかもしれない。
▪ 総理の誕生パーティー、数百人の人が集まり盛会だったが、何か空しい感じもした。人のためのパーティーのような気もする。

3月28日(火)晴

早朝江鬮氏と電話し、先方が依然として佐藤総理と交渉を進めるつもりであること、五月の訪中を歓迎することを聞き、朝の国会への車中で総理に報告。明朝報告に来てもらう了承をとった。

国会は、外務省の機密文書が洩れたことで揉め出した〔いわゆる「西山事件」〕。野党側は政府—特に総理の政治責任を明らかにせよ—退陣時期を示せということで予算審議をストップし、今日衆院通過の予定だったのが見通しがつかなくなった。おそくまで野党との折衝を行ない、夜十一時ごろまで、保利、金丸、竹下の三人が公邸に出られるなど慌しい。私は、これまでの事態の中で最も深刻のように思う。

3月29日(水)

▪ 朝、江鬮さんから総理に報告してもらった件については別冊。

▪ 江鬮さんより、私の手紙は北京まで行った、あれがなければ決裂だったかも知れないとのこと。

別冊

早朝、と言っても 9 時に江鬮氏に来てもらい、約 1 時間半にわたって、18 日から 26 日までの今回の渡香の報告をしてもらった。その概略は、

1. 先方は、総理との国交回復交渉を望んでおり、その方針決定は変っていない。
2. もし、佐藤総理がやめられた場合に、その後継者に同様の方針で臨むとは限らない。自民党単独政権の場合には相手にしないとも云っている。
3. 交渉ルートとしては、江鬮を支持し、他のルートは相手にしない。

4. 5月の総理訪中は中国側は受け入れることを決定している。政府間交渉は、総理訪中後の話である。
5. 先方は、2/28の総理の国会での発言を基本として受入れを準備している。
6. 台湾問題は内政問題として、訪中時に解決するということで先方も妥協する。
7. 総理の確認文書を4月10日までに持参すれば、後は準備は整っている。歓迎委員長　李先念、名誉委員長　葉剣英ということまで決まっている。

という内容であった。

これに対し、総理からは、

1. 困った。折角はじめても私は途中で止めなくてはならない。
2. 沖縄の返還、あるいは予算の成立というのが一つの時期だ。

と、この交渉を進めて行くことに躊躇を示された。このことは、これまでも洩らしておられたことだが、これだけはっきり云われたのは始〔ママ〕めてである。

これに対して、江鬮さんが、折角先方が総理を相手としてやりたいと云っていること、やめられるとしても途だけは拓いていただきたいことを熱をこめて申し上げ、総理もよく考えてみようと云われて今日は終った。なお、後継者としては、福田さんをと考えていることをほのめかされ、ただもっとどっしりしているとよいのだがと云っておられた。

国会では事態収拾のため、幹事長・書記長ベースの話合いが行われているが、総理と打ち合わせた保利幹事長が、総理は、責任を明らかにせよという野党側の意見を充分に理解し、重大に受け止めておられると確信するので審議に応ずるようと話しておられる模様。

夜、朝日の安藤、伊藤とこん談。

江鬮→総理

- 2/28の総理発言を基本として、先方は受入体制。
- 3/15　金田中、葉、万〔「金田中」は築地の料亭。江鬮は葉桐春、萬熙と会談を行ったようである〕

先方①佐藤総理との復交を望んでいる。
　②Eを支持する。
　③次期政権は、日本国内問題。
　④総理の北京訪問以後。

• 3/24
 1. 信任の確認
 2. 北京の方針は変らない。
 3. 信任が得られれば、親書を4/10まで。
 4. 台湾問題は内政問題という訪中時に解決することにつき妥協する。

　　4泊5日（最少限度）

• 3/26　黄志文
 1. 佐〔藤〕訪中決意があるならまず中国の＊＊〔指示？接見？理解？〕をとってくれ。
 2. 2/28のline期待
 3. ルートの多いのはよくない。正しい権限〔？〕
 4. 2か月後＊＊＊〔判読不能〕
 5. Eを支持する。
 6. 総〔理〕断念のとき、他の候補に利用されないよう。
 7. 日本の内政で利用されすぎ。
 8. 6月に米からさらに圧力。

• 3/25　葉ヒキョー〔葉飛卿〕
 1. 西園寺　総理と会った旨　北京に伝えている。
　　福田外相と連絡あり。

3月30日(木)

▪ 本予算はどうなるか。楠田さんが総理発言案を作っているが、退陣時期に触れない抽象的な言い回しで済むかどうか、情勢はかなり厳しいように思う。

4月4日(火)

▪ 参議院予算委員会の総括質問がはじまる。やはり、予算が衆院を通過し、成立のめどがついたのが精神的にもゆとりをもたらしたのか、総理の答弁には完全に自信が戻っている。サト番の諸君も敏感に、転機が過ぎたこと

を感じているようだ。
- 散髪への車中、江鬮氏の書簡のことを聞かれ、今日とどいたので、公邸のお机の上にのせてあること、タイミングとしては、おくらせられないので決断の時期であることを申し上げたところ、法眼さんに見せ、外務大臣にも報告させるようにとのこと、また、これからも他の秘書官には知らせずに、私がやることを、確認された。
- 夜、楠田さんと経企庁の宮崎〔勇〕、香西〔泰〕両氏をもてなす。於長島。

4月5日(水)
- 江鬮氏に託する書簡を探したが、総理の公邸の机の上に見当らないという。明日まで待つより仕方がないと思っていたら、午後の参院・予算委で、大臣席に呼ばれ、昨夜書簡を読んだが、あれならよいと思う、ついては江鬮さんと至急に会えるようにせよ、また法眼さんには見せておくようにとの指示があった。
- 法眼氏はかねて江鬮氏を知っておられるようで、最初から察していた様子で、一読して結構ですと云っておられた。①会見の条件として台湾の扱はどうなるか。②首脳会談後の事ム的折衝、③日華条約の扱の三点を質問されたが、第三点については、現条約には触れずに、新たに不可侵条約を結ぶことにより、事実上消滅させる方法があると注目すべき意見を述べておられた。外ム大臣には、今夜話される由。当方からは時期を洩らしておいた。

4月6日(木)
- 外務大臣の反響は直接にはわからなかったが、総理が予算委員会に入られて直ぐ、側によって耳打ちしておられたのが、それではないかと思った。その間、総理が書類から目を離さないまま応対しておられたのが印象的。私はいずれにしても総理は決心されたと見た。
- 果して、昼前、日米知事会議のレセプションのために官邸に戻った時、私の着任後はじめて秘書官室に出て来られて江鬮氏の今夕の来訪時刻をたしかめておられた。
- 五時に江鬮氏に来てもらい、公邸で待機。予算委員会がおくれて総理が帰って来られたのは六時半頃になったが、私が筆、印を準備するため中座した時間を除き、特に報告や今後のスケジュールを聞くこともなく、また決意を示されることもなく、さっさと正副二通の書簡に署名され、私に捺印

を指示された。また、餞別を三百万円。

4月12日(水)

- 昼、明日中国に発たれる三木さんが挨拶に来られる。五～十分。江鬮さんも今日は出発している筈。

4月19日(水)快晴

- 昨夜、香港から帰国した今井氏に会い、江鬮氏の作業の状況を聞いた。断念するのには早いが、情勢も変化しつつあり、難航しているようだ。

別冊

今井氏（日曹社長）からの報告、次の通り。

1. 4月13日から18日まで香港に滞在し、江鬮氏を支援して来た。
2. 北京の情勢に変化があり、現在江鬮氏は香港で待機中である。
3. 前回（3月）、親書さえ出れば行くところまで来ていたが、その後藤山氏、春日氏の訪中があり、いずれも①総理の退陣近し、②総理は台湾を捨て切れまいと云っている模様である。
4. また、三木氏の訪中については、総理と会って総理の眞意を体して訪中していると見られており、周総理は江鬮氏から親書を受け取る前に三木氏の話を聞きたいと考えている。
5. 他方、北京では林彪系の周恩来批判勢力がかなり強く、ニクソン訪中の評価も問題とされており、日中問題に誤りがあると周恩来の命取りになりかねない。
6. また、王国権氏ら日本の野党に近い筋からの突き上げが強く、周総理は目下断を下しかねている模様である。
7. このような北京の情勢変化に、香港グループは激怒し、従来の工作は昨年10月の毛沢東主席の方針決定に基づいて進めて来たものであるとして、毛主席に直訴している。
8. 周恩来首相も、毛主席の指示を求めなければ決定できず、結局毛主席待ちということになると思われる。
9. 香港グループは、このような問題の解決のために江鬮氏の北京入りを要請しているが、江鬮氏はこれは中国側の内紛の問題であり、方向が明らかになるまでは待機すると、この要請を拒否している。いずれに

せよ、三木氏の中国訪問が終るまで、あと2～3日は様子待ちになると思われる。
10. 今井氏は、北京のいろいろな流れについて情報を持っているので、総理に御報告することを希望している。

今井氏
- 4/15～18
- 前回は手紙さえ出せればというところまで来ていたが、その後、藤山、春日と行った…事情の変化。
- 三木氏が総理の眞意を持って訪中と見ている向きもある。三木さんに会うまでは江鬮さんを受け入れられない。
- 北京の林派の残党の批判→対周。＋王国権は野党派。周が裁断に困っている。
- 香港グループは怒って突き上げ。
- 結論としては、毛主席裁断待ち。
- 先方は江鬮氏の北京行きを要請。江鬮氏はこれは内紛と云って拒否。
- 訪中者の共通発言。
  1. 総理の退陣時期は近い。
  2. 総理は台湾を捨て切れない。

4月20日(木)
- 九時に、秘かに今井氏の来訪を求め、直接総理に報告してもらった。おおむね、私が昨日聞いた通りであるが、詳細は別冊。

別冊

早朝秘かに今井さんの来訪を求め、0915から約40分直接総理に報告してもらった。骨子は私が昨日聞いた通りであるが、次のような追加が若干ある。
1. 周恩来の地位が不安定な理由として、陳伯達を失脚させたのは、周首相の謀略との見方があり、党内でも、対日国交に反対というのではないが、江青、張春橋、姚文元、李先念が批判的であると云われる。
2. 江鬮氏に、とに角北京へ行った方がよいと云っているのは李先念、葉桐春氏達である。

3. 今回の北京情勢についての情報は主として香港グループからであるが、別に香港の鄭観成氏（バンドン会議のときの周首相の秘書長、オックスフォード大卒で秩父宮と同級生、江鬮氏は宮妃の紹介で知己）〔鄭観成は香港の大興公司薫事長。その他の情報は真偽は確認できない〕からも 9 割程度が裏付けられている。なお、鄭氏は、江鬮氏の北京行きは、葉剣英氏、ひいては佐藤総理まで北京の内紛にまきこむので反対である。
4. 江鬮氏は消耗が激しく、また、毛沢東主席裁断まで時間がかかりそうなので、体勢立て直しのため、22 日に一時帰国する。

4月24日(月)快晴
二十二日に帰国した江鬮氏と、ホテル・ニュージャパンの天ぷら屋で会った。江鬮さんの話は、結局のところ、邪魔が入ったために、二週間くらいおくれるが心配はいらないとのことだが、この種のことは成功するまでは何とも云えない。

別冊

4 月 22 日に帰国した江鬮氏と、ホテル・ニュージャパンの天ぷら屋で会食しながら報告を聞いた。極めて断片的な話で、あちこちしたが、概要は次の通り。

1. 日中国交問題は、毛主席に専権があり、最近の動きにより 2 週間ほどおくれるが心配するなと香港グループが云っている由である。
2. 4 月 20 日に、葉剣英氏より弟の飛卿氏に tel で、佐藤総理が、一聲はっきり述べられれば直ちに進むと語った由。
3. 中国では、外相が総理発言を取り消したことにより外相に対する反撥があるが、総理については悪いことは特にない。強いて云えば、総理を恐れている。
4. 4/19、上海から楊氏が、また杭州から溫玉成氏（香港の責任者）が帰港した。黄氏及び曹氏（陸士卒、北京・香港の連絡担当）は、23 日まで会議のため北京に残った。
5. 4/25 に、結果連絡のため使者を立てるから 5/5 には訪中の準備をしておけと云われている。

6. 三木氏の訪中実現は、藤山氏があまりに具体的に話したのでその確認のため。三木氏は 4/20tel で松浦〔周太郎？〕氏に対し、中国は現日本政府を相手と考えていると伝えている。なお、三木氏の周首相との会談は、20 分と 15 分の 2 回である。
7. 藤山、春日、三木の発言の共通点は、先の 2 点のほか、③対米従属を断てない、④対中不熱心とのことである。また、藤山氏は、「日中議連中心の連合政権構想」、春日氏は「連合政権構想」、三木氏は「自民党革新勢力中心の政権構想」を示した由。
8. 書簡は、葉桐春に預けて来た。心配は要らない。
9. 香港グループの前で、王国権批判をしてきたが、その報告が「解放」紙にのっている由。〔『解放日報』『解放軍報』とも関連記事は見当たらない〕
10. 鄭観成氏の正体は自分にもわからないが、秩父宮妃の紹介で知り合った。東南ア計略に、下に主任 6 人を持つ実力者、この人の意見に従って、北京訪問を見合わせた。

〔4 月 26 日（水）から 30 日（日）まで、日記には「別冊」とのみ記されているが、該当するルーズリーフの「別冊」は見当たらない〕

5月2日（火）

- 八時半に出勤、九時から約三〇分間、江鬮さんの総理への報告に立ち会う。江鬮さんから少なくとも五月中は辞めないで欲しいとの陳情であったのに対し、いつ辞めても、それとは別に、日中復交には努力すると答えておられたが、私の中座した間には、簡単には辞められないということと、公選のばなしにしては党が分裂すると云っておられた由。

江鬮氏
- 佐藤総理は相手にしない。
  三木、藤山、春日が云ったので、中国側は云っていない。
- 謝富治の後任
  姚文元…江青
  　　　　　　　　あつれき。
  周恩来直系
- 中央メーデーをやらなかった。

- 林・陳の追いおとし。
- ＊〔判読不能〕圣コウ…人民対外連絡の責任者。

李強

李先念の代りに対日折衝。

- 周恩来は身動き出来ない。
- 毛主席・・在杭州

毛・周１本なら出来るはず。〔以下、斜体は原文では色分けされており、佐藤の発言と思われる〕

- 集団指導制の安定度。
- 三木氏の動き

佐藤政権孤立化の運動。

自分は総理になれる。

対佐藤説得約束

いつか？

- 先方の分析

総理がここでやらなければ、後の人はやれない。

- 李強氏の８企業

鉄の商談打切りが好影響。

日本側の分裂を狙う。

- 王国権の力

林彪グループをくむ。

寥〔廖〕承志が病身。

1. 台湾は大丈夫。力が弱まっている

2.

3. 対米従属は心配は要らない。

265円　　だまされていない。＊＊＊〔判読不能〕

4. 総理の熱意。

- 辞めるは禁句　　毛主席関連

政党の再編成

——困難

- 李先念———三木（広東）

病人　　これ以上会う要なし５日までに電報が入る。
５月一杯は止めないでほしい。
こういう男だからいつ辞めるかわからないと云っておけ。
欲がないからさっぱりしている。

5月4日(木)

- 昼、江鬮さんをザクロで御知走したつもりだったのが、今井さんまで来て、逆になってしまった。Eさんが、ユダヤの研究者であり、富士文書等にも通じているというのは面白い。

5月15日(月)

- 沖縄返還記念式典。村上〔健〕さんが急病で、大津、楠田と三人でお供をする。総理が、式辞で涙が出て来たのがよくわかり、最後まで読めるかはらはらする。また、日本国万才の後天皇陛下万才をしようと一昨日から云い出され、どうなるかなと思っていたら、最初の万才の後、拍手のなり止まないうちに続けてやられた。もう一寸間をとった方がよかった。
- 夜は迎賓館で祝賀パーティ。雨だったが大天幕がよかった。アグニューさん以下外国人も多かったが、何よりも派閥抗争も忘れ、よい雰囲気だった。

5月17日(水)

- 江鬮さんと会う。彼はまた情勢が好転して来たというが、どうか。

5月18日(木)

- 昼食後、赤坂御苑の園遊会へ。その間に、江鬮さんを入れ、御帰邸後モーニング姿のままで会ってもらう。E氏からは、あらためて見通しがついて来たこと、総理からは、自分は一度こうと思ったら、簡単には変更したりしない、たとえ総理を辞めても、日中国交のための努力は続けるつもりだとの話があった。

5月19日(金)

- 夜、江鬮さん達と冨司林でこん談。彼は、私の手紙で権限を相手に示し、二十三、二十四日ごろ出発して北京へ行き、総理の訪中のお膳立てをすると確信ありげだった。本当に、これがうまく行くとよいのだが。

5月23日(火)
- 香港の江德昌、萬熙氏が今日来日という電報が直接に入り報告したところ、早速会おうということで、明朝のアレンジをする。

5月24日(水)
- 九時から約一時間半、江鬮氏、江德昌氏、萬熙氏に会われた。特に新らしい話が出た訳ではないが、北京も総理の眞意をよく理解しており、復交を願っていること、また、直接会って総理の誠意がよくわかったし、米ソの間で日本は独立国として自らの道を進もうとしていることもわかったと、江将軍の語っていたのが印象的であった。
- 総理から、もてなし等の費用として、二百万円を江鬮さんに渡すよう指示があった。

5月27日(土)
- 今日から三日間の当番だが、まず第一日目の今日は官邸スケジュールなしで、私も江鬮氏あての書簡の案を書いたり、身辺、資料等の整理をしたり。
- この後、竹下長官が秘書官室に雑談に来られたが、総才選の党大会を7/17と見ておられるとのこと、また、夕食の時大津さんは7/5と見ているとのこと、いずれにせよ既定のラインとして、どんどん進んでいる感じが強い。

5月28日(日)
車の中で、今朝江鬮氏あてに私の名義で書いた彼の身分についての確認書の了解を得た。また総理から、更めて郷里を聞かれ、小島〔徹三〕さんも有田〔喜一〕さんも交替期だとコメントされたが、いかなる意味か。私には、けしかけられているような感じにとれた。〔二人とも兵庫出身の衆議院議員。どちらも兵庫出身の西垣氏を後継者として求めていたという。〕

5月29日(月)
別冊〔江鬮が佐藤の使者であることを中国側に保証するための「確認書」を、西垣氏が作ったと思われる。本文204頁参照〕

(記録として)

江鬮眞彦様

この度の貴方の使命は眞に重大であります。佐藤総理の眞意がまだ中国側に通じていないのは残念でありますが、日中国交の恢復を実現するためには、お互の眞意の通じ合うことが何よりも必要であります。

どうか香港及び北京の同志の方々と充分交渉し、親書を呈上するとともに、親書の求める確認を得られるよう、一層の御盡力をお願い致します。

なお、この機会に貴方が去る5月18日佐藤総理に報告した際に討議された諸点について確認しておきます。

まず、貴方は、佐藤総理の眞意を中国側に伝えるとともに、総理の訪中準備に関し、中国側と交渉する資格と権限を有する総理の使者であります。

貴方は、佐藤総理が心の底から日中国交恢復を熱望し、台湾問題も含め、残された問題を解決する決意であることを最もよく知っておられる方でありますが、私は総理も貴方を信頼し、貴方が総理の眞意を中国側に伝えることが出来ると信じて親書を託されたものと確信しております。

次に恵比須の在日中国貿易事務所の安全確保につきましては、総理も非常に気を使っておられます。18日貴方の話を聞いて、直ぐに、治安当局に現在の制度の下で出来る限りの対策を講ずるよう指示され、早速警戒巡回の回数及び人数も増加しておりますので遠くからの声が聞えるようなことはあっても、その安全については全く心配は要らないと思います。

総理はさらに在日外国機関の安全確保に関する特別法の制定を指示しておられます。これらのことは、総理がこの問題に誠実に、また、眞剣に取り組んでおられることを示すものと思いますので、中国側にもお伝え下さい。

貴方が、今回の重大な使命の達成に成功されることを心から祈り、吉報を待っております。

1972. 5. 29.

内閣総理大臣秘書官

西垣　昭　㊞

5月31日(水)

- 江・萬両氏出発。

6月1日(木)

- 朝、学士院授賞式にお供をする。せまい会場なので、陛下と5メートルくらいの席に着く。明治の人々だけに出席者の緊張は大変なもので、院長の南原先生のような人が挨拶のときに震えておられたのには、全く驚ろいた。
  車中で、江闓氏が三日に出発することを話したら、二百万円を餞別に渡すよう指示があった。
- 昼食には、イスラエルに陳謝に行く福永〔健司〕さんも参加。大変なお役目だが、誠心誠意やって来ますとのことだった。〔1972年5月30日、日本赤軍によりテルアビブ空港乱射事件が起きた。福永健司が特派大使として現地に赴き、ゴルダ・メイア首相に陳謝した〕
- 夜、国会答弁準備　十二時まで。
- 黄志文、葉桐春、温徳華三氏に名刺を書く。「請安」。〔佐藤が名刺に、この挨拶の言葉を書いて江闓に託したと思われる〕

6月2日(金)

- 午後、江闓氏に、餞別を届けた。私の考えでは、今度上手く行くようだったら、北京で一方的に総理の訪中歓迎と打ち上げてもらった方がよいのではないかと話したら、彼も同感だと云っていた。
  〔日本の政情が安定していないので、向こうから言ってもらった方がいいということか〕

6月4日(日)

- プレイ後、ロビーで長官と二人でウィスキーを飲んでいたら、私の復帰後のポストについて誰と話したらよいかと聞かれる。私のことより、楠田さんをと云っておいたが、たしかに、もうそういう情勢かと痛感させられて感無量である。

6月5日(月)

- 昼前、保利幹事長が来られ、総理と密談後、一緒に食事をして行かれたが、お二人とも二十日に総理の辞意表明という朝日の記事を怒っておられた。

6月6日(火)

▪夜、与倉〔透〕さんに誘われて、浅利ケイ〔慶〕太、町田〔裕？〕両氏とこん談、於たん熊。気が合ったのか、銀座まで行き、夜おそくまで飲み直す。

6月7日(水)

別冊

香港の江鬮氏より報告（6月6日付）
1. 藤山、三木の北京での言動は売国的、古井〔喜實〕氏は、公正。
2. 先方は、総理の親書を広州にて受け取ることを決定。北京行については、北京からの使者の到着待ち。
3. 江徳昌は、香港小組に属さず、別途、董必武へ。両系統の関係は微妙。小組に黄雄風が参加。
4. 北越工作。喬氏か彭氏のいずれかが広州へ。

6月8日(木)

別冊

江鬮氏（在香港）から角田経由電話連絡。
1. 一両日中に広州に行く予定だが、場合によっては、黄志文、葉桐春と北京からの計3人が、公式に日本に来ることになるかも知れない。
2. いずれにせよ、この2～3日が山である。
3. 膨氏は、喬氏より一格上の大臣級の人物である。〔彭氏の誤り？〕

6月9日(金)

▪閣議の後、田中大臣と三〇分、福田大臣と五〇分、昼食の時も何も云われないのでどういう話があったのか、私たちにもわからないが、時が時だけに大さわぎだ。サト番も十数人が総理についてまわっている。

6月10日(土)

国会の出番もなく、お客はもっぱら外人という一日で、私は昼食を一緒にした外は、特に用がなく、夕方のキッシンジャーまで待たず、二時頃退庁。

〔『佐藤榮作日記』によれば、この夜、キッシンジャー米大統領補佐官が訪れ、佐藤に訪中、訪ソの話をしたという。〕

6月13日(火)

- 今日は、一日当番。朝の院内閣議から理髪、鉄道例会までお供をした。
- 総理の部屋に入ったら姿が見えない。トイレでもない。ふと気が付いたら、一人でバルコニーに出て、タイルの間から出て来た雑草の芽をむしっておられる。何とも孤独な姿に見えた。
- 山口の車中〔総理の"お国帰り"〕、江鬮氏からはうまく行っているとの報告のほか詳細がわからないと申しあげたところ、うまく行ったらもうけものだと云っておられた。また、今井がノイローゼになったそうだな、江鬮と人間が違うから、と。また、君に北京に行ってもらうかと云われるので、えっと耳をすましたところ、誰にも云ってはいけないがキッシンジャーも行くよと云っておられた。急ぐことはないとも繰り返しておられたが、時間の余裕もない。
- 夜、梅棹先生の民俗博物館のことで、大倉〔真隆・大蔵省主計局〕次長、森田〔一・文部担当〕主査、楠田、私で痛飲。神楽坂、喜久川から田川へ。

6月15日(木)

- 国会は、午後の衆・本の内閣不信任決議案のみ、野党も恰好をつけるだけで討論にも迫力がなかった。
- 江鬮氏から順調に進んでおり、二〜三日中には、先方で新聞発表の可能性もあるという報告があり、総理にお見せしたところ、小金さんが来られ、先生のところへは、難航しており、私を応援に派遣するように云って来ているとのこと。私はお役に立つことなら何処へでも行く旨申し上げたが、総理はもう少し様子を見ようとのことだった。

6月16日(金)

- 香港から江鬮さんが早朝に電話。総理親書はすでに呈上、北京は九、十の会議で決定、十六〜十八には、返書を渡すと云っている。北京になったら、体が弱っているので一緒に行って呉れないかとのこと。総理への報告も今日中に日本に到着するというので、最後のところには触れず要点を総理に報告する。
- 国会の最終日というのに、参本の総理問責だけ。反対討論の塚田十一郎氏

の上手なのには驚いた。午後は専ら官邸で来客。明日は退陣表明の気配が強く、福田氏を推すための調整工作を強力に進められるかまえのようだ。橋本（登）〔登美三郎〕先生にも、田中はまだ若いからね、と云っておられた。

- 国会は深夜までやっているが、我々は見限りをつけて秘書官だけで於千代新。なんとなくしんみりした会だった。

6月17日（土）

- 江鬮さんの手紙——昨日の電話を確認したもの——また、今朝の電話で、退陣表明後でも総理在任中でよいと云って来たこともあわせて、九時過ぎ着変えの最中に私室に入って報告したら、すでにおそしだった。すでに決心されていた総理は、残念ながらもう時間がない、ここまで来れば自分でなくてもやれるだろうと、むしろ自分に云い聞かせておられるようだった。
- 十一時からの両院議員総会での総理の挨拶は、淡々と辞任の決心と党の将来について述べられたものだが、まことに立派だった。およそ半分以上の議員が涙を浮べているように思えた。引き続き、官邸での立食会、その後TVで、直接国民に別りの挨拶をされたが、ここで記者団との間でハプニングがあったのは残念だった。殊に、この機会だけは、別りの感傷を持っていたと思われるだけに残念に思う。

6月19日（月）

- 総理は、朝から精力的に、総務会に出たり、角福一緒に会ってフェアプレイを訴えたり、最後は内奏に行かれたり、忙しい一日を送られた。

6月23日（金）

- 総理は、帰京早々、角福それぞれと会われたり、精力的に動いておられる。それでも佐藤派が思うように動かないのには極めて不満なようだ。昼食の時も、派を解消しようかと云っておられた。

6月24日（土）

- 朝早くから鎌倉へ行こうと云っておられたが、結局、来客が多数あって出発は四時過ぎになった。
- 例の如く、大津さんの車に二人で乗り、角福の問題についての愚痴を聞きながら行く。いずれにせよ、秘書官としての鎌倉勤務はこれが最後かと思

うと感慨深い。

6月25日(日)

▪ 江鬮さんを鎌倉に呼ぶという話については、総理の熱が冷めてしまった。ただ、返書が香港まで来て、彼は現物を見ていること、ただ、十七日前の起草になるものだったため持ち帰られ、更めて総理のところへ使者が来ることになっており、総理の支持を受けた後継首相と復交交渉を行なう予定であることを報告したら、そうなれば自分が行ってもよいと云っておられた。〔特使として行っても良いということか〕

6月26日(月)

▪ 私は、昼からあらためて出勤し、夜の二十四日会（中川）のお見送りまで、当番のつとめは果した。車中で江鬮さんの話をしたら、先方から人が来るということなら直ぐにでも会うが、そう急ぐこともあるまいという反応。

6月29日(木)

▪ 江鬮さんを訪ね、なかなか会ってもらうチャンスがないのでリポートを書いてもらうよう依頼、このことを〔総理に〕報告したら、江鬮の手紙が山のようになった、彼はよくやったと云っておられた。

別冊

6月29日付江鬮報告

1.経緯

① 67.7.15 以来日中復交に努力した。
一貫して萬熙、江徳昌両氏が協力、
李氏の指教もあった。

② 71.9.　対日復交小組の発足
第一小組（香港）　(責)　黄志文（黄明）
第二小組（北京）　　　徐明

③ 71.10.19.　毛主席の最高指示
10.21. 周首相の伝達

然し、共同提案国となったため、Eの北京行は中止。
当時、復交反対85%、現在、賛成83%。

その後交渉再開、一応3月目途に努力。
④ 72.2.28. 総理発言参院で中国側に
好影響。外相打消が疑惑を生む。
⑤ 72.4.5.　総理親書で疑惑解消。
以後受入決定の会議開催の準備進行。
⑥ 1972.6.4.　親書北京到達
6.17.　返書が彭氏によって香港にもたらされた。
7.10.　総理の訪中発表の予定だった。

2. 今後
① 2/28発言を基本原則として進める。
②従来のルート（華新―亜光）以外のルートでは駄目。
③このルートは総理の誠意と努力によって作られたものであり
④黄・葉両氏と北京の代表は、中央委総会終了後、訪中の希望。
政府間交渉の用意あり。
⑤新首相の交渉は佐藤総理の承認と協力なしでは不可能。
⑥ 9/20の総理親書は、葉桐春が保管。

6月30日（金）

- 江鬮氏からリポートの提出　今後もこのラインでと云うことであるが、公邸にとどけておいた。（別冊参照）
〔6月30日付の「別冊」は見当たらず、前掲の「6月29日付江鬮報告」はリポートの骨子をまとめたものか〕

7月5日（水）

- 十一時から総裁公選の臨時党大会、結果は決選投票で角さんに決まったが、世代交替の動きと、政治の非情さを痛感させられた。
- 総理は角さんとは握手をしておられたが、「裏切分子」に対する厳しさは変らないようだ。官邸の庭でのパーティーにも出られなかったし、小食堂で我々との食事中にお詫びを云って入って来た木村（武）さんにはぎょろ

りとにらまれただけ。橋本(登)さんも出入りさせるなと云っておられる由。
- まるで角さんが、すでに総理になってしまったと思いこんだような来客があったり、急速な変化だ。
- 夜、大津、楠田、小杉、村上と五人だけのお別れのパーティーを大野でする。特に、楠田、小杉の二人ががっくりしているような感じで、いづれも、名残り惜しさを咬みしめている感じだ。

7月6日(木)
- 実質的に佐藤内閣最後の日である。十時からの閣議で総辞職の決定。この後、執務室で我々と記念写真を撮っていただいたりして、公邸へ。
- 午後は開会式の後、衆・参両院の首班指名、総理は開会式後参議院の、また、衆本が衆議院の各野党に挨拶まわりをされたが、温かく迎えられたのは嬉しかった。
- この後、角さんが官邸に来られ、挨拶の後総理は公邸に行かれ、組閣開始、一応角さんには挨拶したが、急に居る場所がなくなったような感じである。

7月7日(金)
- 十時半頃公邸に出て、組閣が完了し、親任式の立会いを終えて公邸を去られるまで、官邸と公邸を行ったり来たりしていた。
- 官邸は組閣の作業でむんむんしており、吉本〔宏。田中角栄新内閣の総理秘書官〕さんとも、従来の仕事の中味について、ちょっと話したが、いずれということで止めてしまった。それにしても、通産から小長〔啓一。田中角栄新内閣の総理秘書官〕が来ることになったので事務分担はむつかしいことになる。
- 四時過ぎに公邸を出られたが、官邸職員が総出でお見送りし、目に涙を浮かべているので、私も涙を押えるのに苦労した。世田谷の私邸の近くでも、小学生や家庭の主婦約三百人が熱狂して迎えていた。六時前においとまし、折弁当をいただいて帰宅。

〔この後、西垣氏は大蔵省に戻り、主計局給与課長となった〕

7月10日(月)
- 朝、世田谷の私邸に行く。丁度朝食の終った頃だったが、ご機嫌よく、私

の新ポストについても御夫婦で喜んで下さった。また、江鬮さんからの情報を報告したのに対しては、今後は電報でよいとのお話だった。

7月14日（金）

- 昼、江鬮さん達と会食於ざぐろ。

9月8日（金）

- 江鬮さんから電話があり、萬先生が来日しているということで、萬先生とも話した。佐藤総理への傾倒は大変なものだ。

9月25日（月）

- 田中総理訪中。感慨無量。見たくないという氣持ちもあったが、ニクソンと同様の演出の空港歓迎ぶりから、ほとんどの生中継を見た。昼頃江鬮氏から電話があったということで、午後電話したら自宅へ帰ったとのこと、彼もたまらなかったのだろうと想像する。
- 午前中の主計官会議で補正の話が出る。局長の話では、角さんは対外経済調整という名目で、かなり大きな補正を考えておられるようで、小さなものでは相手にしてもらえないかも知れぬとの話。

9月27日（水）

- 田中総理の訪中は順調に進んでいる模様。今日は毛沢東主席との会談も実現している。佐藤さんに行ってもらいたかった。私も行きたかった。

9月28日（木）

- 新聞は、昨日の田中・毛会談を大きく取り上げ、日中一色の歓迎ぶりである。今日の周恩来総理との会談で、最終的な結論を出し、明日発表ということになるらしい。

9月29日（金）

- 田中訪中の成果として共同声明が発表され、国交回復と、台湾との外交関係断絶が決定された。テレビで見る北京空港の歓送ぶりも凄まじく、時代の転換ということを強く感じさせられ、肌のひきしまる思いがした。

10月11日(水)
(別冊)
〔「別冊」とあるが、見当たらない〕

10月25日(水)
- 氣になっていた佐藤総理の御機嫌伺いを久しぶりに実現した。髪の長くなったことを申し上げたら、問題になってるようだと面白がっておられた。奥様の方は解散になったらと、選挙の方にハッスルしておられるような様子、また、大津さん以下も、選挙のことが、今や最大の関心事のようであった。
- 毛主席を呼び捨てにして北京で物議を醸したと云って噂されている朝日の安藤〔博〕記者がひょっこり訪ねて来た。そのことについて、婉曲に尋ねたのには全く答えて呉れなかったが、逆に、佐藤総理が末期に努力されたことを周総理が評価していると云っているそうです。李先念の線だというのは本当ですかなどと当方に質問していた。

1973年

1月5日(金)
- 夜、江鬮氏、今井氏の招きで「田川」で食事する。初対面だったが、西郷隆秀氏も同席で、歓談中私の顔を見ていて、よい骨相だと云い出したのはよいが、大きな謀反をするような人相だと云い出したのには閉口。同席は、MOFの金子(知)〔知太郎。大蔵省大臣官房審議官〕さんのほか、志賀、角田、菱田の三氏。〔いずれも名は不明。「志賀」は日中覚書貿易の北京事務所に関係した商社マンか。「角田」は角田忠志か〕

2月1日(火)
- 昼、江鬮氏から誘われ、ニュー・ジャパンの天ふじで一緒に食事をした。同席は韓国の権さんのほか、志賀、菱田。二十一日～二十六日の間香港に行って来たとのことで、三月～四月にかけて、毛主席の賓客として佐藤総理の訪中準備が進んでいること、私への招待状も準備されていることなどを話していたが、今や詩を語っているようにも思える。ただ、志賀さんが通訳として同行したようで、コンファームはしていた。また、中曾根、木村〔武雄?〕両氏の北京での発言集を持ち帰ったとのことで、木村氏を痛

罵していた。

3月27日(火)

▪佐藤総理の誕生祝に、私邸までうかがう。足の捻挫は別にしてお元気な顔を見て、秘書官溜りで、元秘書官達と杯を挙げた。座敷の方にはあまり顔を出さなかったので来会の顔ぶれはわからなかったが、私の期待よりは少なかったように思う。

3月28日(水)

▪昼、江闖さんとシド〔レストラン〕で食事をした。苦しいから話を聞いてくれという話だったのだが、志賀、菱田同席で、気エンを上げるのにつきあったような感じになってしまった。お人柄ではあろうが、もう少し醒めた話でないと会っても意味がない。この次は、朝食でも一緒にしながら会うべしと思った。

6月12日(火)

▪夕方、江闖さんが来て、ウィスキーを二人で飲み出し、鈴木（吉)、石井（直）の両氏も参加し、結局十時すぎまで在庁。

6月20日(水)

▪久しぶりに淡島〔佐藤邸がある東京世田谷区淡島〕にうかがった。食事の席ででも挨拶だけというつもりだったが、食後まで待って応接室で会って下さった。若々しく、今でも経済運営には非常に関心を持ち心配をしておられる。私も温顔に甘えて、たとえば公共優先というようなことで基本的な方向を決めたら、その場その場で手直しをし方向を見失ってはならないというような思い切ったことを云ったが、佐藤内閣以来のことも批判したように受け取れる問題であり、もっと思いやりや、いたわりが常に意識されるべきだと反省。

8月3日(金)

▪江闖氏から電話、内容は別冊に記したが、あの一念には感心する。

別冊

江闖さんから、久しぶりの電話があった。その内容は、

1. 徐向前元帥の弟の徐誠氏――この人も軍人で、総理から㊟〔江鬮のことか〕のことを知っていたと云われたのもこの人である。大使館及び恵比須の上に当る――が来日しており、すでに4回会談した。（また、この人は、三木、藤山両氏それぞれの訪中を世話した人である。）
2. 先方は、依然として佐藤総理に日中関係の改善の大きな期待をかけ、中国招待を実現したいと考えている。このことは世田谷にも連絡すみ。
3. 差しあたっては、8月29日か30日に、①前総理と日中関係、②今後の日中友好のあり方と具体策の2つのテーマについて、夕方のこん談会を開く予定で、小生にもオブザーバーとして出席してもらいたい。
4. 次いで、9月には要人が来日するので、前総理にも出ていたゞき、吉田さんを偲ぶという名目の会を開き、同席上で総理の鶴の一声を期待している。
5. なお、従来の経緯については、もう黙っている訳にはいかないので、毎日（朝日と読売は除いた。）と地方紙を集めてしゃべってしまった。小生の名前も出したので事前に断るべきだったが、悪しからず。
6. 事務所は今週一杯で閉じ、来週から、ホテル・ニュー・ジャパンの722号室に移転する。

8月17日（金）

▪ 夜、江鬮、今井、金子（知）氏達と会食。三十一日に除誠氏達とパーティー。総理からもメッセージが出る由。この後、恒例の宮本会に九時頃から参加。

8月31日（金）

▪ 江鬮さんが出席して呉れというので、日中親善平和こん談会に出る。佐藤前総理のコミュニケというものを朗読した後、彼の工作の経緯をかなり詳しく語り、その中で私の名前が三、四回も出たのには閉口した。早々に退出したが、一緒に出た法眼さんも同じ氣持だったようだ。ロビーでの立話では、ついでにと三〇人も大使連中に辞めてもらったが、老後の生活も考え処遇の改善を図って欲しいと陳情された。

9月14日（金）

- 夜、江藺さんが会食したいというので金子（知）さんと、銀座「次郎」へ行く。大昭和の斉藤常ムなど若手の財界人が同席、どういう会かわからないまま歓談したが今後「次郎会」として定期的にやりたいとのこと。肝腎の日中の話は要領を得ないままとなった。

9月19日（水）

- 夜、主計局の者を何回かに分けて招んでおられる一席として、佐藤一郎先輩にあいち家へ招かれ、氣持よく痛飲した。話が主、酒が従と云ったホストぶりは大変に参考になった。MOFがこの家を使うようになった走りはゴリボンさん〔高橋俊英。公正取引委員会委員長〕で、（野村氏）親友の検事正の紹介だということ、佐藤さん自身は次官当時関信局長の鳩山さん達にねだられてここで御知走したのがはじめてで、その時当家では次官というような大官がはじめて来られるというので畳を代えて接待したことなど面白い話が多かった。最後に別室に二人で入って江藺氏のことを話され、自分にことわりなしに名前が使われること、総理の眞意を聞いて欲しいことなどある程度予想していたようなことだった。

9月20日（木）

- 江藺さんに明日の出席を断った。少しでもと頑張られるかと思っていたら、御本人は若い人達がやっていることでなどと、突き放したような物言いになっているのに驚いた。エンベエさん〔佐藤一郎〕の秘書からtelがあったのには、もうこれでおしまいだと云っているし、そっとしておいたらと答えておいた。

11月5日（月）

- 今日発行の「宝石」に江藺論文がのっている。ずい分気を使ってくれていることはわかるのだが、写真と私の名前が数か所にのっているのには閉口。

〔以後、1975年までの日記を見る限り、江藺についての記述はない。『宝石』での手記発表を機に、交流は薄れていったか〕

西垣昭氏　略年譜

1929（昭和４）年　兵庫県に生まれる
1953（昭和28）年　東京大学法学部卒業、同年大蔵省入省
1958（昭和33）年　為替局総務課（在タイ大使館外交官補）
1970（昭和45）年　主計局調査課（予算科学分析室長）
1971（昭和46）年　内閣総理大臣秘書官（6月から翌年7月まで）
1972（昭和47）年　主計局給与課長
1974（昭和49）年　主計局主計官（建設・公共事業係）
1977（昭和52）年　大臣官房秘書課長
1979（昭和54）年　主計局次長
1982（昭和57）年　経済企画庁長官官房長
1983（昭和58）年　理財局長
1984（昭和59）年　大臣官房長
1986（昭和61）年　主計局長
1988（昭和63）年　事務次官
1989（平成元）年　大蔵省退官
1990（平成2）年　海外経済協力基金総裁
1998（平成10）年　海外経済協力基金総裁を退任

著者紹介

宮川徹志（みやがわ・てつじ）

1970年生まれ。NHKチーフ・ディレクター。

1993年に東京大学法学部卒業後、NHK入局。NHKスペシャルなどの報道番組を制作。主な番組は「密使　若泉敬　沖縄返還の代償」（2010年文化庁芸術祭テレビ部門大賞受賞）、「巨大津波　“いのち”をどう守るのか」（2012年アメリカ・ピーボディ賞、橋田賞など受賞）、「総理秘書官が見た沖縄返還〜発掘資料が語る内幕〜」（2015年）、「日本人と天皇」（2019年）など。

著書に『僕は沖縄を取り戻したい――異色の外交官・千葉一夫』（岩波書店、2017年）、共著書に『沖縄返還の代償――核と基地　密使・若泉敬の苦悩』（光文社、2012年）。

佐藤栄作　最後の密使
日中交渉秘史

2020年4月10日　初版第1刷発行

著　者　宮川徹志
発行者　吉田真也
発行所　合同会社 吉田書店
102-0072　東京都千代田区飯田橋2-9-6 東西館ビル本館32
TEL: 03-6272-9172　FAX: 03-6272-9173
http://www.yoshidapublishing.com/

装幀　野田和浩
DTP　長田年伸
印刷・製本　モリモト印刷株式会社

定価はカバーに表示してあります。

ISBN978-4-905497-85-1